なぜクリスチャンになるの

その意義は何か

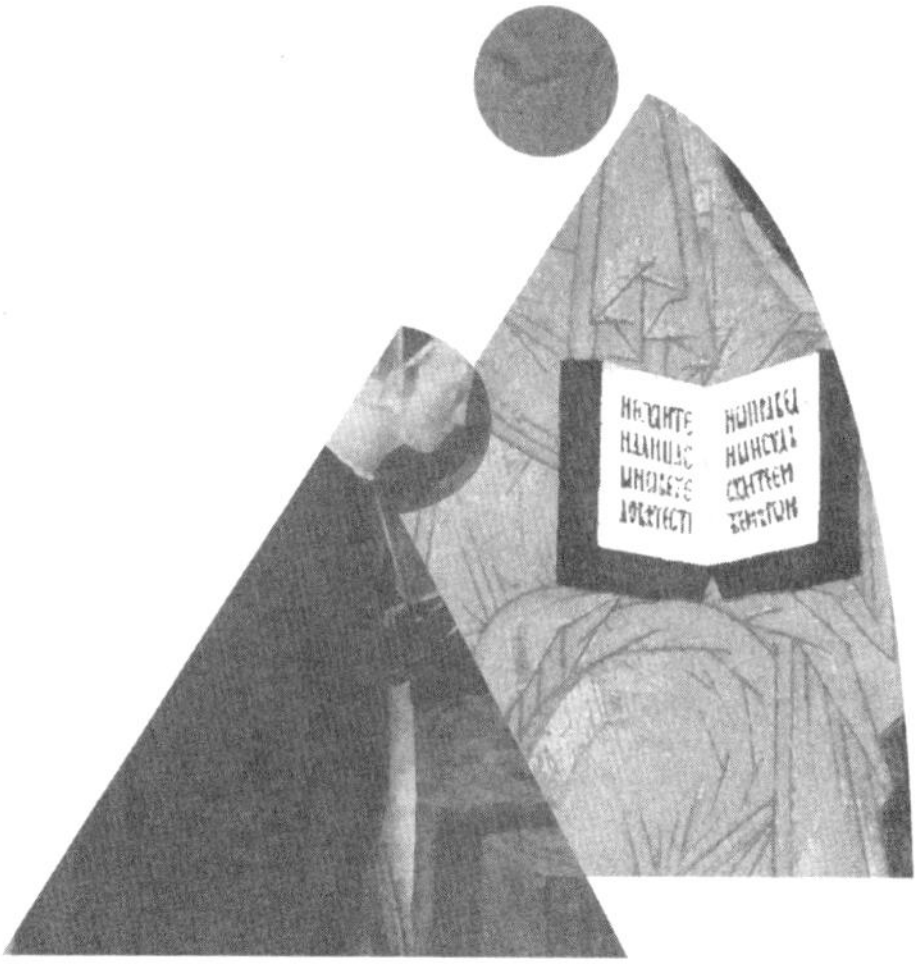

ティモシィ・ラドクリフ［著］

伊達 民和［監修］

伊達 民和＋芦屋聖マルコ教会翻訳の会［訳］

教文館

推薦のことば

現在、私が住んでいる京都の聖トマス修道院で、月に一回、ティモシィ・ラドクリフ神父の『なぜ教会に行くの―パンとぶどう酒のドラマ』を用いて勉強会を開いている。この集まりは、エウカリスチア（ミサ）について二〇年以上続いている勉強会であるが、今回のテキストとして選んだものが、この『パンとぶどう酒のドラマ』であった。そこにはカトリック信徒と一緒に、聖公会の信徒が一人参加している。そのためにこの書を選んだのではなく、購入して初めて、聖公会の人びとが訳されたことに気付いた。誠に有難いことである。

聖トマス修道院は、ドミニコ会の男子修道院であり、別名聖トマス学院は、学生紛争の頃、すなわち一九七〇年頃までは、中世哲学の研究所として、京大の山田晶先生なども加わり、活発に活動していた所である。以前、ラドクリフ神父がここに泊まられたことがある。余りに部屋を散らかしていたので、私は近くの女子ドミニコ会修道院に泊まってもらおうとした。しかし、彼はいゝ、いゝ、頑としてここに泊まると言う。当時ドミニコ会の総長であったティモシィは、きれいなシスターの家より、乱雑なままの兄弟の家を選んだ。一緒に部屋を片づけ、何とか泊まれるようにした懐かしい思い出がある。

今から二〇年以上前になろうか、当時日本のドミニコ会の責任者であった私は、ティモシィとインドを旅したことがある。その時の体験に基づき、彼は「インカルチュレーション―その豊かな概念」と題する文章を残した。インカルチュレーションとは、土着化とか、文化受容（受肉）とか、福音の文化内開花と訳され、第二バチカン公会議以後、注目されている概念である。当時、その文章を日本語に訳した記憶があるが、その中に「ダンスをするとき、もし君が人の足を踏むことをいつも恐れるならば、ダンスをすることは出来ない」というものがあり、誤りや失敗を恐れず、インカルチュレーションを押し進める、勇気の必要性を語っていた。

『なぜ教会に行くの―パンとぶどう酒のドラマ』の序幕に以下のような文章がある。「この本は、私の前著『なぜクリスチャンになるの―その意義は何か』が終わったところから始まる。そこでは、クリスチャンには希望、自由、そして喜びがあるという魅力について考察し、私たちが神の休息である安息日に与《あずか》ることについて思索することで締めくくった。このことは必然的にこの本の中で述べることになる「しかし、なぜ教会にいくの」という質問につながっていく。……しかし、前著を最初に読み終えておく必要はない。なぜなら、この本は、また、前著が始まったところで終わるからである」。

まさに、その前著『なぜクリスチャンになるの―その意義は何か』を、再び聖公会の人びとが翻訳された。こんな嬉しいことはない。思えば、私の博士論文の指導教官、J・M・R・ティヤールはエキュメニズム（教会一致の運動）に関する、カトリック側の第一人者であった。そういう意味でも、ティモシィ・ラドクリフ神父の著作を通して、こういう形で、聖公会の人々と交流することは、この上ない喜びである。

根本的な問いかけ、『なぜクリスチャンになるの―その意義は何か』、この書の翻訳を通して、現実の生活の中で、生き生きとした信仰を求めて喘ぎ苦しむキリスト者のみならず、真実と幸福と自由を探し求めるすべての日本人の上に、希望と喜びが豊かにもたらされることを願ってやまない。

二〇一六年　ペンテコステ

米田彰男 O.P.

凡例

○原則として、『聖書　新共同訳』に倣っています（マリア、ギリシアなど。但し例外として、聖書引用ではペトロ、文章ではペテロ）。
○聖書に記載のない場合は、原則として、現地での発音に留意しています。
○本文中の（注）は、訳者による注です。
○（注…）では、）の前に句点は入りません。
○段落などは原文に倣っています。
○字下げは読みやすくするために適宜使用しています。

目次

日本語翻訳版に寄せる序文

私は、十歳代のとき、日本の芸術が好きになった。部屋の壁のあちこちに掛け軸をかけていた。例えば、北斎の『富嶽三十六景』に魅せられた。その不思議な魅力の一部分は、絵画、詩、書道が一体となっていることであった。それら三要素は調和し、単一の芸術が独自で達成できないような美しさを醸し出していた。

この本でも、ささやかながら同じことを試みている。クリスチャンであることはどのような意味があるかを考察している。散文を書くだけでは、不十分である。しばしば私は、翻訳が難しいだろうが、詩とか、音楽、絵画、映画によって助けられている。人間の生き方という究極の疑問を理解しようとしている時には、単一の芸術形式だけでは、十分ではない。また、キリスト教の伝統だけに目を向けることも不十分である。私たちは、あらゆる独創的な人びと—キリスト教、他の宗教、あるいは、無宗教であろうと—の英知を必要としている。二世紀のキリスト教神学者テルトゥリアヌスが言ったように、「人間に関わることは、いかなるものでも、キリストには異質ではない」。

このような意味から、日本の読者の皆さんが、本書を読むことに喜びを見出されることを願っている。クリスチャンは、すべての人びとが、神にある広大な幸福に与かるように求められていると信じている。従って、キリスト教に関する著述はすべて、この喜びを垣間見ることができる内容であるべきである。

最後に、本書が日本語に翻訳されることを非常に光栄に思っている。特に、私は、これまで日本の豊かで長い歴史のある文化から多大なことを学んできたので、喜びもひとしおである。特に翻訳者伊達民和氏と翻訳グループに感謝したい。翻訳には、原文に対する忠実さと独創性が求められる。それは、まぎれもなく芸術形式である。

二〇一五年　オックスフォードにて

ドミニコ会修道士　ティモシィ・ラドクリフ

序文

最近、「なぜクリスチャンであるのかね」と友人に尋ねられた。正直言って、私は驚いた。私は子どもの時からクリスチャンとして育ってきたので、自分の信仰についてあまり注意を払ってこなかった。突然、それが真理かどうかについて尋ねることになった。もし人類が、言葉では言い表せられないほどの神の幸福に与かることが運命づけられていることが真実であるならば、これは、私の人生の目標であるに違いない。もしそれが真実でないならば、明らかに私は教会を去らなければならないと思った。だから、私はこの友人の質問に対して、次のように答えた。「このことが真理だからだよ」。しかし、友人はこの返答に少しも納得しないで言った。「クリスチャンであることの意義は何なの。その目的は何なの」。

明らかに私たちの意図は食い違っていた。もしキリスト教が真理ならば、すべてのことに意義を与える神に向かうことこそがキリスト教の意義であると私は考えていた。もし私たちが何かをすることの意義を尋ねるならば、—特に、もしそれが十分に重要であるならば—突き詰めれば私たちは、すべてのことの意義、私たちの人生の究極的ゴール、そして目的を考えることになるだろう。宗教は、まさにそのことに関することである。もしある宗教が、神の幸福に与かる以外の目的のために自らを売り込もうとするならば—例えば、安定した生活を送るのに役立つとか、ストレスを解消する、裕福になる—、それは自らの墓穴を掘るような愚かなことである。また、ある宗教が、神の幸福に与かる以外の目的のために自らの存在価値を示さなければならないのならば、それは真面目に考えるべき宗教ではない。いかなる宗教であれ、その意義は、すべての意義を代表する神に、私たちを向かわせることである。従って、神への信仰が「当面の日常的課題と関連性があるかどうか」を尋ねることは意味がない。なぜならば、神がすべての当面の課題の尺度であるからである。

しかし、先ほどの友人は、私の答えにひるむことなく、「クリスチャンであることから得られるものは何だね。何の役に立つのかね」と質問をする。私は、彼が言いたいことが分かり始めてきた。人が何かの真理を固く信じる場合、それは、自分の人生に何らかの結果を生むに違いない、と彼は考えている。実際、重力の法則や地球が丸いという真理には、それに伴う結果がある。ひとつの方向に離陸し飛ぶ飛行機を設計すれば、それは最後には出発地点に戻るという結果がある。もしキリスト教の教えという真理が、人の人生に何らかの結果や成果を生まないならば、それはどのような真理なのか。もし神が、すべてのことに意義を与えるのならば、信仰をもつこと、即ち私たちの究極のゴールとして神に向かうことは、私たちの人生に何らかの形で見えなければならない。

確かに、クリスチャンであることは、きっと何らかの効果を生むに違いない。たとえ、そのような効果を獲得する目的のために、クリスチャンになっていないにしても。例えば、クリスチャンは他の人びとよりも冷静でありリラックスしているかもしれない。しかし、もし万が一それが証明されても、ストレスを軽減させるために、誰も、信徒になるように他の人びとを勧誘することはしないだろう。また、夜の安眠のためにクリスチャンになるように勧めることはしない。そのようなことをすれば、ジムに通うように、宗教を単に何かに役に立つ生活上のアクセサリーのように見なしたり、入浴剤やアロマセラピーのような有益なものとして、神を売り込むことになる。とは言え、信仰が、実際に人をよりリラックスさせたり、幸福にしたり、勇気づけた事実がある。そのことは、キリスト教の主張にある真理は、決して軽んずるべきではなく、考察する価値があることを示唆しているかもしれない。もし自らの究極の運命として、自らの人生を神に向かって方向づけることによって、自由になるという結果を生んでも、決して他の人びとに向かって「自由になるためにクリスチャンになってはどうですか」と、誰も言わないだろう。しかし、もしクリスチャンが、自由であり、それが魅力的で興味深い生き方をしているならば、人びとは、なぜそうなのかを知りたく思い、究極的には私たちが崇める神に関心を持つかもしれない。

シュアール枢機卿（一九四〇年代のパリの大司教）は、次のように書いている。「証し人であることとは、決して宣伝活動をしたり、人びとの心を掻き立てることでもない。それは、生きたミステリー（秘跡）になることである。つまり、それは、もしも神が存在しなければ、自分の人生の意味がなくなるような生き方をすることである」[1]。キリスト教には、何かしら人びとを当惑させ、いったい、私たち信徒の人生の核心には何があるのだろうと彼らに考えさせるものがなければならない。

二世紀か三世紀に、無名のキリスト教徒が「ディオゲネトスへの手紙」を書き、その中でクリスチャンが他の人びとと異なることを考察している。

クリスチャンが他の人びとと異なるところは、決して国、言葉、習慣によるのではない。彼らは、自分たち自身の町に住むことはなく、特異な話し方をするのでもなく、彼ら独特の生活をしているのでもない。彼らが従う行動様式は、決して詮索好きな人びとの憶測と熟慮から考案されたものではない。また、彼らは、自分たちが何らかの教義の擁護者であるとも宣言していない。しかし、彼らは、異邦人のみならずギリシア人の町に居住しているときは、後者が定めたとおりに生き、衣食住と他の日常の振る舞いでは、先住の人びとの習慣に従っている。クリスチャンは、素晴らしく、非常に際立った生活様式を我々に見せている。彼らは、自分たち自身の国に住んでいるが、一時的に滞在しているだけである。市民としては、彼らは他の人びととあらゆるものを分かち合っているが、まるで外国人であるかのように、あらゆることに耐えている。(2)

このようなことから、クリスチャンの生き方には、他の人びとが不思議に思うかもしれない際立った点があると言われたのであった。テルトゥリアヌス（注・二世紀のキリスト教神学者）によれば、当時、人びとは、キリスト教徒たちがお互いを敬愛していることに非常に驚いていたという。では、私たちの生き方には何か驚くべきことはあるだろうか。

今日、若者たちの間には大きな霊的な渇望が見られる。一九九九年の「ヨーロッパ価値観研究」では、自分たちは宗教的関心があると考える若者の数が増えているという結果が出ていた[3]。彼らは、自分の人生に何らかの意味を模索している。彼らは、教義よりもむしろ「スピリチュアリティ」（注・霊的感覚。人間に特有な心理的あるいは精神的活動を指す用語であり、宗教的な感情および信念と関連がある）に関心をもっていることの方が多く、自分たちの自主性を制限するかもしれない制度的な宗教に属することに臆病になっている。グレース・デイビー（ヨーロッパの宗教研究家。社会学者）の言葉を借りれば、彼らは、どこにも所属することなく信仰をもっている[4]。しばしば、彼らはキリスト教よりも他の宗教的伝統のほうに興味をもっている。

私の場合は、クリスチャンとして、自分の信仰は「良い知らせ」（「福音」の文字どおりの意味）と信じている。なぜキリスト教は、若者たちからは良い知らせ、素晴らしい、魅力的なものとして経験されていないことが多いのだろうか。私たちが自分の信仰について主張していることが、なぜ説得力がなく、退屈にさえ思えるのだろうか。その理由は、私たちの生き方が、普段から、他の生き方とは際立って違っていることが全くないからなのか。実際、人びとを当惑させて注意を引きつけるものがないことが多い。だから、もし神が存在していなければ、私たちの生き方は意義がなくなるだろう。

すべてのキリスト教会は、近年になって、福音を広めることを大いに推進している。確かに、カトリック教会では、福音伝道に関することが話題になっていることが多い。司教区と教会区では、野心的な計画を策定し、私たちの信仰の広報活動を行っている。これらには、大抵、ほとんど効果が見られない。私たちは、愛、自由、幸福などを話題にする。しかし、私たちの教会が、人びとが自由であり、勇気をもてる場所であると真に見做されないならば、誰も私たちを信じてくれないであろう。イエスの言葉には権威があった。それが律法学者やファリサイ派の人との違いであった。疑いもなく、イエスの権威は、彼の明白な自由と喜びであった。彼の言葉が人びとを感銘させたのは、際立った生き方に組み込まれていたからであった。例えば、イエスは、見知らぬ人びとに手を差し伸べたり、売春婦と飲食を共にしたり、誰をも恐れなかった。このようなことを踏まえて、本書では、信仰が私たちの生き方にどのような違いをもたらすかについて振り返ることにする。

まず最初に明らかにしておきたいことは、クリスチャンが他の人びとと比べて顕著に違っているというのは、彼らよりも勝れているということではない。そのような証拠はどこにもない。イエスは言われた。「わたしが来たのは、正しい人を招くためではなく、罪人を招くためである」（マルコ二17）。イエスは、このことを続けられる。世間から見下された人びとと一緒に飲食された。教会は、すべての人びと、特に人生が破綻している人びとにとってホーム（注・くつろぎの場）である。その好例として、神の国に行った最初のクリスチャンは、イエスの横で処刑された盗人であった。初期のシリアの詩によると、盗人が神の国の門に着いたとき、担当の天使は、彼が中に入るのを拒もうとした。その理由は、彼がそこに相応しい人ではないと見なされたからであった。(5) とにかく、自分たちは道徳的に勝れているという主張を自らの存在の拠り所としていた共同体は、嫌悪感を起こさせるのみならず、必然的に、他の人びとが彼らの落ち度を探し、それを暴露して大喜びするという誘い水になるだろう。もし教会が報道陣から攻撃され、私たちのあらゆる過失が大見出しで書かれることが多いならば、その原因は、クリスチャンであることが他の人びとよりも勝れているという概念に起因する。それは間違った考えである。

本書は、決して、キリスト教の「比類なき」特別の要素、いわば、シャルトリューズ（注・薬草系リキュールの銘酒）とペプシコーラの神秘的で特別の材料のように、その風味の秘訣を辿ろうとするものではない。それとは逆に、本書では、キリスト教信仰の様々な違った観点を見ていく。また、そのような観点から、この地球村の支配的な文化を批判的に考察する。また、これらの違いが、私たちが信仰について述べることの意味を明確にするだろう。私たちクリスチャンの人生は少し奇異なものであるが、もしそのようなことがなく、単に社会に順応していくだけならば、信仰について私たちが語る言葉は、無意味なものになるだろう。

私たちは、言葉を使う動物であり、物事について話すことによって、その意味を理解する。従って、私たちの信仰は、言葉で表現するという形式になる必要がある。例えば、私たちは、あることが真理であると主張する。しかし、一三世紀のドミニコ会修道士トマス・アクィナスの主張によれば、私たちの信仰は、言葉そのものに向けられるのではなく、言葉が指し示すこと、即ち、言葉を超えたところにある私たちの神に向けられている。[6] とは言え、言葉が重要ではないということではない。実際、その逆である。言葉は、秘跡に向けて私たちが登る階段である。しかし、その言葉は、それを超えたところにあるものを指していると見られてはじめて、本当にその意味が相手に伝わる。

サンシェール生まれのヒュー（一三世紀のドミニコ会修道士）は、「まず、弓が熟考の時に引き絞られ、それから矢が、説教の時に放たれる」と言った。このメタファーを適用すれば、私たちが信仰について述べる言葉は、射手の矢に例えられる。矢の目的は、標的に向け放たれることである。もし射手が弓にある矢を単にいじっているだけで放たなければ、矢の意味はなくなる。信仰についての言葉も同じである。すべての認識を超えている神に向かって放たれてこそ、それは意味をもつ。キリスト教的生き方の困惑する側面こそが、私たちが言うことに意義をもたせ、私たちの発言を秘跡に向けて推進させる。例えば、「神は愛である」と、誰でも言える。しかし、その言葉が、実際に愛のある共同体（どんなに欠点があり、絶えず失敗があろうとも）の中で言われなければ、それはキリスト教的には意味のない言葉である。もしキリストが死から復活されたと言い、私たちの生活に復活のしるしがなければ、永遠に復活の話をしても、私たちの言葉は何の意味ももたない。このことを例えて言えば、飲酒が禁止されている国で、ある男性がワインを飲む楽しみを語るようなものである（後に述べるが、ワインを楽しむのはドミニコ会の活動の一つである）。この男性の言葉は、それが意味をもつ文脈で言われていない。

私たちは、若者がキリスト教について全く無知であると愚痴を言うことが多い。しかし、教会が、いくら資料やラジオとテレビ番組を制作しても、自らが明白な自由、勇気、喜び、希望の場所になるように努力しなければ、それは時間の浪費となるだろう。私たちは、注意を払って、語るべき言葉を選ばないといけない。なぜならば、真理は重要であるからである。しかし、私たちの言葉が信仰共同体の中に定着していなければ、それは無用になるだろう。そして、私たちの言葉は、私たちを超えたところに向けられ、私たちを探し出して聖書のことばを授けてくださった神に向けられるべきである。聖パドバのアントニオ（一三世紀のフランシスコ会の修道士）は、彼の時代の教会について、「言葉で無用にむくんでいる」と苦言を呈した。それ以降、事態にあまり変化が起こっていない。私たちは、膨大な資料を作成したり、退屈で長い説教を続けているが、もし人びとが私たちクリスチャンの生活の中に自由を感じることがなければ、私たちの言葉は、たちまち福音の教えを破壊してしまうだろう。

キリスト教の意義は、私たちの命の意味を表す神に向かうことである。希望をもつことは、人間が生きることには何らかの究極的な意義があるという信念をもち続けることである。もし生きる意味がないならば、キリスト教とすべての宗教は、時間の無駄である。従って、本書の第一章では、希望をもつことの意義、及び、それが私たちの生活の中でどのように明らかになるかを考察することにする。実際、本書のすべては、私たちの希望の考察に関する内容である。とは言え、フロドとサム（注・*The Lord of the Rings* の登場人物）が、モルドール（注・架空の国）に向かって苦難の旅をするように、私たちも、目指す遥かなるゴールである神に向かって苦労して進まなければならない、というのではない。それは私たちの信仰ではない。私たちの信仰は、神が私たちを探し出し、見つけてくださったということである。神は、すべての人びとの命の中に既に存在しておられる（ただし、神という名前で呼ばれず気づかれないことがあっても）。だから、私たちの希望のゴール、換言すれば、私たちの究極の運命は、既にそれとなく存在している。説教者が人びとを神に導くのではない。私たちが、私たちよりも以前から既に存在しておられる神の名を呼ぶのである。クリスチャンとして、私たちが信じていることは、神が私たちの中に存在しておられ、特に自由、幸福、愛という形になって存在されているということである。これらは、神の国の初穂である。従って、第二と第三章では、キリスト教によって、私たちが他の人びとにとって奇妙で当惑するような自由と幸福に至れるかどうかを見ることにする。ところで、私は愛についての章を入れていないので、多分、読者は驚かれるであろう。その理由は、愛は、キリスト教的生き方全体を表すからであり、本書のすべての章が、ある意味では、愛することの意義を考察しているからである。

この段階で明らかになることとは、真の自由と幸福に入るためには、私たちが大きく変わらなければならない、ということである。自由とは、単に複数の選択肢の中から選ぶものではない。また、幸福は、単に楽しい情感ではない。これら二つは、神の命に与かることである。そこで私たちに求められるのは、ある種の死と甦りである。これは恐ろしいことである。私たちと共におられる神に、私たちを自由にし、喜びで満たしてもらうことを願うならば、勇気が必要である。これは、第四章のテーマであるが、勇気こそが、今日の教会の中で、とても緊急に必要とされている徳目である。自由になり、幸福になることは、単に心だけのプロセスではないことが、これまでに明らかになっていることを願っている。人間であることは、私たちの体と深く結びついている。私たちは、単に体が備わっているだけではなく、体を基盤とする存在でもある。私たちが身体的存在であることは、ほとんどのキリスト教の教えにとって基本的なものである。身体的存在であることの意義を多少とも理解していないと、私たちの希望、私たちの幸福、そして自由を理解することができない。このことについては、第五章で考察する。第六章では、クリスチャンであることが、誠実性を特色のある形で理解しているかどうかを調べる。再度確認するが、クリスチャンは、決して、他の人びとよりも誠実であり、高い道徳的基盤をもっていると主張できるということではない。そのようなことを示す証拠はどこにもない。むしろ、私たちは、誠実であることの意味を少々特異な形で理解しているということである。

聖アウグスチヌスは、人間を「真理の共同体」と称した。この発言は、次の質問への自然な布石となる。即ち、人間の結束に関する問題である。神に向かうことは、神が、私の個人的な巡礼のゴールであると信じることではない。すべての人間が、自らの最終の結束と生きる意味を見出すのは、ほかならぬ神の中である、と私たちは信じている。私という個人は、すべての人びとから切り離されたら、不備で未完成な存在である。従って、第七と第八章では、私たちが人間の究極的な結束を信じることの意味、及び、そのように信じることがクリスチャンの生き方にどのような影響を与える可能性があるかを考察する。しかし、クリスチャンどうし、また、教会どうしの間に見られる不和のために、私たちが人間の結束の証しであるという理念がひどく傷つけられている。そこで、第九と第一〇章では、いかにして教会内の不和と分裂を癒すべきかを見ることにする。最後に、私たちが休息すること、安息日をとること、それから人間が神と共に分かち合う最終の休息に向かうことの意義を考えることにする。従って、本書は、希望から、それを示す最も雄弁なしるしである安らぎ *homo ludens*〈ホモ ルデンス・遊戯する人〉の内容に向かう。私たちが示す希望は、自分たちの命は、どこかに達するように絶えず必死にならなくても、究極的には何処かに向かう、すなわち、神の国に達するというものである。

オックスフォードのブラックフライアーズ〈注・カトリック教会ドミニコ会修道院の名称。オックスフォード大学組織の一角を占める。フライアー〈friar〉は、カトリック修道士という意味。修道士は、黒い僧衣を着ているので、ブラックフライアーと呼ばれる〉の仲間の方々に謝辞を表する。彼らの友情と教示は、本書の大部分に織り込まれている。特に、タイプ原稿を読み、励ましと協力をくださったドミニコ会のビビアン・ボーランド氏に感謝したい。私がクリスチャンであることの意義を考えている時、ドミニコ会修道士とローマカトリック教会の一人という立場であることを認識している一方で、願わくば、私の振り返りの多くが、他の伝統的各教派のクリスチャン（私はその伝統にも負うところがある）にも意義がありますように。

引用文献

（1） *Growth or Decline*, Notre Dame 1951, quoted by S. Hauerwas, *Sanctify the Time*, Edinburgh 1998, p.38.

（2） Trans. Alexander Roberts and James Donaldson, Ante-Nicene Church Library, Edinburgh 1867, Vol.1, p.307.

（3） Yves Lambert, ‘A Turning Point in Religious Evolution in Europe’ in *The Journal of Contemporary Religion*, Vol.19, 2004, pp.29-45.

（4） *Religion in Modern Europe: A Memory Mutates*, Oxford 2000, p.3.

（5） Cf. Simon Tugwell OP, *Human Immortality and the Redemption of Death*, London 1990, p.171.

（6） *Summa Theologiae* (henceforth *ST*) II.II. 1.2ad 2.

第一章 「わたしは曙を呼び覚まそう」

クリスチャンであることの意義は何だろうか。この疑問に答える前に、そもそも、いかなることにも何らかの意義があるのだろうか。例えば、私たちの人生は、何らかの究極の意義あるゴールに向かっているのだろうか。キリスト教は、この最も基本的な疑問に答える試みである。さもなければ、キリスト教は無意味になる。私は、世界を旅行している間に、男女修道士の仲間を訪問した。いくつかの国では、夕べの集いを歌で締めくくることが好きな人がいて、「ティモシィ、何か歌ってください」という掛け声を怖れた。そこで、私は一四世紀の黒死病の時代に起源がある奇妙な歌を覚えた。なぜならば、その歌は、短く、繰り返し部分があるという有利な点があったからである。私は、どんなに時差ボケ状態であっても、歌詞を思い出すことができた。この歌は、ある少年のことを歌っている。彼は死に、その後、偽の騎士を装う悪魔と対峙する。以下は民謡詩の一部である。

「君は、どこへ向かっているのかね」と、路上の騎士が言った。
「神に会いに行くのです」と少年は言い、立ちあがった。

そして、彼は立って、立って立ち続けた。
「神に会いに行くのです」と路上の少年は言った。

この黒死病の時代に、悪魔が、少年に彼の命は墓に向かうだけであることを信じさせようとする。しかし、少年は、「手に丈夫な杖をもって」旅を続ける。彼は、絶望して諦めたくなる誘惑に抵抗し、神の国への旅を続ける。これは、今日、多くの人の心を悩ます問題である。私たちは、どこかへ向かっているのだろうか。私たちは、ある究極のゴールに向かっているのだろうか。もしそうでないならば、どんなことにも意義があるのだろうか。例えば、朝に起床することすら意義があるのだろうか。このような疑問は、はっきりとは表明されないことが多い。多分、その理由は、私たちは、否定の答えになるかもしれないことを恐れているからであろう。だから、私たちは、敢えて希望を抱いていいのか、という疑問がある。

最近ヨーロッパで出版された最も人気のある本の二つは、『イブラヒムおじさんとコーランの花たち』(1)と『少年オスカーと女主人ローズ』(2)（エリック・エマニュエル・シュミット著）である。『オスカー』は、初年で四〇万冊以上が売れた。これらは三部作の中にあり、フランス、ベルギー、ドイツ、スペイン、イタリアでベストセラーのリストに入っている。主人公たちは、仏教、ユダヤ教、イスラム教、キリスト教の子どもたちで、神を探し求めている。一〇歳の少年オスカー（注・白血病で余命一二日ばかり）は、彼の人生の最後の週にベッドの上で旅に出る。年配のキリスト教信徒のレスリング選手マミー・ローズに励まされ、オスカーは、（注・空想の中で）神に手紙を書き矢継ぎ早に質問をする。『コーランの花たち』では、ユダヤ系の少年モモは、彼のスーフィー教（注・神秘主義のイスラム教）の師のもとへの巡礼の旅に出る。この二人の少年は、神を探し求める道中で助けを求めて、どんな宗教的伝統にも目を向ける。

このような宗教的渇望を自然に表現する方法は、巡礼に出ることである。ある日、私はロンドン・スタンステッド空港でチェックインの手続きをしていると、カウンターデスクの上にある科学と医療に関する本の広告に気づいた。「霊的な旅に向けてエネルギーを補給しよう」と書いてあった。空は、旅をする人たちで混みあい、私たちの旅行は、何かの探索、いわば、暫定的な希望の徴候を表していることが多い（ただし、観光と巡礼とを区別するのは難しいことがある）。年間、五〇〇万の人びとが、ルルド（注・スペインの国境になっているピレネー山脈のふもとのフランスの町で、カトリック教会の巡礼地）に行き、二〇〇万人がファテイマ（注・ポルトガルの小さな町。カトリック教会の巡礼地）に行く。夏には、毎週、六千人の若者が、テゼ（注・フランスの村。巡礼地）に向かう。ヨーロッパのあちこちに巡礼の街道が縦横に通っている。行く先は、イオナ、ウォルシンガム、シャルトル、ローマ、メジュゴリエ、チェンストホバなどである。このような信仰の表現は、メッカに旅行するイスラム教徒、ワーラーナシーに行くヒンズー教徒、富士山に行く神道信徒、エルサレムに行くすべてのアブラハム系の信仰をもつ人たちにも見られる。そもそも、巡礼に出ることは、私たちの人間性の本質に根差している。巡礼は、時には、深い信念を表すことがあるが、確信を持たない人にも機会を与える。彼らは、道中で、または、終着時に何かを見つけることを願って旅行をする。私は、サンティアゴ・デ・コンポステーラ（注・スペインの巡礼地）に向かっている人たちに、絶えず出合っている。しばしば、彼らは、自分が何を信じているのかに躊躇し、教義に疑問をもっているが、旅をすることの意義を信じている。統計的には、彼らはどこの教会にも属さず、毎週、礼拝に出ることにも魅力を感じていない。とは言え、サンティアゴの寺院に着き、自分たちと同じ巡礼姿の聖ヤコブの像を抱きしめると心の安らぎを覚える。

私たちの先達の人びとは、巡礼では苦労をすることを強いられた。しかし、現代の巡礼者は、楽な旅行手段があるにもかかわらず、数百万の人びとが歩いたり自転車で移動することを選ぶ。彼らの口癖は、「苦労なしには得るものもない」である。ダンテによれば、先ほどの聖ヤコブは「希望の使徒」である。トマス・アクィナスによれば、希望とは「困難であるが、可能な良い未来[3]」を求めることである。私たちは、若者たちと共に旅に出る（実際に時々、そして心の中で）心構えがなければ、自分の信仰について、彼らに話すことは何もないだろう。バジル・ヒューム枢機卿（注・カトリック教会の高位聖職者、ウェストミンスター大司教、イングランドとウェールズの司教区の長であった）は、とても敬愛された。その理由は、彼は明らかに一人の巡礼者として、私たちが神を求めている時に、私たちと共に歩んだからである。まさに、彼のもっとも有名な本は、『巡礼者であること』であった。

私たちは、すべての人間にある巡礼への衝動を大切にし、それを育まなければならない。そのような衝動は、少なくとも暗黙の希望を表している。九世紀のフランスの修道士であったパスカシウス・ラドベルトは、「キリストの道を歩むところには、絶望が踏み入る余地はない[4]」と言った。私たちは、春が来れば移住する渡り鳥アジサシや、流れを遡上し回帰する鮭のような存在である。それだからこそ、きっと『ロード オブ ザ リング』が多くの人びとを魅了するのである。そのような作品は、心が落ち着かず、定住することができないビルボのように、冒険の旅に出る深い渇望を刺激する。イエスがエマオまで弟子たちと歩かれたように、私たちも人びとと共に歩かなければならない。たとえ、弟子たちの例にあるように、時には、人びとが間違った方向に出発するように私たちに思えることがあっても。

そこで問題となるのは、そのような旅がどこに行きつくのかである。つまり、私たちが捜し求めていることが見つかるのか。或いは、荒野を彷徨《さまよ》ったイスラエル人の例にあるように、ただ堂々巡りをしているだけなのか。『神の国への道[5]』（ペルー人マリオ・バルガス・リョサ著）は、「楽園」を探している二人を描いている。一人はポール・ゴーギャンと、他は型破りの祖母フロラ・トリスタン（注・初期の社会主義者、女権論者）である。ゴーギャンは、まだ西洋の工業化した社会に破壊されていない、いわゆる熱帯の楽園に本当の「楽園」を求めた。一方、祖母は、そのような社会が変化する（すべての人びと〈特に男女間〉が平等である未来の公正な世界）中に「楽園」を求めた。彼は過去の世界に「楽園」を求めた。一方、祖母は未来の世界にそれを求めた。結局、二人は失望してしまった。

ゴーギャンの最も有名な絵画は、『我々はどこから来たのか。我々は何者なのか。我々はどこへ向かっているのか』という題名が付いている。一八九七年の作品である。絵は、彼が自殺未遂する前年に描かれ、それは彼の最後の証しであった。その前に、彼はタヒチに楽園を求めて西洋から逃避していたが、すでにそれは失われていた。一八九一年にさらに辺鄙なマルキーズ諸島に移住したが、植民地行政府と宣教師たちが先んじていた。「楽園」はもう存在せず、彼は落胆した。

私たちは、誰なのか。それに対する答えは、過去と未来に関する疑問の狭間にある。すなわち、私たちが誰であるかが分かるのは、過去を振り返り、同時に、将来を展望するような、さらに長いストーリーを通してである。私たちの先祖のクリスチャンも、創世記まで振り返り、同時に、未来の神の国に思いを馳せたストーリーの中に生きていた。私たちは神から来て、神に帰っていく。当時、巡礼で歩くことは、そのような希望を表していた。一方、私たちの社会は、そのような共有されたストーリーをほとんど失っている。また、様々な世俗的希望への信頼も弱くなっている。フロラ・トリスタンが描いた楽園もほとんど崩れてしまった。近代の工業化の破壊的な影響から逃れられる場所はほとんどない。従って、「楽園」は、私たちの共有する想像の世界からほとんど消えてしまっている。私たちは、共通の運命に向けて一緒に歩くことができない。多分、このようなことが理由となって、ヨーロッパの若者の中に、個人的な死後の命を信じる人がますます増えているのであろう。人類の運命についての共通のストーリーを語れないのならば、少なくとも、自分自身の将来に何らかの期待をもち続けたいと、彼らは考える。

私のことを言えば、一九六〇年代の後半に若い修道士であった頃、社会には、未来についてとても大きな期待感があった。何でも可能になるように見えた。私の学生時代には、「想像力が支配するままに生きよう」という落書きがパリの壁のあちこちに見られた。ビートルズの頃のイギリスでさえも、ものごとが有望に見えた。レストランでは、蛙の脚やエスカルゴが食べられた。私の母は、父が監視していないと、料理にニンニクを入れ始めた（注・当時、ニンニクは新しい調味料であった）。神の国が近いに違いないという雰囲気があった。それは、ビクトリア朝の先祖が抱いていた信頼感を表明する最後の残響であった。ビクトリア朝時代の典型的な人物チャールズ・ディケンズは、次のように書いている。「時が、目的に向かって流れていく。世は、すべての本質的要素において、よくなり、穏やかになり、忍耐強くなり、希望的になっている。そのような中で、時が流れていく(6)」。

しかし、今では、そのような信頼感はほとんど喪失してしまっている。喪失の例は、奇妙なことだが、一九八九年に起こったベルリンの壁の崩壊であった。フランシス・フクヤマ（注・アメリカの政治経済学者）の有名な言葉は、「歴史が終わった」であった（注・冷戦が終わりを見せた一九八九年、この米国雑誌に掲載された論文の挑発的タイトルが世界を揺るがし、彼は、一躍有名になった。論文の趣旨は、人類の歴史は、自由民主主義と市場経済の勝利により、社会主義の夢は終わった、というものであった）。人間を根本から変革しようという夢は弱まった。ウオーリック大学のオリバー・ベネットは、著書『文化的悲観主義：ポストモダン時代（注・「近代の次」の時代）の世界における崩壊の物語』[7]（注・五一頁にある「大きな物語」の崩壊と同じ内容）の中で、次のように述べている。多くの西洋国家における富の拡大にもかかわらず、私たちはみんな、うつ状態になっている。都市では暴力が増え、暴力団の抗争が広まり、麻薬が蔓延《まんえん》し、そして、もっと広い世間では、富める人びとと貧しい人びととの不平等の拡大、ＡＩＤＳの拡大、環境破壊の脅威、とりわけ、宗教間の衝突とテロの拡大がある。

未来への期待がなければ、私たち「今世代」人間は、現在を生きるしかない。ヒュー・レイメント・ピカードは、次のように書いている。

我々の周辺には様々な「ニューエイジ」宗教が見られ、そこで見られるのは、個人主義的な信仰心や即時的満足感、消費に駆られた社会、コミュニケーションにおける即時性の追求、「イデオロギー」に対する不信、公共施策における短期的視野、有権者の無関心などである。そしてキリスト教会は、内部組織、個人的変節、個人的な道義的行動などの問題に以前よりも没頭している。私たちは本当に世界をより良いものにできるという近代主義的信念は、段々と弱くなっている。現在こそが、とりあえず私たちの新しい視野であり、すなわち、時間の大海における安全な港となっている。[8]

皮肉なことに、私たちの子どもは、他のどの世代よりも幅広い時間的感覚をもって成長していく。すべての子どもは、私たちが「ビッグバン」と「氷河期」の間に生きていることを知っている。西洋の多くの子どもは、牛や羊のことよりも恐竜について多く知っている。彼らは、アバディーンアンガス種の牛とフリージアン種の牛を区別するよりも容易に、トリケラトプス恐竜とティラノサウルス恐竜を区別できる。しかし、宇宙のストーリー、地球のストーリーの中でさえも、私たち人間は、特別の居場所をもっていない。最後の恐竜が死滅した時には、多分、私たちは未だ生存していなかっただろう。また、私たちが死滅する時も、多分、多くのカブトムシ類が生きながらえていくだろう。人間が起こせるかもしれない唯一の違いは、悲観的なものである。それは、強欲または爆弾による生態系の破壊である。それは、私たちに希望を抱かせるストーリーではない。ディケンズのほかにもう一人のビクトリア朝の典型的人物は、ダーウィンである。彼は、クリスチャンを全く場違いな存在にするストーリー（注・進化論）を提示した。彼のストーリーは、ビクトリア朝の人びとが抱いていた多大なる信頼を示すしるしであったけれども、私たちが将来に寄せる信頼の基盤を全く示していない。二〇〇一年九月一一日以来、勿論のことだが、未来についで別のストーリーがある。すなわち、それはテロ活動に対する戦争、或いは、西洋社会に敵対するジハード（注・イスラム教徒による聖戦）である。このようなことは、更なる暴力が続くことを約束するだけである。一体、何が勝利と言えるのであろうか。王立学会（注・一六六〇年に設立の最も古い科学学会）の会長マーティン・リース卿は、最近、『我々の最終の世紀か。人類は二一世紀を生きながらえるか』という題名の本を出版した(9)。

従って、これらのことは、逆に、キリスト教にとって素晴らしいチャンスになる可能性がある。もし私たちがキリスト教の希望を生きて実践し、それを分かち合う方法を見つけることができれば、世界が渇望しているものを提供できるだろう。かつて、クリスチャンの先達たちの希望は、当時の社会の楽観主義によって強化されていた。それは、私たちの大いなる自信に、いわば洗礼を施すようなものであった。社会は、輝かしい物質的未来に向かっていると信じていた。道は、神の国に通じていると信じていた。キリスト教は、異例で稀有なものを提供できる。それは、世俗的なしがらみのない希望であり、新しく、新鮮で、望ましい希望である。では、それをどのように提供するのか。しかし、しばしば私たちの教会自らが、或る絶望的危機に苦しんでいる。礼拝出席者数の減少、自信喪失、内部分裂が見られる。この国の主要な教会自身が意気消沈している。そんな中、どのような希望を、私たちは他と分かち合うことができるのだろうか。

私たちは、将来について代替となるストーリーを提供するのか。私たちは、善が悪に究極的には打ち勝つということを堅く信じている。神の国が来ること、そして、すべての死と苦しみが終わることを堅く信じている。しかし、これがどのように起こるかについて語るストーリーをもっていない。聖書の黙示録を見て、「はい、皆さん、大丈夫ですよ。疫病は五つ克服しました。あと残りは二つですよ」とは言えない。この先百年または千年に人類にどんなことが起こるだろうかについて、私たちは部外秘の情報をもっているわけでもない。

実は、そんな情報をもっていないことは良いことである。二〇世紀は、人類がどこに向かっているかとか、どのようにして向かうべきかについて過剰な情報をもっていた人びとによって、ひどい目に遭ったからである。レイメント・ピカードは、このような強引な未来観のルーツが、啓蒙主義（注・一八世紀のヨーロッパ、特にフランスでの啓蒙主義運動）に対する信頼にあると考える。すなわち、未来は、単にその到来を待つだけではなく、作られるべきである。このような信念は、必然的に残酷な結果をもたらす。

いったん計画が作られたら、それは実行されるべきであり、その計画のための資源は管理されるべきである。計画に賛同しないとか、協力しない人も、また、「管理される」べきである。計画された未来を実現するプロジェクト全体は、アドルノとホルクハイマー（注・ドイツの哲学者、社会思想家）が「道具主義的合理性」と呼ぶものを押しつけることを必要とする。それは、支配的な合理性のことであり、使えるものすべてを無理矢理に目的に合わせることである⑽。

上記のような計画のゴールは、しばしば人間の自由であったかもしれないが、前世紀には、それはしばしば人間の自由を破壊することを見てきた。

二〇〇四年七月に、私は初めてアウシュビッツを訪問した。そこにはヨーロッパ中から虐殺施設に至る鉄道網を示す大きな地図がある。線路はガス室まで通じている。それは、文字通りの終点である。将来についてのすべての計画は絶望に終わり、数百万人の人びとの命の終わりである。ラビのユーゴ・グリン（注・ホロコースト生存者）の描写によれば、彼がアウシュビッツに着いた時、キャンプの入り口は、捨てられたテフリン（注・祈りの時に頭につける箱状のもの）が散在していた。テフリンは、毎日ユダヤ教の祈りで使われていた。この惨状は、このキャンプでは祈ることには意味がないことのしるしであった。今日では、アウシュビッツは、いわば巡礼地となっている。黒い装束を着た若者たちが、死んだ人たちの名前をリズムよく唱え、それはあたかも讃美歌を歌っているようである。このような巡礼は、私たちの希望表明のあり方にとって最大の挑戦である。

多くの人びとは、「テロへの戦争」が更なる暴力をもたらし、再びあのような忌まわしい事態につながるのではないかと恐れている。ブッシュ大統領の補佐官の一人が、民主党を非難して、彼らは「現実に根拠を置く党」である、すなわち、彼らは、認識できる現実を賢明に研究すれば、解決策が自ずと表れてくると信じていると言った。しかし、その補佐官の主張によれば、「世界は今ではそのようには動かない。我々は、今や帝国であり、我々は行動し、自らで現実を作り出しているのである。我々は、歴史の主体者である。あなたたち民主党は、私たちが行うことをただ研究するだけになってしまうだろう」[11]。アフガニスタンとイラクの後、何が将来待ち受けているのだろうか。シリアか、北朝鮮か。そうは言っても、ただ単に受身的に将来を待つしかないという意味ではない。しかし、全体的な構想を策定し、すべてのものをそれに順応させようとする人を警戒しなければならない。

キリスト教は、ロードマップを示していないけれども、語るべきストーリーをもっている。私たちのストーリーの核心部は、「最後の晩餐」から空《から》の墓までに至る三日間である。しかし、「最後の晩餐」は、また、使徒たちが未来について語るべきストーリーを失くしてしまう時でもあった。エルサレムに向かう道中、使徒たちは、将来、起こるだろうと期待されるストーリーによって励まされてきた。私たちは、それが何であったかはっきりとは分からないが、そのストーリーは、ローマ人がエルサレムから追放されるだろうとか、イスラエルの復興、イエスが戦士の王であることを述べていた。エマオに向かう使徒たちが、「わたしたちは、あの方こそイスラエルを解放してくださると望みをかけていました」（ルカ二四21）とイエスに告白した。彼らが語ったストーリーは、その晩、ことごとく崩壊した。ユダはイエスを売っていた。ペテロは、イエスを裏切ろうとしていた。他の使徒たちは、恐怖のために逃げようとしていた。イエスの苦難と死に直面して、彼らには、未来について語るべきストーリーがなかった。この脆弱な共同体が分裂しかかっている時に、イエスは、パンをとり、それを祝福し、「これはあなたがたのために与える私のからだである」と言って、パンを彼らに与えられた。

この話は、キリスト教の根本的なパラドックスである。私たちは、クリスチャンとして、「最後の晩餐」のストーリーを思い起すために集う。それは、私たちの基盤となるストーリーであり、私たちが自らの命の意味を見つけるストーリーである。しかし、それは、語るべきストーリーがなかった時、すなわち、将来が消え去った時のことを語るストーリーでもある。私たちは、共同体として祭壇の周りに集い、共同体が崩壊した夜のことを覚える。すなわち、私たちの教会の創設のストーリーは、そもそもストーリーが崩壊することに関するものである。そして、私たちの共同体は、それが崩壊した時を振り返る。

しかし、以上のことよりも深いパラドックスがある。この出来事を述べている文献、即ち、福音書は、二回目の危機の時代—再び、未来のストーリーが崩壊した時—の意味を理解しようとする意図で書かれているように思える。イエスの復活の後、使徒たちは、早々と自分たちの希望を、別の未来ストーリーに託したかのように見える。彼らは、福音をローマ帝国の大都会にもって行き、迫害を受け、お互いの間で言い争った。しかし、すべては間もなく良くなるだろう、イエスがいつ何時現れるかもしれない、「終末」（注・ヨハネの黙示録に予言されたようにメシアが来臨して王国を樹立する日）は近いと思っていた。これらの希望が特に強烈であったのは、ローマの教会が六〇年代の後半にネロによって迫害されていた時であった。ペテロとパウロは殉死し、多くのクリスチャンはお互いを裏切っていた。あたかも教会が崩壊寸前のように見えた。確かに、イエスが現われることが迫っているに違いないのに、実際には、来られなかった。再び、初期のクリスチャンは、彼らのストーリーが消えてなくなるという危機に耐えた[12]。多分、福音書、特にマルコ福音書は、このような危機に取り組んだ成果であった。イエスは、栄光の中には来られなかったけれども、み言葉が、新しい福音のことばとなって受肉した。

このような事情により、私たちがユーカリスト（注・「最後の晩餐」を祝う儀式のことで、カトリック教会では「聖体拝領」、「聖体の秘跡」と呼ばれる。日本の聖公会、プロテスタント教会などでは「聖餐式」と呼ばれる）を祝うために共同体として集う時には、いつも、イエスが死と弟子たちの離散に直面されていたこと、すなわち、突然、弟子たちが自分たちの将来について語るべきストーリーを失ったことを覚える。ユーカリストを祝う際は、福音書にある言葉を使う。なぜならば、福音書は、未来を語る言葉が全くなくなった第二回目の出来事―イエスが栄光の中に戻ってこられなかったこと―に照らして書かれているからである。この時点で私たちが分かることは、神の国が来ることを望んでも、未来へのロードマップが手に入るわけではないということである。それどころか、それが遠ざかる。とは言え、両方の危機において、初期のクリスチャンが、未来についての確信を失くしていたとき、主との親密な関係は育っていた。最初の危機では、イエスは、弟子たちに自らの体を捧げられたし、二回目の危機では、福音書が与えられた。従って、私たちは危機を怖れてはいけない。教会は希望の危機の時に生まれたのだから。危機は、私たちにとって、いわば「レストランの特別料理」のようなものであり、私たちを活気づける。私たちが、現在、経験している危機は非常に小さい。

イエスが、あの時、なされたことを見てみよう。なぜなら、私たちも、彼を覚えて同じようにするように言われたからである。このことを覚えることこそが、私たちを希望のある民にしてくれる。このようなイエスの行為によって開かれた希望の中に、私たちは生きている。本書で、私は、度々このことに言及する。では、イエスがなされたことは、どのような希望のサインであったのか。

「最後の晩餐」は、二種類のパワーの衝突であった。一つ目は、政治当局と宗教界当局のパワーであった。それは、残酷で愚かなパワーであった。イエスを捕え、投獄し、辱め、殺した。それは、イエスに次のように言ったピラトのパワーであった。「お前を釈放する権限も、十字架につける権限も、この私にあることを知らないのか」（ヨハネ一九10）。二つ目のパワーは、イエスのストーリー（特に、ヨハネによる福音書）にある別の種類のパワーである。それは、しるしとみ言葉のパワーである。イエスは、数々のしるしを行われ、水をぶどう酒に変えたり、目の不自由な人が見え、口の不自由な人が話せ、ラザロが復活するなどの御業《みわざ》を行われる。これは魔法ではない。従って、イエスは決して、一世紀版のガンダルフ（注・トールキンの小説、『ホビットの冒険』、『指輪物語』の登場人物で魔法使い）のような人ではないし、ペテロも、フロド（注・トールキン小説の登場人物）のような人ではない。イエスのパワーは、生きる意義と真理を示すパワーである。そこで、イエスは、ピラトに次のように言われる。「わたしは真理について証しをするために生まれ、そのためにこの世に来た。真理に属する人は皆、わたしの声を聞く」。ピラトは言った。「真理とは何か」。答えを待たずに立ち去る。兵士が待機しているからである。

従って、「最後の晩餐」は、力ずくの政治勢力のパワーとしるしのパワーとの衝突である。一方では、ピラトのパワーがあり、他方では、死に直面しパンを取って裂き、それを弟子たちと分かち合う弱い立場の人のパワーがある。すべてのユーカリストは、キリストを通して生きる意味が勝利するという私たちの信頼を祝うものである。ただし、それがどのように起こるかは、私たちは推測したり予期することはできない。バーツラフ・ハベル（チェコの劇作家、前チェコ共和国初代大統領）は、それを次のように表現している。「希望とは、何かが好転するだろうという確信ではなく、何かが、どのような結果になろうとも、意味あるものになるという確信である(13)」。それは、私たちが人生で経験することすべて―幸福と悲しみ、勝利と敗北―は、結果的には何らかの意味をもつだろうという確信である。世界大戦、原子爆弾、大量虐殺、ホロコーストが起こった前世紀の狂気沙汰にもかかわらず、人間の存在は無意味であるという運命には至っていない。

「楽園」について私たちの希望は、ある不条理な力―例えば、軍隊、資本主義経済、共産主義的経済、人種、社会階級の力―を克服することではない。それは、生きる意義が、究極的には、想像を超越した形で勝利するという希望である。私たちのストーリーは、神がみ言葉を発せられ、「万物」が存在するようになることから始まる。神が「光よ、あれ」と言われた。「すると光があった」。神は、聖マクシモスの言う「計り知れない知恵の力」によって創造される(14)。生存することは、最初から単に厳然たる事実としてあるのではない。それは、神のみ言葉によって存在するようになる。従って、物事を解釈することは、それに恣意的な意味を押しつけることではない。すなわち、それは、物事に存在を与える創造主と繋がりをもつことである。アダムが動物に名前を与えて以来、私たちは、創造の完了するまで、すなわち、神の国が来るまで、神のみ言葉を語る召命をもち続けている。私たちは、お互いに語りかけ、お互いについて話す時はいつでも、創造のパートナーの役割を果たしている。そうでなければ、それを阻もうとしていることになる。

このようなパワーは、この世界の諸々のパワー――例えば、武力や金銭のパワー――に直面した時は、かなり無力のように思えるかもしれない。特に、産業革命の世界で育った人びとにとって、そのように思えるかもしれない。なぜならば、その世界は、非情な力――例えば、蒸気と石炭の力、電気の力、そして、究極的には原子の力――を利用することに基盤を置いていたからである。そして、これとリンクして、全世界を支配しようと競争していた帝国主義的な軍事パワーの勝利があった。それは、ある特定のストーリー、換言すれば、西洋社会の勝利のストーリーに役立つ非情な力であった。特に、イギリス人が駆り立てられた神話は、自分たちは神の選民であるということであった。その結果、あらゆる愚かな力が、そのような神話を利用することによって正当化された。今日では、アメリカ人が同じ神話を引き継いでいる。このような世界では、しるしと言葉のパワーが非常に力強いと主張することは、かなり弱々しく思えるかもしれない。生きる意義は、頭の中で起こることである。このような世界では、宗教が真剣に考えられるためには、多大なる努力が必要であった。スターリンが言った有名な言葉は、ローマ教皇は、どれほどの台数の戦車部隊をもっているかであった（注・スターリンが、ロシアのカトリック教徒を抑圧しようとしていた時に、ローマ教皇が反対をした。それを聞いたスターリンは、「教皇が反対だと？　軍隊をもたないバチカンは、ロシア軍には抵抗できないだろう」という意味のことを言った）。

しかし、私たちの世界は、大きな変革の過程にある。西洋では、産業革命の終焉の兆しが見られる。その古い重工業はほとんど終わっている。私たちは新しい世界、すなわち、ジグムント・バウマン（イギリス・リーズ大学およびワルシャワ大学）が「流動的現代性」と呼ぶ世界に住んでいる。[15]この世界では、循環するのは、重工業製品—鋼鉄、石炭など—というよりも、むしろイメージ、ロゴ、記号やしるしである。私たちは、記号に満ちた社会に住んでいる。[16]この新しい世界では、しるしのパワーを重要視するので、他の人びとから奇異に思われたクリスチャンは、結局のところ、それほど馬鹿げているとは見えないかもしれない。もし私たちが希望のしるしを見つけることができれば、世界は注目し、直ちにインターネットのウェブ中にそれを伝えるだろう。天安門広場の戦車の前に立ちはだかった、あの小さくて弱々しい人のことを思い起こすと、数時間以内に彼の映像は世界中で見られた。そして、世界人口の四分の一を占める国の政府は揺らいだ。

聖フランシス（注・中世イタリアの聖人）は、私たちの世界と同様に大きな変革の過程にあった世界に向かって、象徴的なしるしによって語りかけた。G・K・チェスタートン（注・イギリスの作家・批評家）は、次のように書いている。

聖フランシスが話したことよりも注目すべきことであった。また、彼がなしたことは、彼が話したことよりも想像力に富んでいた。（中略）彼が服を引き裂き、父親の足元に投げつけて親子の縁を切った時から、地面の上に十字架を真似て死んだ恰好をした時まで、彼の人生は、このような無意識な態度と確固たるしるし（意思表示）で一杯であった。[17]

それ故に、ジオットは、聖フランシスにはうってつけの画家であった。彼のフレスコ画は、聖フランシスの行ったことの意味を永久に私たちの目に見えるようにしている。それらの絵画は、彼の創造的な行いを反映し、それを長く留めている。私たちドミニコ修道会にはフラ・アンジェリカという画家がいた。インターネットのウェブも似たような伝達手段である。初期のフランシスコ修道会とドミニコ修道会が、同時代の最高の画家を利用したように、今日、私たちはどのようにこのウェブを利用することができるだろうか。

明らかに、九・一一事件を計画したテロリストたちは、象徴的な行為の重要さをよく理解していた。人命破壊と物質的破壊は、おぞましく、言葉では言い表せないものであったけれども、あれは象徴的な出来事として計画された。すなわち、現代的交通の象徴であるジェット旅客機が、アメリカの軍隊とビジネスのパワーの象徴であるペンタゴンとツインビルに激突した。それは、暴力を伴った象徴的出来事であり、相手とのコミュニケーションを図ろうとするものではなかった。それ故に、それに対して、究極的に効果のある唯一の応答方法は、破壊ではなく創造性を、暴力ではなく赦しを伝えるしるし（意思表示）である（注・暴力に対して暴力で報復することではない）。そして、大部分の私たちにとって、あの危機の後に真っ先に気づいたのは、自らの命への危険を顧みず消防隊が現場に行ったことであった。その中に消防隊のチャプレンであったフランシスコ会修道士マイケル・ジャジがいたことを、私たちは覚えている。彼は、彼らと共に殉死した。

アメリカ人ドミニコ修道会の人びとの中には、九・一一の最初の追悼記念祭を行うことを決めた人たちがいた。彼らは、水だけを飲み、一か月の断食をした。彼らの中には、男女の修道士と信徒シイラ・プロベンダがいた。彼らは、後に、バグダッドでイラク戦争に関わった。また、私のように、短期間だけ加わった人たちもいた。お陰で体重が減った。戦争の脅威が広まるにつれて、そのことが話題の中心になった。実際、Tシャツには「きっと再び戦争が起こるだろう」と書いてあった。私たちは、グランドゼロの北にあるユニオンスクエアーでキャンプした。毎日、質問してくれたり、パンフレットを読んでくれた数百の人たちと話した。多くのユダヤ教とイスラム教の人びとも、一日三回の礼拝に参加した。私がびっくりしたのは、断食の象徴的意味が直ちに理解された（若い人たちにも）ことであった。ただし、ハンバーグや無料のフライドポテトを食べにくるだけの若者もいたが、とても美味しそうな香りがしたから無理もない。このような象徴的な行為はメッセージを伝えた。毎日のように、それを報道するテレビカメラとジャーナリストがやって来た。

しかし、それはあまり効果がなかったと認めざるを得ない。ドミニコ修道会の人たちがニューヨークで断食をしているからといって、ブッシュ大統領がイギリスの首相に電話して、戦争の終結を話し合ったという記録はない。私たちは、世の中を変貌させる神の恵みを受けるために、人びとが心の窓を開けることを願っている。しるしという手段によってこそ、私たちはそのような希望を伝えることができる。また、非情な力に訴えるのではなく、生きる意義について注意を払うことによってこそ、神の国をもたらす神の言葉「人びとを栄えさせよ」に与かることができる。そして、実際に、私たちは栄えることになるだろう。『ベニスの商人』の中で、ポーシャは次のように言う。「あんなに小さなろうそくがなんと遠くまで光を照らすことでしょう。この悪の満ちる世界に善い行いが輝くものなのね」(18)。

イエスは、必ずしも、イスラエルのすべての目の不自由な人が見えるようにされたのではなかった。一人の目の不自由な人を癒しても大した違いが生まれるのかという疑問があるかもしれない。イエスは、ぶどう酒が足らなくなったすべての婚礼の問題（注・ヨハネ二─1カナの婚礼）を解決されたのではなかった。しかし、これらの小さなしるしは、創造したり、再創造する言葉を言われる神の御業の一部であった。そのような意思表示が非常に弱々しく小さかったことが、かえって、それらのメッセージ性をより強くした。神は、ギデオンの群が三万二千から三百に減じるまで、メディアン人の軍を打ち負かすことを許されなかった。聖書では、小なるものは美しい。イエスは、「わたしの兄弟であるこの最も小さい者の一人にしたのは、わたしにしてくれたことなのである」と言われている。小さな行為は、神の国が来ますようにという祈り、及び、それをもっと近くに引き寄せる神のみ言葉を語ることと同等のことである。

イエスは、単なるしるしを示されただけではなかった。それは創造的で変化をもたらす行動でもあった。彼は敵の手に引き渡されることになっていた。弟子の一人によって、ローマ帝国の残忍な力へ引き渡されることになっていた。彼は、それを単に受動的に受け入れられたのではなかった。換言すれば、それを恵みの時に変えられた。裏切りを賜物に変えられた。彼は、「あなたたちは私を引き渡して逃げるであろう。私は、この裏切りを受けとめ、私をあなたたちへの贈り物にしよう」と言われる。

希望することは、単に善が悪よりも強いことに期待を寄せることではない。西部劇のヒーローが、土壇場で私たちを助けるために馬に乗って登場するように、神が最後にすべてを解決してくださるであろうという確信が、私たちにあるのではない。このような前述のしるしを示されることによって、イエスは、この極めて残酷な行為—神自らの子の殺害—を受け入れ、それを実りあるものにされる。従って、人間の歴史には、何をしても受けられず実を結ばないものはない。ただし、それがどのように起こるかは予想できないが。カール・バルト（注・二〇世紀のキリスト教神学に大きな影響を与えたスイスの神学者）によれば、モーツァルトの音楽があれほどまで力強かったのは、意気揚々たるＹｅｓ（注・神の栄光）の中に大きなＮｏ（注・暗黒の時）が含まれているからであった。ローワン・ウィリアムズは、「光が暗闇の真っただ中にある。私たちが夜の中にすっぽりと入ると曙が始まる」[19]と言った。

私が、初めてブルンジ（注・中部アフリカの内陸に位置する国）に行ったのは、フツ族とツチ族の間での対立が再発している時であった。民族対立は、今もあの美しい国を苦しめている。私は、北部のドミニコ修道女たちの共同体を訪問することを望んでいた。道路で移動するのは危険であったので、時々、便がある国連の小型機で行く計画をしていた。戦いがますます激しくなっていたので、国連はその国から撤退してしまった。そこで、私たちは、無事を信じて車で行かなければならなかった。厳しい旅だった。途中で、軍に停車を命じられた。彼らは、道中で戦闘が起こっているので、私たちが先に行くことを阻止しようとした。バスに満載された死体を見た。銃声が聞こえた。きっと私たちを狙っていたのだろう。国中が茶色く生気がなかった。作物は焼けていた。遠くには緑の丘陵が見え、目指す修道院があった。

修道女のうち、六人がツチ族の人で、同じく六人がフツ族の人だった。そこは、二つの民族グループが平和と愛の中で一緒に暮らしている数少ない場所の一つであった。彼女たちは、誰もが虐殺で大部分の家族を失くした人たちだった。たった一人だけ、若い修練女が、それまでのところは、家族を失うことから免れていた。しかし、私たちの滞在中、彼女の家族も殺されるだろうという噂を聞いた。彼女たちに、どのようにお互い平和に暮らせているのですかと尋ねると、その答えは、一緒に祈ることと、起こっていることをすべて分かち合うために、いつも一緒にニュースを聞いているということであった。誰も一人で悲しむべきではなかった。徐々に、すべての民族グループの人びとは、修道院の敷地が安全な場所であることが分かり、礼拝のために教会に集い、敷地横の畑で作物を栽培した。そこは、焼け焦げた土地にある緑豊かな場所であった。それは、希望のしるしであった。

教皇ヨハネ・パウロ二世が、エルサレムに行った時（ラビのジョナサン・サックスによれば）多くのイスラエル人が懐疑的であった。そんなことをして何になるのか。言葉を弄するだけではないか。しかし、状況が変わったのは、教皇が「嘆きの壁」に行き、ユダヤ人たちが「神殿」の崩壊を嘆いている時に、黙して聞き入っている時だった。彼は、彼らと悲しみを分かち合った。ユダヤ人たちは、「弱々しく淋しげな人が、かつて神殿であった壁の傍らに立っているのを見て、感動した。彼は数世紀にわたる不和の重みを担い、過去を悔い、新しい前進の道筋をつくろうと決意していた」[20]。メッセージを伝えるしるしは、効果を発揮する。

西洋では、教会は自らの裏切りに直面しており、それを受け止めなければならない事態になっている。それは、少数の聖職者による児童と少年への性的虐待である。多くの教会の指導者は、朝、目をさますと、この悪夢が早く過ぎ去り、従来通りに私たちがやっていくことを願っていたように思える。私たちは、この苦難にも率直さと希望をもって向き合うことができると敢えて信じなければならない。ちょうどイエスがユダの裏切りを受け入れられたように、私たちも、また、このような裏切りに敢えて向き合い、それが実を結ぶことを確信することができる。エンダ・マクドナ（注・ローマカトリックの司祭）は、性的虐待を受けた人びとの絶望感を敢えて分かち合うべきではないかと問うている。

私たちは、絶望的な状態にあることが運命づけられているのだろうか。数十年に亘って、性的虐待を受けた犠牲者は絶望的状態にあった。その間、被害者たちは、自分の暗澹たる状態に寄り添って導いてくれる愛情あるパストラルケア（注・牧会活動。宗教的助言以外に、司祭が果たす精神的な助言）を求めてきたにもかかわらず、こんな有様だ。そのような暗澹たる状態の中でこそ、我々は、今こそ、キリストを通しての兄弟姉妹になり、被害者の苦痛、暗澹たる状態、絶望感を分かち合うよう努力する必要がある[21]（注・二〇〇二年一月、アメリカの新聞「ボストングローブ」の一面に全米を震撼させる記事が掲載された。地元ボストンの数十人もの神父による児童と少年への性的虐待を、カトリック教会が組織ぐるみで隠蔽してきた衝撃のスキャンダル事件を暴いた。『裏切り：カトリック教会の危機』という本が出て、二〇一五年に『スポットライト』という題名で映画化された）。

被害者たちと一緒になって、私たちは、新しい活気のある希望を発見することができるだろう。もし私たちが逃げれば、彼らとの時は実を結ばないだろう。それは、まるでイエスが、裏切りの暗澹たる夜に向き合わずに裏戸から慌てて逃げてしまったかのようである。

希望の聖体拝領は、全く希望がないと思われた時に祝うものである。それは、単に、未来に向けられているだけではなかった。ある意味では、未来がその時に始まった。彼らが望んでいたことが、この時に予測されていたからである。死に直面して、彼らは飲食し、祝宴を挙げた。今、永遠の世界が始まる。兵隊たちが近づいていたかもしれないが、今こそは、イエスがパンを弟子たちと分かち合う時であった。今こそが、存在している唯一の時である。

クリスチャンとして、私たちは永遠の世界を望む。しかし、永遠の世界とは、最後の時、即ち、私たちが死ぬときに来るのではない。私たちが神の命に与かる時にはいつでも、永遠の世界が始まる。私たちが、憎しみを愛によって克服する時はいつでも、その世界が始まる。「今世代」の人びとは、実際には、今の時に住んでいるのではなく、これからまさに起ころうとしていることのために、例えば、まさに与えられようとしている満足感のためや、これからしようとしている買い物のために、何かを成就しようとするために、生きている。言ってみれば、ザッパー（注・チャンネル切り替えリモコン）をしきりに操作するようなことである。希望とは、敢えて神の永遠の世界が、雲の間から現れるようにすることである。希望をもつことは、何かが起こりそうな、まさにこの時に生きていることである。一四世紀のドミニコ会修道士マイスター・エックハルトは、「今日は何の日か。今日は永遠の日である」と書いている。従って、ユーカリストを祝うことは、神の国を求める私たちの希望の典礼である。しかし、神の国は、今、垣間見れる。換言すれば、今、先んじて、その未来の味見ができる。そのためには私たちは、未来を語るしるしを必要としている。

一九六六年、教皇パウロ六世と英国聖公会の大主教マイケル・ラムゼイは、一緒にローマにある聖パウロ・フオーリ・レ・ムーラ大聖堂（注・「城壁の外の聖パウロ大聖堂」）で全キリスト教会の礼拝を祝った。二人は、互いに統一を求めていることを宣言する文書に署名した。その後、教皇は大主教を脇の部屋に案内しいくつかのフレスコ画を見せた。突然、教皇は大主教に指輪を外すように求めた。大主教は、深く当惑したが、求めに応じた。教皇は、自分自身の指輪を相手の指に通した。実は、その指輪は、教皇がミラノの大主教であった時に身に付けていたものであった。ラムゼイは涙を流した。そして、生涯を通して、それを身に付けていた。その指輪は、また、ローワン・ウィリアムズ大主教が、教皇ヨハネ・パウロⅡ世を訪ねた時にも身に付けていたものであった。しばしば指摘されてきたのは、このような教皇による承認の行動と、聖公会の正統性の承認を拒絶するカトリックの公的態度との間には整合性がないということである。しかし、そのような行動は、承認の表明というよりも、むしろ未来に向けて手を差し伸べることである。一つの希望を表明することによって、それをより近くに引き寄せる。私たちの教会は今も分裂しており、親交がないかもしれないが、教皇の行動は、将来に起こりそうなことに対して前向きの姿勢を示すしるしである。教会の統一は「楽園」そのものではないが、少なくともそれは恥ずべき分裂の終焉のしるしとなるだろう。

二〇〇二年四月に私はカイロを訪問した。修道院長が、一般の旅行者が決して訪れることのないムカタン地区へ案内してくれた。そこにはゴミ処理業者約三〇万人が住んでいる。彼らの多くはクリスチャンである。そこは、私がこれまで経験したこともない汚く悪臭のする場所である。子どもたちさえも老けて見え、道路で無気力にサッカーをしている。毎日、彼らはロバの荷車で街に行き、塵を持ち帰る。そして、それを仕分けて、何か利用できリサイクルできるものを探す。しかし、帰途に、彼らは街の背景にある断崖絶壁を見上げるだろう。頂上には、ポーランド人画家による栄光のキリストの絵（しるし）が数枚ある。それらは、キリストの復活、昇天、降臨の絵である。子どもたちは、帰宅途中にこれらを見て、自分たちは単にムカタンの住民であるだけではなく、神の国の民であることを思い起こすだろう。これらのしるしは、来るべき世界のことを語っている。

かつて、この経験を話した時、批判的なコメントがあった。それは、住民に宗教という阿片を提供し、彼らに自らの運命に甘んじさせる方法になりはしないかという意見であった。未来の栄光を信じることは、正義のために闘うのではなく、現在の苦しみを甘受することを奨励することになるのではないかという危惧があった。確かに、そうかもしれない。しかし、そのような意思表示と絵は、まさに私たちに希望を与えるためのものである。それによって、私たちは無気力と絶望感を払拭し、行動することができる。私がカイロにいた時、スラム地域の或るプロジェクトに案内された。そこでは、キリスト教徒とイスラム教徒が協力して新鮮な水供給と排水処理の装置を備えていた。しるしは、未来を約束し、私たちを無気力から解放し、解決策のための行動に向かわせる。

ジョン・クリーズ（注・イギリスの喜劇俳優。イギリスを代表するコメディーグループのモンティ・パイソンのメンバー）は、映画『クロックワイズ』の中で、「初めから見込みのなかったことに落胆することには我慢ができるが、我慢ならないのは、なまじ希望をかけていたことに失望することだよ」（注・スポーツファンが、応援する選手やチームの不甲斐なさに悲観して口走る、有名な決まり文句）。

希望をもつことは、私たちの悲観的心理に疑問を投げかける。それ故に、希望をもつことには不安が伴うことがある。エリック・ホッファー（注・アメリカの社会哲学者）は、次のように書いている。「国家や世界を変えようとする人びとは、人びとの間に不満を引き起こし、それを主導したり、または、自分たちの意図する改革の合理性と魅力を示したり、人びとに新しい生活様式を強いるだけでは、彼らの目的は達成できない。彼らは、人びとに大いなる希望を炊きつけ、それを煽《あお》る方法を学ばなければならない」(22)。世界の人口の六分の一が極貧の生活をしている。毎日、そのために約二万人が死んでいる。彼らは、ただ貧しいという理由だけで死んでいる(23)。極度の貧困を二一世紀の最初の二五年間に排除できると主張することは決して非現実的でない。百年前、イギリスのほぼ同じ割合（六分の一）の人が極度の貧困状態にあったが、それは仕方がないと言う人がいた。しかし、彼らは間違っていた。クリスチャンとして、私たちは、悲観的考え方を拒否して、貧困の根絶を達成するために努力するべきである。クリスチャンとして、それをいかにして達成するかについては、特別の経済的または政略的洞察力をもっているのではないが、希望を伝えるしるしを実践により示すことができるかもしれない。それには、想像力と大胆さが必要である。そんなことをしても効果がないだろうとか、人びとに気に入られないだろうという理由で、私たちがいつも臆病に引き下がるのではなく、逆に、少々クレージーなしるしを行う用意があることを世間に見てもらえたら、私たちのとてつもない希望の兆しを感じてもらえるだろう。

「すべての悲しみは、もしストーリー中に織り込まれたり、それについてのストーリーが語られるならば、耐えられるかもしれない[24]」一般的なコンセンサスがあることは、ストーリーを語ることによってこそ、私たち人間は、悲喜こもごものあるストーリーを理解することができるということである。ストーリーは、自らの体験に骨組みと目的を与える。個人として、また、共同体として、私たちは、そのようなストーリーに頼って生きている。私たちクリスチャンは、一つのストーリーの中に住むことによって希望を見つける。そのストーリーは、私たちの教会暦の骨格―降臨節から王なるキリストの祝祭日―を形づくり、毎日曜日に私たちを祭壇に集わせる。私たちが共有する記憶には約束がある。しかし、このストーリーは、ひょっとして真実ではないのだろうか。バチカンのモンシニョール（注・カトリック教会の聖職者の敬称のひとつ）の職にある友人が、重要な国際会議でプリファブ・スプラウト（注・イギリスのバンド）の曲 *A Song of Surprises* を引用した。それは意外な引用で、「世界は、夢想家を必要としている―願わくば、彼らが目を覚ますことがないように」という歌詞だった。すると、会場に不安が広がった。その原因は、英語からフランス語の通訳者が、歌詞を聞き違えて、「世界は過激主義者を必要としている」と訳したからであった。クリスチャンは、現実の冷酷な虚しさに未だ気づいていない夢想家にすぎないのだろうか。人生は、単に「愚か者がしゃべる物語であり、わめき立てる響きと怒りはすさまじいが、意味は何ひとつない」ものなのか[25]（注・シェークスピアの戯曲『マクベス』で、王座に登りつめるために手段を選ばなかった夢想家マクベスが、夫人の自殺を知らされて厳しい現実に目覚めて言った有名なセリフ）。

D・H・ローレンスは、次のように言った。

楽天主義者は、小さな部屋の中に安全に閉じ籠り、
屋内の壁を真っ青のペンキで塗り、
玄関の戸を塞ぎ
自分は天国にいると言う。(26)

多分、教会は、今、危機の時に耐えている。それは、私たちが逃避する楽天的な部屋を、神が取り壊そうとされているからである。神は、太陽の光が差し込み、私たちが外へ出ることができるように、あの青い壁を取り壊される。或る厳粛な宣誓式で、イングリッシュ管区（注・カトリック教会修道士が所属する）の当時の管区長イアン・ヒスロップは、次のように説教した。彼は、強面のスコットランド系の人で、長老派教会からの改宗者であった。

私は、自らの宗教人生の終わりにさしかかっているが、あなたたちは、今、それが始まったばかりである。私の宗教人生を振り返ってみると―それは長いものであるが―私がこれまで努力して築き、支援してきたすべてのことが思い浮かぶ。しばしば、私は何かを築こうと一生懸命に頑張ってきた。それは、何らかの記念碑を私の後に残すことであった。しかし、私

のあとから、必ずどこかの愚か者がやって来て、私が作り上げたものを壊し、それを進歩と呼んだ。そこで、皆さんに次の助言をしたい。あなたたちがどのような企てを考えていようとも、どのような計画を策定しようとも、一つ確信できることがある。神が、その計画を挫折させられるであろう[27]（注・強面の管区長がブラックユーモアを混じえて自戒と助言をしている）。

このような助言は、カルビニズム的な悲観主義のように思えるが、そうではない。私たちの夢は、小さすぎるのである。もし神がそのような夢を壊されるならば、その意図は、私たちがもっと大きな人生に踏み出すように促すためである。神は、私たちを小さな夢から解放される。その意図は、私たちがもっと大きな希望をもつようになるためである。

教会暦やユーカリストは、将来のことについて教えてくれない。「私たちの信仰は、充足感と幸福を約束するが、それがどのように実現するかは分からない[28]」。このようになるのは、私たちが未だ自分の命の意義が分からないからである。なぜならば、私たちの命は、神が霊によって明らかにされるからである。その上、トマス・アクィナスが言うように、神のことを知るものは誰もいない。このことは、「目が見もせず、耳が聞きもせず、人の心に思い浮かびもしなかったことを、神は御自分を愛する者たちに準備された」（Ⅰコリント二9）とあるような運命を私たちが辿ることになる。神の国に到着することは、私たちが死を通過しなければならないことを意味する。この時に、私たちが神の栄光に踏み出せるように、すべての壁がまさに崩れ去る。

この章は、二人の若い巡礼者モモとオスカーの話で始まった。彼らは子どもである。子どもは、人生の始まりにいるから、いつも希望のしるしである。聖アウグスチヌスは、「神は誰よりも若い[29]」と言っている。私たちは年齢を重ねてしまうが、神は私たちよりも永遠に若いままである。希望は、神の永遠の若々しさを表す。希望について、シャルル・ペギー（注・フランスの詩人・思想家）は、有名な詩の中で、それが自分の九歳の娘に象徴されていることに気づく。「この幼い少女は、いつも希望の象徴であり、それはいつも新しい始まりである[30]」。

毎年、私たちは誕生日を祝う。一つ歳をとり、ケーキのロウソクが一つ増える。しかし、クリスマスには、決して巨大なケーキでイエスのとてつもない年齢を祝うことはしない。イエスは、いつの時もインマヌエルであり、私たちと共にある神であり、生まれたばかりで、新鮮で、始まったばかりの存在である。クリスマスは、神の永遠の新鮮さを記念する祝宴である。ルワンダでの大量虐殺の後、私は現地を訪問した。その時、ドミニコ会修道士仲間の一人であるカナダ人が淋しそうにしているのに気づいた。友人のほとんどが死んでしまっていたからである。彼が達成したことすべてが破壊されていた。未来が全くないように思われた。それから翌年のクリスマスに、彼は写真を私に送ってきた。彼は、二人のぽっちゃりしたルワンダ人の子どもを抱いていた。写真の下には、「アフリカには未来がある」と書いてあった。毎年、私たちが子どものキリストの誕生を覚える時、「人間には未来がある」と言えよう。

しかし、モモとオスカーは死に直面している子どもである。オスカーは、素晴らしい女性レスラー、マミー・ローズの助けを得て、自分の死に向かう。一方、モモは、彼のスーフィ教の師の死に立ち向かわなければならない。二人の少年が、人間は死すべき運命にあるということに直面する話は、今日、私たちの希望の脆さを象徴している。「ヨーロッパ価値観研究」の結果によると、死に関心をもつ若いヨーロッパの人びとが増加している。恐らく、二〇世紀に人類の未来を約束していた「大きな物語（grand narratives）」（注・哲学用語、キリスト教や神や理性などによって決定づけられた理想的な世の行方）が崩壊したために、私たちが自らの運命に注意を注ぐことになったのだろう。理由ははっきりと分からないが、大部分のカトリック信徒たちは天国を信じるのに対して、若いプロテスタント信徒は、単に「死後の命」を信じているだけである。今日、洗礼を受けたり、教会で結婚する人たちの数が減ってはいるが、大部分は、死んだ時には、依然として教会に頼っている。フランスは、ヨーロッパで最も世俗化した国の一つであるが、依然として七〇パーセントのフランス人が、教会が埋葬してくれることを望んでいる。あの有名な不可知論者であったミッテラン大統領でさえも、生前に、謎めいた指示を残していた。*Une messe est possible*「ミサを祝ってもよい」[31]。二つの礼拝が同時に行われた。

イエスが「最後の晩餐」で示されたしるしは、美しかった。イエスが死に直面しながらも希望を抱かれていたことを語るためには、私たちはそれを美しく再演しなければならない。教会の教えは、しばしば疑念を受ける。教義は、社会では悪い意味をもっている。しかし、美しさには、特有の権威がある。それは、私たちの命には何らかの究極的な意義があるかもしれないという私たちの希望を伝える。美しさが表現することは、人生の巡礼が実際にどこかへ辿りつく（たとえ、いつ、どこへ、どのようにしてかは不明であっても）という希望である。美しさは、礼拝式の見栄えを良くするための付随的なお飾りではない。それは、不可欠で極めて重要なものである。C・S・ルイス（注・小説家、中世文化研究者）によれば、美しさは、「我々個人の遠い国[32]」、すなわち、我々が希望するが見たこともないホームへの欲求をかき立てる。エレン・マッカーサーは、ヨットで単独世界一周の航海の終わりに近づいていた時、陸地が見える前に、その臭いがしたという。美しさも、神の国のほのかな香りを伝える。

ジョージ・シュタイナー（注・作家、哲学者、文芸批評家）は、『キリストの臨在』（注・ユーカリストで聖別されたパンとぶどう酒の中にキリストが臨在するという説）の中で、芸術的創作は、我々が神の創造性を感じる至近距離にあると言って、次のように述べている。「すべての『芸術行為』の奥深い所に潜んでいる夢は、無の状態から端を発し、製作者にとって非常に斬新、かつ、特異であり、明白な形をもつ作品を創作することであり、ひいては、文字通り、世の中の人びとの先をいくような作品を創作することである[33]」。美しい芸術作品は、神が「光よ、あれ」と言われた時のあの最初のフィアット（注・「ラテン語「命令」の意味」）を思い起こさせる。死に直面して、復活と永遠の世界に対する私たちの希望を語るには、それを美しく再演することである。イエーツ（注・アイルランドの詩人、劇作家）は、次のように言った。「人間の魂は永遠であることを、血と神経のすべてをもって信じない者は誰も、シェークスピアや、ホーマー、ソフォクレスなどのようには作品を創造できない」(34)。

ジョージ・パトリック・オドワイアーは、バーミンガムの大主教だった時、怖くて短気な人であった。一九六〇年代の後半のある日のこと、彼は、ある教会のユーカリストの司式をしていた。式典チームは、最も近代的な聖歌を数多く準備するために奮闘してきた。ギター合奏もあった。一つの曲の中ほどになって、突然、大主教は聖歌の本を勢いよく閉じて叫んだ。「こんなくだらない小曲ばかりには辟易だね。まともな歌を歌いましょう。八二ページを開いてください」と言った。ミサの後、司祭は会衆の協力に感謝し、大主教の無礼に対して彼らに謝罪した。すると会衆には落ち着かない沈黙があった。その時、大主教は、「少なくともこの教区には勇気ある司祭がいますね」と言った。

大主教はとんでもなく無礼であったけれども、彼に同情する人びとも多くいるかもしれない。なぜならば、ユーカリストで提供されるものは、超絶的な希望を語る美しさに欠けることが多いからである。詩編の最後の詩は、次のようになる。「角笛を吹いて神を賛美せよ。琴と竪琴を奏でて神を賛美せよ。太鼓に合わせて踊りながら神を賛美せよ。弦をかき鳴らし笛を吹いて神を賛美せよ」。実際に、そのようにすれば、何と素晴らしいことか。これらの言葉を単調にものうげに言い、真っ向からその意味に逆らうような歌い方をするのはよくない。もし教会が若者たちに希望を提供することを願うなら、それに必要なことは、私たちの教会の中に美しさを大々的に回復することである。これまで、キリスト教のリバイバルの大部分は、新しい美学的リバイバルと併行して起こってきた。例えば、中世の単旋律聖歌や、「トリエント公会議」（注・マルチン・ルターと他のプロテスタントの改革派の教えを調査、非難するために一五四五年から一五六三年にトリエントで召集されたローマカトリック教会の三回にわたる会議）の後のバロック音楽、一八世紀後半のウエスレーのメソジスト派の讃美歌と併行してきた。

ジョン・ダン（注・イングランドの詩人、作家、後半生は英国国教会の司祭）は、神が宇宙を創られた時の言葉は歌であったと信じていた。これは、私たちの伝統の中で絶えず話題となるテーマである。例えば、万物が神に向かって歌う聖歌の作者をはじめ、「星の音楽」という中世の理論、物質とその和声学に関する近代の弦理論[35]に至る伝統の中で、このテーマが話題になる。ミチオ・カク（注・日系アメリカ人の理論物理学者）は、次のように言っている。

物理学は、調和の法則以外の何ものでもない。宇宙は、これらの振動する弦と、神のみ心から成る交響曲であろう（アインシュタインもそのように書いている）。神のみ心は、宇宙の音楽であり、それは、十次元のハイパー・スペースに鳴り響いている[36]。

そして、私たちが神の国を希望することを表明するにも音楽を使う。そこでは（ダンによれば）「騒音や沈黙がなく、一つの共通の音楽が鳴り響いている。また、恐怖や希望もなく、敵も友人もおらず、一つの共通の交わりとアイデンティティがある。終わりも始まりもなく、一つの共通の永遠の世界がある」[37]。

従って、死に直面している時に私たちに必要なしるしの一つは、音楽である。それは五線紙上の四分音符や八分音符である。聖歌の作家が、夜中に、絶望的な気持ちになる時、「目覚めよ、竪琴よ、琴よ。私は曙を呼び覚まそう」（注・詩編一〇八）と歌う。とりわけ、それは、暗闇を克服する音楽であり、私たちの想像を超えるものへの希望を語る音楽である。私の父は、死が迫っていたある日のこと、音楽を聞きたいので、ウオークマンを買って欲しいと言った。音楽は、最も体と繫がったものであり、諸々の芸術の中で最も抽象化された要素をもっており、具体的な形となって意味をもっている。そして、いかなる非情な力でもそれを抑えることはできない。

「希望」は、羽の生えた生きもののようで
魂という止まり木で
言葉のないメロディーを歌う
そして歌うことを止めることはない――いつまでも[38]。

引用文献

（1）Paris 2003.
（2）Paris 2002.

(3) *ST* II.II q.17.1.

(4) *De fide, spe et charitate, liber II, caput IV.* Quoted by J. Piepper, *On Hope*, San Francisco 1977, p.50.

(5) London 2005, trans. El Paraiso en la otra esquina, Madrid 2000.

(6) Quoted in A.N. Wilson, *The Victorians*, London 2002, p.85.

(7) Edinburgh 2001.

(8) *The Myths of Time: From St Augustine to American Beauty*, London 2004, p.99.

(9) London 2004.

(10) Rayment-Pickard *op cit*, p.119.

(11) Michael Northcote, referring to an article in *The New York Times Magazine* in 'The Triumph of Imperial Politics', *The Tablet*, 6 November 2004, p.4.

(12) For an exploration of this theory see Timothy Radcliffe OP, 'The Coming of the Son of Man: Mark's gospel and the subversion of the apocalyptic imagination', *Language, Meaning and God: Essays in Honour of Herbert McCabe OP*, ed. Brian Davies OP, London 1987, pp.176-89.

(13) Quoted by Seamus Heaney, *Redress of Poetry*, London and New York 1995, p.4.

(14) *Discourse Addressed to Thalassius Quaestio 63*, translation from the breviary.

(15) *Liquid Modernity*, Cambridge 2000.

(16) Scott Lash and John Urry, *Economies of Signs and Space*, London 1994, p.222.

(17) *St Francis of Assisi*, London 1939, p.106.

(18) Act V.i.

(19) *Open to Judgment*, London 1994, p.100.

(20) *The Times*, 9 April 2005.

(21) 'Shared Despair', *The Furrow*, May 2002, p.261.

(22) *The True Believer: Thoughts on the Nature of Mass Movements*, New York, 1951, p.18.

(23) Jeffrey Sachs, *The End of Poverty: How We Can Make it Happen in Our Lifetime*, London 2005.

(24) Isak Dineson, quoted by Raimond Gaita, *A Common Humanity: Thinking About Love and Truth and Justice*, London 1998, p.98.

(25) William Shakespeare, *Macbeth* V. v.

(26) D.H. Lawrence, *The Optimist*, quoted by Rayment-Pickard, *op. cit.*, p.xi.

(27) Sermon by Allan White OP, *The Acts of the Provincial Chapter of the English Province of the Order of Preachers*, Oxford 2000, p.66.

(28) Hugh Rayment-Pickard, *op, cit.*, p.16.

(29) De Genesi 8,26,48.

(30) *The Portal of the Mystery of Hope*, trans. D.J. Schindler Jr, Edinburgh 1996, p.23.

(31) Grace Davie, *op.cit.*, p.61f.

(32) Quoted by R. Harries, *Art and the Beauty of God: A Christian Understanding*, London 1993, p.4.

(33) *Real Presences*: *Is There Anything in What We Say*? London 1989, p.202.

(34) Quoted by Steiner, *op, cit.*, p.228.

(35) For example Brian Green, *The Elegant Universe*, New York 1999.

(36) BBC 4, 'Frontiers', 11 May 2005, presented by Peter Evans.

(37) Ed. George Potter and Evelyn Simpson, *The Sermons of John Donne*, Berkeley 1953-62, Vol.8, p.191.

(38) Emily Dickinson, *The Complete Poems*, ed. Thomas H. Johnson, London and Boston, 1975, 254, p.116.

第二章　自発性を身につけること

何よりも先がけて、キリスト教の意義は、私たちの人生には意義があることを示すことである。私たちの人生は、ある究極の目的のほうに向けられている。私たちが耐えることになるかもしれない不条理や苦しみがあるけれども、生きる意義というのが、決定的な言葉である。今は、私たちは自分の人生や人間のストーリーを語ることができないかもしれないが、私たちの希望は、いつかは私たちが歩んできた人生のすべてが意義あるものであると分かることである。しかし、今、その究極の意義を少しでも示すことができるだろうか。第一章の終わりでは、音楽こそが、言葉では言い表せられないもの（注・神の国）に対する私たちの希望を伝えるのに最も基本的な手段の一つであると述べた。しかし、私たちの旅の終わりを見えるようにする他の方法はあるだろうか。この章と次の章で、私たちの人生の究極の目的が突如として見えてくる二つの方法を提案する。まず、私たちは、神が存在するが故に意味のある自由と幸福をもつべきである。キリスト教は、ある特異な自由と幸福に私たちを誘《いざな》う。それは、神ご自身の活力に与かることである。そうすることで、旅の終わりが明白になる。私たちの希望は、このように旅のゴールを前もって味見することによって支えられる。そして、私たちは、同じ特異な自由と喜びを、他の信仰をもつ人びと、信仰をもたない人びとの間に見つけることができるかもしれない。私たちは、神の命に与かるのは、決して私たちクリスチャンだけであると言っているのではない。しかし、私たちが認識しておくべきことは、福音は、私たちの社会の期待に逆行し、全く奇妙に思えるかもしれない自由と幸福に私たちを誘っているということである。

数年前、私はチェコ共和国のドミニコ会修道士を訪問していた時に、オーストリアとの国境近くのズノイモという小さな町で夜を過ごした。例によって、「ドミニコ会家族」との集いがあった。喧しい子供連れの若い家族が多くいた。美味しいソーセージや地酒を楽しんだ後、話し合いが始まった。最初の質問が若い母親から発せられ、どのように教会の道徳的な教えを自分の子どもに伝えるべきかと尋ねられた。実は、彼女の子どもは、西ヨーロッパの子どもたちと同様に、その教えに抵抗しているように思えた。私は、その質問に答えられなかったので、私の旅の同伴者ボイチェフ・ギェルティフにその質問を回した。彼は、ローマにあるアングリカン大学で倫理神学を教えていた。

彼は、黒板のあるところへ行き、片隅に小さな四角形を描いた。「あの四角の形の中に戒律があります。それは道徳のことですか」と尋ねると、一同が「勿論」と叫んだ。「いいえ」と彼は言い、続けて「神は戒律には余り関心をもっておられないですよ」と言った。それから彼は黒板の残りのスペースを使って、大きな四角形を描いた。皆に向かって「あれは自由というものです。神は、そのことに関心をもっておられる。皆さんの任務は、子どもたちに自由になることを教えることです。それが、福音の教えであり、聖トマス・アクィナスの教えです」と言った。私は、彼の説明にすっかり感動し、直ちに心に決めたことがある。それは、もしサバティカル休暇（注・長期の休暇）がとれれば、トマスの倫理神学を勉強しようと思った。実は、トマスのことは、混乱期の一九六〇年代の後半に、私の不完全な神学研究で飛ばしていた。

「この自由を得させるために、キリストはわたしたちを自由の身にしてくださったのです。だから、しっかりしなさい。奴隷の軛《くびき》に二度と繋がれてはなりません」（ガラテヤ五1）。クリスチャンについて際立って他の人びとと違っていなければならないことは、私たちが自由であるべきだということである。私たちは、人から見られた時、私たちの驚くべき自由によって彼らを当惑させるほどの存在になるべきである。残念なことに、そのようなことは起こりそうにない。なぜならば、教会は、大抵は、抑圧的な組織であり、絶えず、人びとがやりたいことを禁止し、やりたくないことをせよと指示していると、世間から見られているからである。ウイリアム・ブレーク（注・一七、八世紀のイギリスの画家、詩人）は、次のように書いている。

黒衣の司祭は、教会区を巡回し
私の喜びと欲求をいばらで縛りつける。(1)

西洋社会は、自由について非常に曖昧な考え方をしている。一方では、私たちは、いわゆる

「自由世界」に属している。私たちには貴重な自由がある。言論の自由、移動の自由、投票の自由などがある。「ヨーロッパ価値観研究」によると、個人的な自律と見なされる自由は、現代のヨーロッパの人びとにとって最も重要な価値である。しかし、私たちの社会は、奇妙なことに自由の欠如にさいなまれている。

私が若かった時、自由の雰囲気があった。それは、一九六三年八月二八日に行われたマーチン・ルーサー・キングの名演説「私には夢がある」に要約されていた。それは、自由の夢であった。「すべての神の子たちが―黒人も白人、ユダヤ人も異邦人も、プロテスタントもカトリックも―すべての人びとが手を取り合って、あの黒人霊歌『ついに自由だ、ついに自由だ。全能の神に感謝を、我々はついに自由になったのだ』と歌うことができるようになるだろう」。四〇年後、ベルリンの壁が崩壊した。「自由市場」が勝利した。しかし、私たちは、どちらかと言えば、以前よりも自由ではないと感じている（注・このような感じは、第一章にあった「大きな物語」の崩壊の例である）。今日、世界は、歴史上のどの時代よりも多くの人びとを収監している。アメリカは、中国を除いて、世界の他のどの社会よりも多くの割合の国民を収監している。イギリスでは「家政婦国家（nanny state）」（注・福祉国家の蔑称）とよばれる事態が広まっている。これは、支配の文化の別称である。私たちは、ブリュッセル（注・EUの本部がある）からの更なる奇妙な規制に怯えて暮らしている。

そんなこと以上に、多くの人びとが心理的な収監を感じている。例えば、麻薬とアルコール、過去または生い立ち、貧困または孤独、遺伝子などによって自由が奪われている。この自由な社会で、非常に多くの人びとが窮屈な思いをしているのは奇妙なことである。裕福で社会的に成功した人びとでさえも閉塞感をもっていることが多い。私たちは自由になったものの、結局は、それはしばしば空虚な自由であることに気づく。ジグムント・バウマン（注・ポーランド出身の社会学者）は、次のように書いている。「自由には玉に瑕という欠点がある。それは、個性を育むはずの環境の中で、無気力感が生まれたことである。自由になればエンパワーメント（注・個人や集団が自分の人生の主体者となれるように力をつけて、自分自身の人生を、より自由にコントロールできるようにしていくこと）が得られると期待していたので、無力感は、なお一層不愉快であり、不安である。[2]」一九九〇年「ヨーロッパ価値観研究」の最後に、バート・ゲトゥリックは、ヨーロッパの人びとには「自由の教育法」が必要であると書いている。自由は、現代のヨーロッパの人びとの中核的価値であるが、私たちは、それをいかに享受するかの方法を知らない。

それだからこそ、私たちの社会は、福音にある自由のメッセージに耳を傾ける機が熟している。すなわち、これが私たちの伝道活動の核心となるべきである。それには、まず、しばしば教会の活気を損ねている自由の欠如に向き合い、その問題を解決する必要がある。そうでなければ、私たちの言葉は、全く権威がなくなるだろう。ある日、一人の母親が、子どもを連れてマハトマ・ガンジーに会いに来た。彼女は、子どもが甘いお菓子に深く依存していることを心配して、ガンジーに頼んで、子どもに節度を教えようとしていた。彼は、彼女に子どもを連れ帰り、三週間後に戻ってくるように言った。彼女は、その通りした。二人が戻ってきた時、ガンジーは子どもと話をし、甘いものを食べる量を減らすよう説得した。最後に、母親は、なぜそんなことを三週間前に言ってくれなかったのですかとガンジーに尋ねた。答えは、「実は、三週間前には、私も甘いものに依存していたからですよ」。私たちクリスチャンも、確信をもって自由について語ることを望むならば、自分たちを虜にしているものから解放される必要がある。

カントは、自由というものは説明できるものではなく、守られるだけであると主張した[3]。私たちは、キリスト教の自由を説明できないけれども、それが「最後の晩餐」において実践されているところを目にすることができる。そこでの希望のしるしこそが、すべての行動の中で最も自由なものである。「最後の晩餐」は、「過ぎ越しの祝い」の食事であった。それは、イスラエルの人びとがエジプトでの奴隷生活から解放されたことを祝う饗宴であった。イエスは、弟子たちと一緒に食事の席に着かれている。その時、最愛の弟子が、イエスの胸もとに寄りかかっている。これは、弟子たちが自由であることを示すしるしであった。ユダヤ人の伝統では、「奴隷たちは立ったまま食事をするのに対して、ここ『過ぎ越しの祝い』では、奴隷状態から自由になったことを表すために、座って食事をしている」と主張されていた[4]。その夜、イエスは、新しい「過ぎ越しの祝い」を始められ、それが想像を絶する神の自由になった。

あの最後の食事は、更に意味のある自由に徐々に入っていくステップにつながっていく。まず最初に、私たちはイエスに対する裏切り、すなわち、彼の自由の喪失を見ていく。次いで、イエスがどのようにして犠牲的状態を超えられるのかを簡単に振り返る。その後で、イエスが実践される選択の自由—それは人間の基本的な普段の自由である—を見ていく。しかし、「最後の晩餐」は、それよりも意義深い自由に、私たちを誘う。例えば、自発的な言動をする自由、そして、究極的には私たちの命を捧げる自由である。

裏切り

まず、裏切りから始めよう。なぜユダはイエスを裏切り、死に至らしめたのか。その答えは分からない。イエスが、彼に園で会った時、「友よ、なんのためにきたのか」（マタイ二六50）と言われた。ユダは答えなかった。この質問は、聖金曜日（注・復活祭前の金曜日）のとがめの交唱で繰り返される。「わが民よ。わたしはお前に何をしたというのか。何をもってお前を疲れさせたのか。私に答えよ」（ミカ書六3）。私たちは答えられない。悪は、不条理で無意味である。イエスの死に直面して、私たちは、イエスに同じ質問「そういう『あなた』こそ、何のためにこられたのですか」としか言えない。なぜ悪が存在するのかは説明ができないが、それは善という、もっと深い秘跡の中に飲み込まれてしまう。

とは言え、なぜユダがイエスを裏切る気になったかが少し分かる。イスカリオテのユダという名前が、彼の考え及び、彼があのようなおぞましい行為になぜ走ったのかを垣間見る小さな糸口である。ユダというのは一般的で愛国的な名前であった。多くの有名なユダヤ人の自由の闘士たちはユダと呼ばれていた。彼のニックネームであるイスカリオテの意味は、「短刀の男」とか「暗殺者」であった。彼は、恐らく、ローマ帝国を滅ぼす革命を求めていたのだろう。私の察するところでは、彼は血気にはやってエルサレムに行き、今こそは、圧政者たちを排除する時だと考えていた。そこへ、イエスが、偉大な戦士メシヤとして登場することになった。イエスがエルサレムに到着した時、それは棕櫚の聖日（注・復活祭直前の日曜日。キリストがエルサレムに入った時、信徒が路上にシュロの枝をまいたことに因む）だった。群衆は彼の後についてどこへでも行こうとしていた。何かを行う好機であったが、何も起こらなかった。勝利が彼の手中にあったが、それを逃してしまった。第一章で言ったように、「最後の晩餐」は、将来について語るストーリーが、もはや全くない事態を意味していた。ユダは、他のどの弟子よりも前に、このことに気づき、そのような見通しに耐えることができなかったのかもしれない。従って、恐らく、失望していたのは、ユダのほうだったかもしれない。彼は夢をもった男であり、期待を裏切られたと感じている。イエスがユダの希望を裏切った。だから自分もイエスを裏切ろうと思ったのであろう。皮肉なことに、「最後の晩餐」では、イエスは、ユダのような人びとが夢想した以上に徹底した自由を始めておられた。

ユダの間違いは、イエスが精神的な自由を彼に与えようとされていたのに、勝手に政治的自由を強く求めていたと考えるのは、正しくない。精神的であれ、政治的であれ、個人的であれ、社会的であれ、イエスが私たちに与えてくださる自由は、人間を抑圧するすべてのものからの自由である。私たちの願いは、人間を抑圧するすべてのことがない世界である。この事実を、教会は時々、少々忘れてしまっていることがある。なぜならば、私たちの宗教をもっぱら個人的な観点から考えているからである。カルタヘナ（現在、コロンビアの都市）では、二人の勇気あるイエズス会修道士アロンソ・デ・サンドバルとペドロ・クラバーが、アフリカから連れてこられた奴隷たちの世話をしていた。ダイアメイド・マックカロック（注・オックスフォード大学教授）は、次のように書いている。「この二人のパストラルワークは、勇敢にも非主流文化的であり、移住者たちの間に真剣な非難をいくつか引き起こした。しかし、二人は、告解者たちに、まず罪の感覚（特に、性的な罪の感覚）を、次いで懺悔の気持ちを植えつけようと努力した。彼らの努力は、西洋のキリスト教文化が犯してきた最大の共同的罪の一つ（注・奴隷貿易）の中で奇妙な位置づけにあるように思える(5)」。解放の神学が、私たちが再発見することに役立ったことがある。それは、キリスト教の自由を、なんらかの内面的、霊的なものにしたり、また、政治的な意図にまで劣化させてはいけないという洞察を再発見させてくれた。

私の推測では、ユダは、イエスが始めようとされていた自由がどれほど徹底したものであるかを知らなかったのだろう。実際、知るはずがなかった。多分、他の弟子たちも誰一人として知らなかっただろう。イエスが教えられていたことは、私たちの身体的存在の奥深くまで達する徹底した改革であった。それ故、そのような改革は、死と復活を意味する(6)。一方、ユダの場合、彼は、単に政治的な状況を少しだけ改革することに希望をかけていた。つまり、それは為政者が交替するということだろう。もしそうなれば、疑いもなくよかったのかもしれない。しかし、イエスが私たちに教えられていたのは、想像を絶する神ご自身の自由に与かることであった。そのような自由は、私たちが生きる意味を変えることを求める。不公平と戦うために私たちが政治的に関わることは好ましいことである。しかし、そのような関わりは、更に多くのことを表現するのに必要である。すなわち、それは、神ご自身の命である自由を表すのに必要なものである。ハーバート・マッケイブ（注・イギリス生まれのアイルランド人ドミニコ会司祭、神学者）は、政治的行動とは、単に「信仰が社会において見えることである」[7]と書いている。

ユダは失望したにもかかわらず、どうして自分を「友」と呼んでくれた人を裏切ることができたのだろうか。私たちには分からない。福音書は、心理分析には興味がないし、それは近代の歴史的記録にもない。しかし、彼がこの罪に徐々に陥っていく形跡を、一歩ずつ辿ることができる。実際、その形跡は非常にゆっくりとしたものなので、彼は、最後まで自分がしていることを十分には理解さえしていなかったかもしれない。ユダは、祭司長たちのところへ行き、「あの男をあなたたちに引き渡せば、幾らくれますか」と言った。裏切る相手の名前を言わない。イエスは、単に「あの男」と呼ばれる。蛇足になるが、相手の名前を言わずに、人をこのように呼ぶことは、相手から心理的距離を置く際に、私たちが踏む初期段階のステップの一つである。例えば、夫が、妻に「電話で君の母さんと話したよ」と言う（注・夫と義母との関係が好ましくないことを暗示している）。また、「隣の彼女」、「あのちび男」という呼称もある。プリーモ・レービ（注・イタリアの化学者、作家。アウシュビッツ強制収容所からの生還者）は、アウシュビッツに着いた時の様子を、次のように描写している。彼は名前を奪われ、番号だけを渡された。「もはや我々の所持するものは何もない。我々は服、靴、髪の毛すらも奪われた。（中略）彼らは、われわれの名前さえも奪おうとするだろう。もし名前を保ちたければ、そうする力を見つけなければならない。名前の背後にある自分の片鱗、以前のままの自分の片鱗が残るように何とか工夫しなければならない」(8)。話を本筋にもどす。

それでテーブルで、イエスが弟子たちの一人が自分を裏切るだろうと言われると、ユダは、「先生、まさかわたしのことでは」と尋ねる。ユダ自身がそれは自分のことだと知っており、他の困惑した弟子たちの中に隠れようとして、単に当惑の振りをしているだけであったと、私たちは考えるかもしれない。しかし、ユダは、多分、自分のやっていることを未だ理解していなかったのであろう。彼は報酬の金貨を受け取っていたが、はっきりとは何も約束していなかった。そして、未だ何も起こっていなかった。彼が決心を変える時間がまだある。レオナルド・ダ・ビンチの『最後の晩餐』は、その時の曖昧な雰囲気を完璧に捉えている。決然としてイエスが鉢にパン切れを浸すために手を伸ばされている時(9)、ユダはキリストの言葉にたじろぐ。私たちは、経験上、自らにも認めたくない、やましいことをしようとしている時のことをよく知っている。やましいことと知りつつ、そうではないことをやろうとしていると自分を誤魔化し、それをやってしまう。後になって、自らにさえも認めたくない隠された動機をもっていたことに対して自己嫌悪に陥った経験がある。私には、ユダがただ冷酷にあのような行動をとったとは想像できない。ペラギウス派（注・五世紀のキリスト教派の一つ。正統のキリスト教から異端とされた）は、すべての罪は神を意識的に全否定することであると主張した（注・ペラギウスは、善良で徳のある人生は、自分の意志の問題であると信じていた。強い意志があれば、正しいことができると考えた）。それに対してオーガスチンは、「大部分の罪は、涙を流し、後悔のうめき声を出している人によって犯されたものである」と答えた(10)（注・著者は、ひょっとして、ユダもそのような人であったかもしれないと暗示している）。

そしてユダが、兵士たちをゲッセマネに連れてきた時、彼は自分が行っていることを十分に理解していただろうか。マルコによる福音書では、ユダは兵士たちにイエスを「安全に」連れて行くように頼む。彼は、この時になっても未だ自分を誤魔化しているのだろうか。「祭司長はイエスに非常に腹を立てているので、イエスは、警護して守ってもらう必要がある」とユダは考えている。それからユダはイエスに温かくキスをする。この話は、もう既に手遅れなのに、最後の瞬間まで自分が企んでいることを自分にさえも隠そうとする男の悲劇と言えるかもしれない。

自由を望んだこの男ユダは、最も自由がない人生を送っていることになるだろう。まるでパウロのようである。「わたしは、自分のしていることが分かりません。自分が望むことは実行せず、かえって憎んでいることをするからです」（ローマ七15）。ヨハネの話では、イエスは、ユダに向かって運命づけられた役割を果たすよう、ほとんど強制するように言われる。「しようとしていることを、今すぐ、しなさい」（ヨハネ一三27）。間違いなく、悪行に流されているのは、彼の孤独に原因があった。彼は、裏切りの考えを提案するために祭司長たちに一人で会いに行った。「最後の晩餐」の席では、彼は最も孤独な状態で座っている。私たちは、自分が何かを企てようとしている時、そのことを警告をしてくれる、すなわち、真理の鏡を目の前に掲げてくれる友人が必要である。このように警告されるのは辛いことではあるが、それは私たちを自由にしてくれる。しかし、ユダは完全に孤独であったと言えるであろうか。マタイによれば、イエスが彼に最後に会われる時、依然として友人としてユダに挨拶される。

選択

イエスは、無実の罪を着せられた人であり、憎しみと恐怖の犠牲者でもある。彼の命は、今や自分ではどうにもならない。彼は、裏切られ、まもなく敵に引き渡されるだろう。一方、私たち自身は、自由を奪われたり、犠牲になっている時、イエスは傍らにいてくださる。しかし、敵の手に落ちる前に、イエスは選択をされる。選択の範囲は極めて限られているけれども、彼は、エルサレムから逃げるのではなく、弟子たちを集めて最後の食事をすることを選ばれる。また、ケデロン峡谷を越えてゲッセマネの園に行き、彼の敵に立ち向かうことを選ばれる。イエスは、単なる犠牲者ではない。庭で自らの身分を公言される時、ヨハネによれば、兵士たちは、彼の前で地に倒れる。

私たちの社会及び福音書における犠牲者的心理の動きについては、ルネ・ジラールやジェームズ・アリソンのような著者による輝かしい分析がある。[11] 私としては、それ以上に追加しないが、敢えて強調するとすれば、イエスの溌剌とした自由は、私たちが自らを犠牲者であると諦める心理を克服するように求めている。その意味で、教会は、いかなる犠牲を強いられている人びとでもすべて支援するべきである。更には、教会は、自らもどのような人びとに犠牲を強いているかを認識しなければならない。ダマスカスへの道中の聖パウロのように、私たちも「サウル、サウル、なぜ、私を迫害するのか」という主の言葉に留意しなければならない。

私たちは、たとえ私たちの評判を落とすことがあろうとも、勇気をもって社会から疎外されている人びととの中に入らなければならない。ここで私が思いつく人は、フランス人のドミニコ会修道士である。彼は、少数民族ロマ人（注・ヨーロッパを中心に、南・北アメリカなど世界各地で生活する少数民族）のチャプレンである。彼は、トレーラーハウスをもち、彼らの言語を学び、生活も共にしている。徐々に、彼らから受け入れられるようになり、ついに裁判官に選ばれた。それは、人びとの争いごとを裁く権限のある立場である。ロマ人ではない人が、以前にそんな栄誉に浴した事例はないと私は思う。その結果、彼は、また、人びとの屈辱にも与かることになる。町の名士から絶えず敵意をもたれたり、警察から嫌がらせをされたり、一方的に投獄される。

西洋社会の人びとの間に、犠牲者的感覚が蔓延し、彼らは不満を抱いている。このような心理は、「自由世界」の人びとの心理的弱点である。これまで自由が、必ずしも私たちに約束されてきた幸福をもたらしてこなかったという恨みがある。人びとは、偏見や、歴史、自分の遺伝子、生い立ちの犠牲になっていると感じている。現代性の特異な傾向の一つとして、―北アイルランドから中近東まで―お互いどうし犠牲者的心理に陥り、誰もが自分は犠牲者であると主張していることがある。「犠牲者心理どうしの競争」、すなわち「私は、あなた以上に犠牲になっている」ということが話題になることすらある。そうは言っても、実際に辛い犠牲になっている人がいる。世界の多くの地域で性的搾取のために売られる子どもたちや女性たちが犠牲になっている。しかし教会は、誰もが「単に」(注・受身的に)犠牲者であると認めてはいけない。自由とは、人びとが自分にはどのような選択ができるか―それは極めて限られていたり、朝になって起床するだけであっても―を理解することから始まる。もし犠牲的状態を消極的に受け入れるならば、人は死んでしまう。

プリモ・レービの説明によると、アウシュビッツで生きながらえるか否かは、洗濯するような些細なことに拠っていた。当初、暫くの間は、彼は諦めていた。洗濯なんかして何になるか。水道の水は汚く、そんなことは時間の無駄だと思っていた。彼の命を救ったのは、仲間の囚人シュタインラウフであった。彼は、レービに「洗濯でもしないと、君は終わりだよ」と説いた。

我々は奴隷同然である。すべての権利を剝奪され、あらゆる侮辱に曝され、確実な死に追いやられている。しかし、それでもまだ一つのパワーが残っている。それを全力で守らないといけない。なぜならば、それは最後のパワーだからだ。それは、現状を甘受するのを拒否するパワーである。従って、しっかりと、石鹸がなくとも汚い水で洗顔し、上着で体を拭いて乾かすのだ。靴を磨くのも、規則にそう書いてあるからではなく、自分の尊厳と身だしなみのためである。真っ直ぐ背筋を伸ばして歩かなければならない。足を引きずらずに、プロシアの規律に従うのではなく、生きながらえ、死への一歩とならぬように、そうするのだ(12)。

アフリカについての私たちのイメージは、しばしば、犠牲者の大陸、膨れたお腹と物乞いの器をもった数百万の子どもたちである。確かに、アフリカは、西洋の経済政策、貿易禁止、補助金、負債、ひいては開発計画によって苦しめられている。しかし、もしアフリカの人びとを、あのような犠牲的状態のイメージに閉じ込めるならば、彼らを中傷することになる。ドミニコ修道会家族の会議（二〇〇一年マニラ）で、コンゴ民主共和国出身の若い信徒が、西洋人を非難した。彼らは、武器の売り込みと交換に、自分の国からダイヤモンドを強奪していると非難した。西洋人は、アフリカの人を苦しめて豊かになっている。このような抑圧を終えなければ、何も対策を講じることができないと、彼は言った。彼の非難は正しかった。しかし、私が励まされたのは、アンゴラ出身の若い修道士が、アフリカの人たちは自分たちのことを犠牲者であると安易に考えてはいけないと、このコンゴの信徒に注意を喚起したことだった。では、アンゴラとコンゴにおいて、自由に向けて歩むためには、何ができるだろうか。上記の若い修道士ゼカは、戦争のおぞましい体験の後、アンゴラの社会を建て直すことを援助している組織を運営している。

イエスは選択をされる。選択と言えば、私たちの社会において、まず思いつく種類の自由がある。それは、買い物の自由、例えば、ペプシコーラとコカコーラという選択肢のうちでどちらを選ぶのかの自由である。人によっては、選択肢が非常に少ないこともある。多くの国では、例えば、女性はＨＩＶ-陽性の男性との性交渉を拒否することを選ぶことはできない。しかし、教会が福音にある自由を育む場所になるのは、人びとに代わって様々な決定をするのではなく、彼らが可能な範囲で道徳的判断をする時に傍らにいて支援する姿が見える場合である。

もし教会の道徳的教えが、単に人びとにするべきことを一方的に指示するだけだと見なされたら、人びとは教会に足を向けないだろう。そんなことをすれば、良きにつけ悪しきにつけ、人びとの自律を侵害することになろう。「ヨーロッパ価値観研究」は、「個人主義」を、多分、現代のヨーロッパの人びとの主要な特徴としている。[13] これは、個人が自分の人生について決定する権利に最高の価値を置くことである。私たちは自ら善悪の判断をする自由を大切にする。これは、間接的には、いかなる組織――教会であれ、国家であれ――による過度な介入も拒否することを意味している。上記の研究によれば、若い人びとは、実際に「霊的な」助言を教会に求めているが、教会が自分たちの個人的生活に介入する権利を断じて認めない。個人的な自律と対立する宗教は、大部分のヨーロッパの人びとから、そして、少なくとも暗黙のうちに、多くのカトリック教徒から拒絶されるであろう。究極的には、最も深い意味の自由は、主の意志を行うことである。しかし、恐らく、そのことは私たちの巡礼の旅の終わりになって理解されることであって、初期段階では無理である。

二つ目に、教会は、現代の人びとが直面している選択肢がいかに複合的であるかを受け入れなければならない。かつて、私は、大手の石油会社の経営幹部の人たちと週末を過ごす光栄に浴した。私が招かれた理由は、彼らが直面している道徳的判断についての話し合いを外部の人たちに聞いて欲しかったからであった。問題の複雑性について、私は事前の知識が全くなかった。株主に対する義務と従業員に対する義務を、どのようにバランスをとるべきか。利益を上げることと環境を大切にすることを、どのようにバランスをとるべきか。クリスチャンは、道徳的生活において難しい選択に直面することが度々ある。なぜならば、それに対して、教会の教えが明確で易しい正解をもっていないからである。例えば、もし離婚している人が愛する人と会えたら再婚してもよいのか、否か。ゲイの人はいつも一人で生きるべきか、否か。福音とキリスト教の教えに照らして、これらの問題について考えたり、祈ったり、研究しなければならないことは大変なことである。従って、結局、自分が好きなことをするか、或いは、教会が出す手っ取り早い答えに従うという誘惑がある。バチカンは、いつも道徳的ジレンマを解決することを懇願されており、実際、それをしようとすると非難される。選択することは、自由になるために、困難ではあるが必要な部分である。

キリスト教の教えが明解であるように思えることがある。人びとが正しいことを見つけようと苦労をしている時に、教会は、彼らの人生の複雑さを思いやる姿勢をもっていなければならない。

例えば、妊娠中絶の問題がある。キリスト教の全般的な伝統では、それを禁止している。「ディオゲネトスへの手紙」によれば、中絶禁止は既に二世紀には認められており、それがクリスチャンが周辺の人びとと極めて異なっている要素の一つであった。「彼らは、すべての人びと（他の人びと）と同じく結婚し、子どもを産む。しかし、子どもを殺さない」。教会が、今後、中絶を認めることは、ほとんど考えられないが、そうだからと言って、私たちクリスチャンが、中絶に賛成する人びとの言い分に単に耳を閉ざしてもよいという意味ではない。私たちは、自らの伝統の基本的な真理に確信をもっている。従って、反対する人びとの立場を理解し、それから何を学ぶことができるかを見つけるために、私たちの思考と想像力を使うあらゆる努力をすることをためらう必要はない。偉大なバットラー司教が「第二バチカン公会議」で言ったように、「真理が真理を危険に晒す可能性があることを恐れないようにしよう」。もし相手側の言うことの真理に耳を傾けるならば、そのことが、私たちの信じていることの真理を更に明確に見ることに役立つであろう。ジョン・アービング作の『サイダー ハウス ルール』のような小説と『ベラ・ドレーク』のような映画は、中絶について選択をする人びとの生活の複雑性を思いやることに役立つ。真理は単純であるが、その単純性が人間の体験の複雑性を踏まえたものでなければ、それは幼稚な単純性、すなわち、押しつけがましく思いやりのない単純性であり、それは決して私たちが神の中にかすかに垣間見る単純性ではない。私たちの教えの真理を、たとえ他人を中傷したり、攻撃しても、守らなければならないと感じる人びとは、自分たちの信念に不安があったり、自らが疑問をもち始めることを恐れて、反対側の意見を聞くことに恐怖心をもっているのかもしれない。私たちが教会の教えに非常に強い確信があってこそ、私たちはとても自由に周囲に耳を傾け、学び、私たちが同意しない結論に達した人びとにも、頭と心を開くことになるであろう。

聖トマスは、私たちが誰をもマスターと呼んではいけないのは、天にマスターがおられるからである、と言っている福音書の本文を気に入っていた。私がドミニコ会のマスター（Master of the Order 1992-2001）であった時に気づいたのは、修道士仲間もそれを気に入っているようだった。なぜならば、このことが朗読会で勘ぐりたくなるほど頻繁に話題になるように思えたからである。トマスの理解では、神は人間の全身全霊の深いところで恵みによって教えられる。人間の教師ができることは、ただ、人びとの探求の旅に同伴し、友情の精神で、知っていることを彼らと分かち合うことである。ヨセフ・ピーパ（ドイツ人のカトリック思想家）は、トマスの見解を次のように表現している。「友人、しかも思慮分別ある友人であることは、自分の友人が行う決断に与かることに役立つことである。自らの愛によって、友人の問題を自分のものであると見なし、友人の自我を自分のものとすることで、友人の決断に与かる（従って、それは必ずしも全く『外部から』の援助とはかぎらない）」[14]。私たちは、まず、そのような他者になり、当人の想像力の中に入り、彼らのジレンマを分かち合い、その後にキリスト教の教えを分かち合うべきである。

教皇ヨハネ・パウロ二世は、『信仰と理性的判断との関係について』（注・一九九八年の回勅）の中で次のように書いている。「忘れてならないことがある。真理を模索している時、理性的判断は、信頼できる対話と誠意ある友情によって支えられなければならない。古代の哲学者によれば、友情は、健全な哲学的探索をするのに最も好ましい条件の一つである。疑念と不信の風潮は（それは憶測的な研究につきものであるが）、古代の哲学者の教えを無視することになる」[15]。友情とは、私たちが相手の視線でものごとを見て、彼らの経験に注意を払い、彼らの直観と疑念を真剣に考えることである。教会が上から目線で教える時、すなわち、一般の人びとの苦しみからかけ離れている時は、教えが全く行われていない。デニス・ターナー（ケンブリッジ大学の神学の教授）は、次のように書いている。

教師の義務は、更に言えば、牧師の義務も、人びとが無限のものを理解する能力をもっていることを、彼らに「思い起こさせる」ことである。私にはそれ以外のことは想像できない。（中略）イエスは、私たちは決して「自ら」を教師であると呼んではならないと言われた。神学者の場合も、キリスト教の教えと説教において、人びとにそのような能力のことを思い起こさせたり、聖霊を強く望む気持ちを喚起することに貢献するべきである。もしそれをしないで新たに自説を主張することは、とんでもないことである。すべての教員は、このような謙遜さ、指導上での遠慮深さをわきまえている。なぜならば、教師は、自分が上手に教えたら、学生は、真理に気づき、自発的に「わかった！」と言ってくれることを知っているからである。その際、学生は、あたかも自らでその真理を思い出したかのように見える。それはもはや教師のものではない。なぜならば、その真理は、今では両者の間で共有され分かち合われているからである。[16]

神が実際に命令を発せられる時、それは友情ある状況で発せられる。モーセが「十戒」を受けるために山上で神と出合う時、彼は宇宙の立法者に出合っているのではなく、「主は人がその友と語るように、顔と顔とを合わせてモーセに語られた」（出エジプト記三三11）。そしてイエスが弟子たちに新しい命令を出される時、それは、彼らが彼の友であるからである。「わたしの命じることを行うならば、あなたがたはわたしの友である」（ヨハネ一五14）。友人どうしはお互いを思いやる義理を負っているが、それは束縛というよりも彼らを一緒に結ぶものである。それは、法というよりも愛から来る義理である。

従って、人びとが道徳的ジレンマに直面して選択の決断をする時、教会は、彼らに友情の精神を示し、彼らに寄り添うことによってのみ、彼らと共にあることができる。そうすれば、人びとは、創造的で自らを解放するような選択をすることに自信をもつだろう。また、そのような選択は、目先の明白な代替の選択肢を超えたものであり、新しいことを発見する。あの夜、イエスには選択肢がほとんどなかった。それがあったとしても全く良くないものであった。待って死ぬか、または、逃げて屈辱を受けるかのどちらかであった。どちらの場合にも、彼の人生は失敗のように見えただろう。よい選択肢が全くないように思えた。しかし、イエスは、創造的な行動をされた。彼は、裏切りを賜物に変えられた。彼は、信仰共同体の崩壊を、新しい契約という賜物に変えられた。

私たちの多くは、自分には選択肢がほとんどないと思うことがある。しかし、選択をすることは、どちらにするかに迷う以上の意味がある。神の恵みが、私たちの想像力を生き生きとしたものにする中で、私たちは創造的な選択をし、これまで夢想もしなかった様々な可能性を開くことができる。自らの宿命を恵みにすることができる。自由なんて、とても不可能であると思えていた時に、それを見つけることができる。例えば、私がフィリピンで会った女性は、ハンセン病を患っていた。彼女は、人生の大半をセントマーチン島のドミニコ会の仲間たちが運営するハンセン病施設の一つで過ごしてきた。実際、仲間の多くも、ハンセン病患者である。彼女は病気が治った時でさえも、外出して、人びとの目に恐怖と嫌悪感を見る勇気はなかった。彼女は、病気の傷跡のために閉じ込められた気持ちになっていた。そういう状況で彼女が発見したことは、彼女の病気が自分の伝道になるかもしれないということであった。彼女はアジアをあちこち旅行し、ハンセン病施設を訪問し、人びとに自分の内なる監獄を出て自由になるよう励ました。

中世ドイツに、福者のヘンリー・スソというドミニコ会の神秘主義者に関する逸話があった。ある時、非嫡出子を生んだ女性が、彼の住まいの戸口に子どもを置き去りにし、彼が子どもの父であるという噂を流した。彼は、一言も言わずにそれに耐えた。彼はその子に言った。「私の素敵な子よ、私が君を育てるからね。君は、神の子であり、私の子でもあるからね」[17]。彼の修道士仲間たちがこれをどう思ったのか、私は知らない。言うまでもなく、当の女性は、このことにたいそう感動して、彼女が亡くなる前に彼の潔白を明らかにした。この逸話について素晴らしいことは、この女性が彼を犠牲者にしたが、彼は、それを否定することなく、人の非難を受け入れ、その子を神の子、及び、自分自身の子であると言ったことである。彼は自由な人である。

自発性

「これはあなたたちのために与えられるわたしの体である」。これは決して、真偽のほどが分からない、単なる単発的行動ではなかった。共観福音書は、イエスがそれ以前になされたことすべてが、このことに帰着していくことを示している。弟子たちを呼び集めたり、売春婦や徴税人たちと会食したり、五千人の人びとにパンを与えたことなど、これらの出来事すべては、この創造的なみ業、すなわち、キリストの「体」という共同体の創設というクライマックスにつながっていたことが分かる。そのことなしには、イエスの生前のストーリーは、全く無意味になるであろう。罪を赦したり、ハンセン病患者に触れたり、法を超越することにおいて、イエスが示された自由すべてが、この完全なる自由のみ業においてクライマックスに達する。福音書の全ストーリーを読むと、前もって推測できなかったと思われる特定の必然性があるように思える。それは、イエスが必ず為す「必要がある」ことであり、しかも、それを極めて「自由に」される。

自由と言えば、私たちの社会は、それは選択肢の中から選ぶことだと考える傾向がある。そうすると、人生は、単に選択肢を次から次に選んでいくことになる。もし間違った選択をすれば、教会に行って懺悔し、それを取り除いてもらう。今週は殺人を三つ、不純な考えを二つしでかした。そんなことは問題ではなく、懺悔してもう一度やり直せばいいと考える。勿論、ためらいながら礼拝に行き、罪がぬぐい去られることを乞い、洗われた気分になって出てくる。確かに、そのようになるだろう。しかし、もしその程度にとどまり、自分の道徳生活を、単に善い行いと、または、悪い行いとが次々と起こることであると考えるならば、いつまで経っても、道徳的に幼稚なままになるであろう。ヘンリー・フォードは、歴史とは、単に忌々しいことが次から次に起こることであると言ったが、私たちの個人的な歴史は、決してそのようなものではない。前章で見たように、私たちが自分の人生の意義を理解する方法は、その人生について語るストーリーを見つけることである。私たちが語るストーリーは、自分たちがどのような人間であるかを示す。私たちが成長しながら自らの自叙伝を書き替えていく過程で、自分のアイデンティティを理解する。従って、大きな決断をする時、それが私たちの人生の方向、及び、それについて究極的に語られることになるストーリーを決めていることになる。つまり、私たちは、単に自分の行動だけではなく、自分がどのような人間であるかの決断をしている。

道徳性とは、様々な規則に従うことであると考えるならば、自分の道徳生活の質を査定する方法は、何度、規則に従い、または何度、それに違反したかということになる。しかし、トマス・アクィナスのような神学者たちには、道徳性についてもっと古い伝統がある。それは、人間の全生涯の動きという観点で考えている。彼らの説によれば、私たちが語るように誘われているストーリーは、私たちの起源となる神に向かう旅のストーリーである。倫理とは、帰還に向けて強くなることと関わっている。徳のある人生は、正しい方向に向かって進んでいくことを助けてくれる。「徳」とは、文字通りでは「強さ」という意味であり、それは旅に向けての強さである。基本的な徳—勇気、節制、思慮、正義—は、道中で私たちを助けてくれる。神学上の徳—信仰、愛、希望—は、私たちの帰還時の喜びを、前もって垣間見る体験をさせてくれる。

宗教心を示す典型的で現代的な方法は、私が既に示唆したように、巡礼者になることである。少年モモとオスカーも巡礼者である。現代の人びとは、何かを探し求めて旅に出るが、旅の終わりに何があるのかは、必ずしもはっきりと分かっていない。しかし、旅の途中では、少なくとも断続的に探し求めているものが分かるかもしれない。教会は、そのような人びとと共にあって、彼らが旅の自由を発見し、旅のゴールを垣間見るように支援していかなければならない。教会は自由についての教育法を提供しなければならない。それは、正しい選択をすること以上の教えを提供することである。すなわち、人が道徳的主体者になり、自分の人生には骨組みと意味があることを学ぶことである。教会がこのようなことを達成するには、ありのままの人びとと共にあることが必要である。どのようにあるべきかを指示することでは決してない。ある日、ダブリンに行く道を尋ねられた男は、次のように答えた。「私がダブリンに行きたいと思えば、私ならここからは出発しないね」。私たちは、このような男（注・人が困っている時に自分を基準にして考える人）

になってはいけない。一方、私たちはどこにいようとも（どんな混乱や雑然とした状態にあろうとも）、そこが帰還への出発点である。人びとに、離婚するべきではないとか、再婚するべきではない、同棲する（特にゲイの人と）べきではないと言ってはいけない。私たちは、今の時点の彼らからスタートするべきである。ドミニコ会の善良な修道士であった聖アントニウス（フローレンスの大司教）が、コジモ・デ・メディチに頼んで、すべての司祭がギャンブルすることを禁止しようとした時、メディチは狡猾に答えた。「まずやるべきことを先にやらなくてはいけないですね。彼らが、いかさまのさいころ（注・鉛などを詰めてある）を使うことを禁止するべきではないですか」[18]。サミュエル・ベケット（注・アイルランド出身のフランスの劇作家、小説家、詩人）は、次のように書いている。「雑然とした状態から、それに適応する表現法を見つけること、それが芸術家に課された任務である」[19]。それは、また、司祭の任務でもある。私たちの生活がどのような雑然とした状態にあろうとも、それをある程度意味づけるストーリーを語ることができるだろう。それは、神の国につながるストーリーを語ることになる。

聖トマスが、道徳生活を検討した時、真っ先に主張したことは、私たちは神の姿に似せて造られているのだから、私たちは、知性的であり自由であり、自らの行動の源であるということであった[20]。従って、徳があることは、外部からの抑圧に従うことではない。それは、自らの存在の核心から行動することである。それは、自主的に動くことである。時には、私たちは、最初は自分が肉体的にはスポーツカーのような気分で人生をスタートし、最後には、古いトラックのようになっていると感じることがあるかもしれない。しかし、願わくば、道徳生活では、その順序が逆であって欲しい。自由は選択するものと見なすと、それは、私たちがもっているものである。実は、もっと深い意味の自由を見極めなければならない。それは、私たちの存在そのものを意味する自由である。例を挙げよう。ラビのユーゴ・グリンによれば、アウシュビッツでは、彼の主要な価値観のいくつかに根本的な変化が起こった。その一つが自由であった。彼は次のように書いている。「自由とは、私たちが『もっている』と考えるものである。刑務所に入れられると、それは奪われる。しかし、強制収容所での生活では、自由は、自分たちの生存そのものになった。このことは、自分が置かれている状況と運命に対して、自分がとる態度に影響を与えた[21]」（注・七三〜七四頁参照）。

先に述べた美徳（注・勇気、節制、思慮、正義）は、自由への道筋のことである。私たちにとって最も意義深い自由は、好ましいことを自発的にすることである。なぜならば、それは私たちが最も深く願望することだからである。私たちは、ある行動が努力を伴う場合、特に徳がある（立派）という印象をもつことが多い。相当の節制力によって、ワインをもう一本飲みたい欲求を抑える人は、心ゆくまで飲んだ人よりも徳がある（立派）という印象をもつ。しかし、美徳についてアクィナスの考えはそれとは違う。彼によれば、これらの美徳は、私たちが好ましいことを、たやすく苦労なく、さらりと成し遂げる自由に向かわせてくれる。例えて言えば、フットボールの名選手は、ボールを蹴る角度と弾道をすべて計算することなく、のびのびと自然にゴールを決める。

彼の体全体が為すべきことを知っている。一流のサッカー選手は、ほとんど意識することなく、ボールにカーブをかけられる。

とは言っても勿論、規則や戒律は必要である。それはピアニストが音階を必要とするのと同じである。しかし、そのようなものが存在しているのは、私たちに自由を教え、自分が何を最も望んでいるかを私たちに気づかせるためである。ハーバート・マッケイブは、次のように書いている。「倫理とは、自分が望むことをすること、すなわち、自由であることに深く関係している。様々な問題の大部分は、自分が何を求めているのかを気づくことが困難であることに起因がある」[22]。「十戒」は、私たちの自由を外から制約するものではない。それは、私たちがどのような人間であるかを教えてくれる。例えば、もし私が修道院長を突然殺害したい衝動に駆られれば、「汝、殺すべからず」という戒めは、私が彼の修道士仲間であり、実際には彼を殺したいとは思っていないことを気づかせてくれる。もしそんなことをすれば後悔するであろう。遺憾の気持ちは、人が過去にしたことに対して申し訳なく思うことである。一方、後悔は、何かをした後で自分は実際にはそのようなことをすることを望まなかったことに気づくことである。自発性とは、一途な気持ちから生じる結果である。

従って、自発性とは、頭に突発的に浮かんだことをすることではない。それは、私たちの存在の核心—そこに神がおられ、私たちの命を支えてくださっている—から生まれる行動である。イエスが示された完全なる自発性を見てみよう。彼は岸辺にいる弟子に気づき、彼らを呼ばれる。

決して、それより以前に、弟子たちを見つけ、彼らが弟子として相応しい人間かどうかを考えておられたのではない。イエスは若い金持ちの男を見られ、躊躇なく愛される。イエスは、木に登っているザアカイを見て直ちに言われる。「ザアカイ、急いで降りて来なさい。今日は、ぜひあなたの家に泊まりたい」（ルカ一九5）。イエスは度々急いで行動される。パトリック・オブライエンの連載小説の登場人物ジャック・オーブリが、「一刻も失う余裕がない」と言うように。パゾリーニ監督の映画『マタイによる福音書』では、イエスは絶えず忙しく立ちまわっている。忙しくさせられているのではない。彼の行動はためらいがない。確かなものである。イエスとユダとの違いを思い起こしてみよう。ユダは混乱状態で躊躇し、徐々に悪に入っていくのに対して、イエスは、すべてにおいて自発的行動の権化である。彼は、自分の行動に専心しておられる。私たちの中におられるイエスが、私たちの行動をすべて私たちの自発的なものとされている。「正義ある人は正義を行い、神からの恵みを保ち、それは彼の日常の行動に表れる」[23]。

私たちにとって、このような自発性は、深い苦労から生まれる。換言すれば、それは、再生（注・この場合、神の恵みが、私たちの中に新しい変化をもたらしたことを意味する「再生」のことである――著者からの私信）の結果である。アウシュビッツに収容されていたフランシスコ会修道士マキシミリアム・コルベの例がある。一九四一年の夏のある日、三人の囚人が強制収容所から逃走した。その結果、ゲシュタポ（秘密国家警察）は、報復として一〇人の囚人を殺害することに決めた。彼らが整列させられた時、コルベ神父が突然前に出て、一人を指さした。彼は、結婚しており子どもがいた。神父は彼の身代わりになった。コルベは処刑された。彼の行動は、真に自由な人間の自発的行動であった。そのような行動ができるようになるには、長年に亘る小さな善行の積み重ねが必要であった。その間、間違いをしたり、再挑戦したり、自発性の様々な度合いを実践していくということが必要であった。

　ドナルド・ニコール（当時、タントウール神学校の校長）は、ある逸話を紹介している。ある日、彼はエルサレムの近くをジョギングしていた。角を曲がった時に若いイスラム教徒の労働者のグループに出くわした。彼らの横を数秒で通り過ぎようとしていたら、彼らの中の一人が、自発的な行動をとって、彼の手の中に干しぶどうを入れてくれ、「喉が渇いているでしょう」と言った。ニコールによれば、このような行動は、「単にうわべだけで行動するのではなく、自らの存在の中核からくる自発的な行動であった。それは、衷心から即座に行動する聖なる民を思い起こさせた」[24]。私は、これを読んだ時、まさに同じ朝に、私は全く反対のことをしたことに気づき、恥ずかしかった。私が、ミサの始まる前に教会で黙想していた時に、とても汚い身なりの男性が近寄ってきて、ポケットから汚らしい日数の経ったビスケットを取り出し、私に渡そうとした。私は祈りが妨害されたことに苛立ち、即座に「結構です」と言った。そうすると、彼は、私の横にいたドミニコ会の修道女にそれを渡した。彼女は丁重にそれを受けとった。私は非常に恥ずかしい思いをした。彼がささやかな贈物をもって来てくれたのに、私はそれを拒絶してしまった。以後、私は彼が再び現れるのを待ち、もう一度、チャンスが与えられることを望んだ。その希望は叶えられなかった。
私たちの消費社会で既成観念となっていることは、選択肢が多ければ多いほど、それだけ自由度も多くなるということである。もし一〇銘柄のビールの中から選ぶことができるならば、単に二銘柄から選ぶよりも自由があると考えられている。しかし、私たちが自発性という、もっと深い次元の自由にまで話を進めると、その順序は反対になるかもしれない。つまり、意義深くて根本的な選択がいくつかだけあればよくなる。それは、神の中で自由になり、幸せになることに関わる選択である。一つの長期的ゴール（注・神の国に入ること）があり、それが私たちの人生を方向づけ、首尾一貫性を与えることになる。従って、私たちがいくつかの特定の選択をしなければならないのは、それらが自分自身の一部になるからである。再び、イエスのことを考えてみよう。ローワン・ウィリアムズの明解な主張によれば、イエスの最も深い自由は、ひとえに主の意志だけを行うことができたことに尽きるということだった。

イエスは、感情の面での混乱が起こり、その代償を強く意識するかもしれない、また待ち受けている事態から尻込みすることがあるかもしれない。しかし、イエスには決して究極的な不安定さはない。とは言っても、イエスは、大変なリスクと苦悩に直面した時、人間なら行わなければならない選択の決断をする辛さを免れるということではない。ただ、彼の気骨が問題をはっきりと決着させる。彼には、自分らしさを発揮する完全な自由がある。実のところ、イエスが神からの召命を拒絶することは考えられない（ただし、ちょうど人間が、どんなことにも「はい」とまたは「いいえ」を観念的に言うことがあるように、イエスが観念的に神からの召命を拒絶することはあり得るであろう）。しかし、そのことが彼の自由を減じるわけではない。逆に、それはすべての自由の中で何が最も重要な自由であるかを決定づけることになる(25)（注・イエスが「最後の晩餐」で自らの体を捧げるという最も深い自由のこと）。

マルコは、「人の子」がエルサレムに行き、苦しみ、死ななければならないことに何度も、言及している。この必要性を受け入れることにおいて、イエスはこの上なく自由である。なぜならば、彼の行動は、非常に深い次元で彼がどのような資質をもった存在であるかを表現しているからである。

そのような自由―キリスト自身の天賦の才―を考慮する時には、私たちは、神についての誤解から解放される必要がある。神についての偶像を壊さなければならない。そのような偶像では、神は大きく、強大な人（通常、男性と考えられている）であり、私たちを支配し、私たちが気に入られるためにはその指図に従わなければならない存在と見なされている。私たちは、自由を抑圧し、幼稚な従属状態に私たちを閉じ込めている偶像的な神を排除しなければならない。今日まで非常に多くの人びとの人生が、このような偶像崇拝によって苦しめられてきた。ところが、私たちの神は、私たちの存在の核心で沸き立っている自由の源であり、いつの時も私たちに存在を与えてくださる源である。
ポール・マレー（ドミニコ会修道士）は、「神と自由との間にあって」という詩を書いている（注・神は決して人を息苦しくさせるような専制的な存在ではなく、心の自由を与え、ゆったりと呼吸ができるスペース〈心の余裕〉を与えてくださる。著者ラドクリフは、「自由を抑圧し、幼稚な従属状態に私たちを閉じ込めている偶像的神」と対比するために、この詩を紹介している）。

これは、私にとって
奇跡のような発見であった。

あたかも突然に水中で呼吸が
できるようなことだった

まさに愕然だ
再び神を信じることができ、しかも
ゆったりと呼吸ができるとは

「自由」と「神」という言葉の間で

ゆったりとした呼吸ができる。(26)

従って、私たちの行動は、完全に自分たちの行動であり、外からの抑圧もなく、私たちが心底から願い、喜んで行うことでもあり、また、確実に神の行動でもある。なぜならば私個人が為すことは、神の中に根差しているからである。そこではお互い同士の競争は全くない。

自らの命を捧げる自由

「最後の晩餐」でイエスは、人類の歴史の中で最も自由な行為をされる。「これはあなたがたのために与えられるわたしの体である」と言われ、自らの命を捧げられる。それは非常に無謀な行動のように見える。なにしろ、自分自身を弟子たち、しかも、これから自分を裏切り、否認し、逃げ出そうとしている連中の手に委ねるのだから。それは、すべての自由の喪失にさえも思える。私がこれまで述べてきた様々な自由は、選択の自由に沿って、再び戻ってくるので、あたかもブーメランのような軌跡をたどる。選択の自由は、明らかに最も明白な自由であるので、直ぐに分かる一般的なモデルである。自発性には、選択がないように思えるかもしれない。それは、「必ず」為さなければならないことをする自由である。「イエスは、『必ず』多くの苦しみを受け、長老、祭司長、律法学者たちから排斥されて殺され、三日の後に復活することになっている、と弟子たちに教え始められた」(マルコ八31)。しかし、イエスが自らの体を私たちに与えるという最も深いユーカリスト的自由は、再び、ユダと彼の裏切りを思い起こさせる。イエスは、それをしっかりと寛容に把握される。

どうして自分たちの命を捨てることができようか。それは、ひょっとしたら何らかの馬鹿げた目的のために無駄にされたり、価値がないものとして踏みにじられはしないか。教会ですらも、私たちが捧げる自らの体という贈り物に、いつも敬意を払ってくれるだろうか。このような自己献身が自由であるか否かのテストは、それが他の人びとを自由にするかどうかである。それは、自由にされた人びとどうしの親交を築くことができるかどうかである。イエスは、私たちが自由になるように自らの命を捧げられる。「この自由を得させるために、キリストはわたしたちを自由の身にしてくださったのです」（ガラテヤ五1）。自由とは、決して単に個人的なものではなく、買い物客がどちらの商品を買おうかと決めかねているようなことでもない。自由とは、私たちが共に栄える余地である。自発性という自由は、神と人間との親交に基づいており、それは、私たちの人生の基盤である。私たちの命を捧げる自由は、神の国においてすべての人びとが親交をもつことを熱望している。

ジェームズ・モーズレーは、ビルマ政府の圧政に抗議するために現地に行った立派な青年である。彼は、ラングーンで建物にチェーンで自分の体を縛りつけ、パンフレットを配布し、政権を非難する内容の録音テープを流した。彼は、暫く投獄された。イギリス大使がやって来て、彼の釈放を交渉し、帰国便に乗せて、二度と馬鹿なことをするなと言った。しかし、彼は何度も戻ってきた。その度に、独房で収監期間は長くなった。彼は、次のように書いている。「人類は、ひとつの体である。一緒になってしか動けない。体の一部を置き去りにはできない。誰もが自由になるまで、我々は自由ではない[27]」。

もし誰かが囚人のままならば、誰も本当には自由になれない。ネルソン・マンデラは、自らの命を捧げた人である。彼は、全国民のために平凡な結婚生活の機会を逃した。もし彼が自分自身自由になりたければ、すべての南アフリカの人びと（黒人と白人共に）の解放のために働く必要があると考えた。彼は、『自由への長い道』の中で次のように書いている。

このように私の国の人びと、私が知ることも会うこともない、数百万人の南アフリカの人びとのために働くことは、私が一番よく知り愛する人びとを犠牲にして行われた。幼い子が父親に「なぜ私たちと一緒にいてくれないの」と尋ねる時のように、それは子どもには単純で理解不能なことであった。そして父親は、必ず「君のような子どもが他にもいるから、とても沢山いるからなのだよ」と辛い言葉を言うことになる。（中略）そう言った後は、声が小さくなっていく。（中略）私は、僅かで限られた自由があっても、自分の同胞が自由でないと分かっている時には、それを満喫できなかった。自由は分断できない。私の同胞の誰かにかけられた鎖は、すべての人たちにかけられた鎖と同じだった。私の同胞のすべてにかけられた鎖は、私にかけられた鎖と同じだった[28]。

このような自由は、犠牲という代価を払う。偉大なルター派の神学者であったディートリッヒ・ボンヘッファーは、ナチによって絞首刑になった。彼は、著書『倫理』の序文の中で次のように書いている。

空想の世界ではなく、実際の行動にのみ自由がある。決心して、生きるという嵐の中に入ってきなさい。自由よ、我々は規律と行動と苦しみの中で、長い間、あなたを探し求めてきた。今、死ぬに際して、遂に面と向かってあなたが見え、あなたのことが分かる(29)」。

自らを他人に捧げることは、敢えて「生きるという嵐の中に入る」ことでもある。また、それは同胞の人びとの心を奪っている問題や疑問に自らを投じることでもあり、彼らが正しく行動しようと奮闘している時に彼らと共にあることでもある。それは、安全のために後ろに引き下がらないことである。それは、敢えて海の中に歩いて入っていき、背の届かない深さまで進むことである。このようなことは危険である。実際、ボンヘッファーは、その代償を払い、命を失った。少なくとも心配のために眠りが犠牲になることもある。もし私たちがこのような自由を発揮することに自由であるならば、人びとはその秘めたる根源は何かと尋ねるだろう。

引用文献

(1) 'The Garden of Love', *Complete Works*, ed, Geoffrey Keynes, Oxford 1969, p.215.
(2) *Liquid Modernity*, Cambridge 2000, p.35.
(3) Quoted by Kwame Anthony Appiah, *The Ethics of Identity*, Princeton 2005, p.60.
(4) J.Pes. 10.37b.56, cited by J. Jeremias, revised edition, *Eucharistic Words of Jesus*, London 1964, p.26.
(5) *Reformation: Europe's House Divided* 1490-1700, London 2003, p.437.
(6) Herbert McCabe OP, *Law and Language*, LondChon 2003, p.159.
(7) *Ibid.*, p.170.
(8) *If This is a Man*, London 1979, p.33.
(9) Charles Nicoll, *Leonardo da Vinci: The Flights of the Mind*, London 2004, p.297.
(10) *De natura et gratia* xxix 33, quoted by Rowan Williams, *Silence and Honey Cakes: The Wisdom of the Desert*, Oxford 2003, p.44.
(11) R.Girard, *Violence and the Sacred*, London 1977 etc.; James Alison, *Knowing Jesus*, London 1993 etc.
(12) *Op.cit.*, p.47.
(13) p.5.
(14) *The Four Cardinal Virtues*, Notre Dame 1966, p.29.
(15) Section 33.
(16) *Faith Seeking*, London 2000, xi.
(17) Donald Nicholl, *Holiness*, London 1981, p.35.
(18) Paul Strathern, *The Medici: Godfathers of the Renaissance*, London 2003, p.124.

(19) Quoted in *Times Literary Supplement*, 15 March 2002.

(20) *ST, Prologus* 1a.2ae.

(21) Hugo Gryn with Maomi Gryn, *Chasing Shadows*, London 2000, p.233.

(22) *Law, Love and Language*, p.61.

(23) Garard Manley Hopkins, 'As kingfishers catch fire', *Complete Poems*, Oxford 1948, p.95.

(24) *Op.cit.*, note 14, p.149.

(25) *Silence and Honey Cakes*, Oxford 2003, p.55.

(26) *These Black Stars*, Dublin 203, p.52.

(27) *The Heart Must Break: Burma — Democracy and Truth*, London 2001, p.116.

(28) *The Long Walk to Freedom*, London 1994, p.750.

(29) *Ethics*, ed. Eberhard Bethge, London 1955.

第三章　平穏な海

自由は、キリスト教の意義を示している。なぜなら、それは、私たちクリスチャンの人生の最終ゴール、すなわち、言葉では言い表せない神の自由に与かることを明らかにしているからである。私たちがどこを目指しているかを示す方法はもう一つあって、それは幸福を通してである。

フランソワーズ・ド・ボンディは、二一歳で少々自堕落な生活をしていた。ある日、従兄弟のシャルル・ド・フーコが訪ねてきた。フーコは、サハラ砂漠に住んでいて、短期間、パリを訪問していた。ボンディは、その後、人生がどのように変わったかを描写している。

彼が部屋に入ってきた時、平和も一緒に入ってきた。彼の目の輝き、特に、とても謙虚な微笑みが彼の全身を覆っていた。（中略）彼からは信じがたい喜びが出ていた。（中略）私は「生きる喜び」を目の当たりにし、暫しの間、彼と一緒にいることを望みつつ、気づいたことがある。私のこれまでの満足したことを総合計しても、この隠遁生活者の完全な幸福と比べれば、それはほんの微々たるものであると。私は、羨望ではなく尊敬の念が心中から湧きあがってくるのを覚えた。(1)

一般に、人びとが聖なる人びとの喜びを見て感動することがよくある。私の場合、宗教生活に至る天職は、一部にはベネディクト派の大叔父のお陰をこうむっている。彼は、第一次世界大戦で従軍チャプレンをしていて重傷を負ったが、とても深い喜びを発揮していた。特に母が、忘れずに、寝酒としてウイスキーをたっぷり出した時は大喜びした。

大叔父は決して喜びをとりつくろっているのではなかった。クリスチャンの中には、イエスが私たちを愛されているのだから、いつも微笑んでいることが道義的責任であると感じている人たちがいる。シェイマス・ヒーニー（注・北アイルランド出身の詩人、作家）は、それを「天国の予約席の固定化した微笑み」(2)と呼んでいる。これほどうんざりするものはない。それは、何度も聞きなれた離陸前の「深く座ってくつろぎ、空の旅をお楽しみください」というアナウンスと同じほど説得力がない。聖なる人びとの喜びは、彼らの存在の核心から湧き出るものである。実際、それは彼らの存在そのものである。

すべての社会には、幸福についてそれぞれの独自の理想がある。中国の格言に、もし一週間幸福であることを望むなら結婚して妻をもて、もし一か月間幸福を望むなら豚を殺せ、永遠の幸福を望むなら庭をつくれ、というのがある。一六世紀に一人のフランス人が、イギリスを訪問していた時に、イギリス料理、特に、プディングの素晴らしさに驚いた。そんなことから、特別の幸福と祝宴の時は、「プディングの時」と呼ばれていた。では、キリスト教は、特異な幸福を約束しているだろうか。

現代のキリスト教には、幸福を理想とする考えを拒絶するような強い亜流がある。アンダース・ニグレン（注・スウェーデン人の神学者）による『アガペとエロス』[3]は、非常に影響力のある本である。彼の主張によると、キリスト教の核心にはアガペがある。アガペとは、見返りを求めない利己心のない愛である。キリストは、見返りを求めることなく、他の人びとを愛するように求めておられる。アガペとの対比としてエロスがある。これは、利己的で、独占力が強く、自らのために人を愛する。ニグレンによれば、宗教の目的が人を幸福にすることと考えることは、宗教に対する裏切りになるだろう。また、私たちの宗教は、単に功利的で利己主義的なものになってしまうだろう。ヒラリー・アームストロング（労働党首席院内幹事）も、信仰の固いクリスチャンであるが、「我々がこの世に生を受けたのは、楽しむためではない」と主張している。実際、キリスト教の伝統の中には、不幸であることを美徳とするように思えるものがある。H・L・メンケン（注・一九世紀アメリカ人ジャーナリスト。皮肉家として有名であった）は、ピューリタニズム（清教主義）を「どこかで誰かが幸福になっているかもしれないという恐怖が脳裏につきまとうことである」と定義した[4]。

砂漠の師父（注・エジプトの砂漠に隠遁したキリスト教修道者）の一人は、若い男のグループが近くを通り過ぎ、楽しく笑っているのを見て苛立ち、「我々が最後の審判に向かわなければならないのに、笑うとはけしからん」と叫んだ。しかし、創設から最初の一五〇〇年間は、クリスチャンであること、あるいは、何かをすることの主な理由は、幸福になることであるという確信を、主流のキリスト教は共有していた。聖アウグスチヌスは、喜びは人間のすべての原動力であると信じていた。「なぜならば、私たちは、自らに喜びをもたらすことに合った行動をしなければならないからである(5)」。「喜びを与えてくれないものを、誰が意識的に受け入れようか」。私たちの人生の推進力は「純粋な喜び」のほうに向いている。道徳生活のすべては、自由と幸福に向かう旅である。

聖トマスにとっての幸福は、私たちが育成すべき情緒ではなく、行動すること、すなわち、自己実現すること、「精一杯に励むこと」である(6)。生き生きすることを望むことは、鳥が飛び立ち、魚が泳ぐのと同じように、決して自分勝手なことではない。D・H・ローレンス（注・一九世紀のイギリス小説家）は、トカゲがすっかり自律的であるのを見て面白がっている。「お前は、自由に右側に顎を向け、尻尾を振りまわしている。トカゲがトカゲらしくしているように、人間も人間らしくありたいものだ。そうすれば、人間は注目する価値があるようになるだろう(7)」。私たちは、幸福である時に完全に自分らしくなる。しかし、トカゲとは違って、私たちの幸福は、それだけで自己充足していることにあるのではなく、自らを広げて他人を愛することにある。私たちは、自らを外に向けている時に栄える。究極的には、私たちの幸福は、賜物として授かることができるもの、すなわち、神ご自身の命に授かることにある。私たちは、計り知れないものを授かるために造られている。すなわち、人間は、計り知れない幸福の受け手として栄えるために造られている。従って、幸福を求めることは、決して利己的ではなく、それよりもむしろ、自己を変えることになる。聖トマスは、私たちは不幸であってはならないと、いみじくも主張している(8)。しかし、私たちが招かれている計り知れない幸福を敬遠することがある。それは、私たちの死と復活を要求するからである。それは怖い。

キリスト教は、神が、幸福のために私たちを造られたという良い知らせである。究極的には、神が神らしさを発揮される幸福に与るために私たちを造られた。しかし、もしクリスチャンが不幸であり、自由に振る舞えない人だと見られれば、私たちは、このような幸福の信頼できる証人にはなれない。ニーチェは、「キリストの弟子は、もっと救われた姿を見せるべきである」と書いている。[9] そうでなければ、ちょうど自宅でだらだらとテレビを見ている人が体調維持の運動の長所を誉めちぎっているように説得力がない。

『ガラスの宮殿』（注・ビルマ、インド、マレーを舞台にした歴史小説。ある王朝の没落を描く）の中で、著者アミタブ・ゴーシュは、登場人物の女性ジャヤが、アウン・サン・スー・チーが群衆に演説をするのを聞きに行く場面を描いている。彼女はビルマ政府に対抗する野党のリーダーであり、長年の間、軟禁されていた。

アウン・サン・スー・チーは、群衆に手を振り、話し始めた。彼女はビルマ語を使っていたので、ジャヤは演説を理解できなかった。しかし、演説は、彼女がこれまで聞いてきたものとは全く違っていた。スー・チーは、よく笑い、彼女の話し方には電気のような輝かしさがあった。笑いは彼女の魅力である、とジャヤは思った。スー・チーの笑い声の反響が、彼女の周りの群衆の中に聞こえた。諜報機関員が周囲に群がっているにもかかわらず、雰囲気は重苦しくもなく恐怖にも満ちていなかった。ユーモアが漂い、それは、活気のない外の都市とは全く違って見えた。ジャヤは、なぜこんなにも多くの人びとが、今日までアウン・サン・スー・チーに希望を託してきたのかが分かった。ジャヤは、自分自身も、あの時、自分に求められていたことがあれば何でも進んでやったであろうと思った。この女性を見て、中途半端に彼女を好きになることは不可能であった。(10)

この話は、イエスの威信を少し垣間見せてくれる。彼は威信のある言葉を話された。その言葉は、律法学者やファリサイ派の人たちの言葉とは違っていた。この威信は、確かに、言葉では言い表せられない彼の喜びのほとばしりであった。これは、説教師に求められる喜びである。説教師は、喜びが湧き出ていないならば、福音を説教することはできない。すべての証し人の意見が一致するのは、聖ドミニコと初期の修道士たちは、喜びにあふれていた。逸話がある。ある日、修練士のグループが終祷（注・修道院の日課にある礼拝時間の最後の礼拝）の最中にくすくす笑った。上席の修道士が叱った。しかし、ドミニコの後継者ジョーダンは、逆に上席の修道士を叱り、修練士たちに言った。「心ゆくまで笑いなさい。あの人に叱られたからといって、笑いをやめてはいけません。私が許可します。悪魔の束縛から解放された後は、笑うのは当たり前のことです。（中略）どんどん笑いなさい。思う存分、陽気にやりなさい(11)」。

では、教会はどうすればそのような喜びを育む場所になることができるだろうか。「過ぎ越し」の祝いは、エジプトでの奴隷状態から解放された喜びで満ちていた。その日の晩、イエスは弟子たちを集めて、人間を抑圧するすべてのものから解放されるという更なる大きな喜びを示された。恐らく、彼は伝統に従い、「ハレルヤ」（詩編一一四―一一八）を歌って会食を締めくくられたのであろう。それは、自由に歓喜する歌である。「恵み深い主に感謝せよ。慈しみはとこしえに」。しかし、その喜びには不純物が混じっていた。彼は以前に「あなたがたのうちの一人がわたしを裏切ろうとしている」と公言されていた。誰もが、危機の時が迫っていることを知っていた。多分、それがこの上ない喜びの時であるのは、まさにその時にイエスが私たちのすべての苦しみ、孤独、惨めさを受け入れ、それらをご自身のものとされたからであろう。従って、聖木曜日（注・復活祭直前の木曜日。最後の晩餐の折に、キリストが弟子たちの足を洗ったことを記念する日）は、キリスト教暦では最も苦しく楽しい日である。

「最後の晩餐」は、ストーリーの転換期である。その時に、イエスは父のもとに帰還する旅を始められる。ヨハネは、ストーリーの最初で、この最後の夕べのことを書いている。「この世から父のもとへ移る御自分の時が来たことを悟り、世にいる弟子たちを愛して、この上なく愛し抜かれた」（ヨハネ一三―1）。嬉しくなるという意味は、誕生から死へ、そして復活に至る全ストーリーの中に自らがいることである。私たちは、このストーリーの一部である。なぜならば、それは私たち自身のストーリーでもあり、それは、混乱、苦しみ、死を経て私たちを復活に至らしめてくれるからである。

『オールドスクール[12]』の中で著者トビアス・ウルフは、盗作の短編を書いたにもかかわらず表彰される生徒のことを書いている。雑誌から盗んだ話である。その後、盗作のことが発覚し、彼は信用を失う。しかし、彼が恥知らずのことを意図的に行ったという印象を受けない。なぜならば、そのストーリーは、まさに「彼」のストーリーであるからである。それは、彼の人生、彼の人となり、彼の志望する進路（注・作家志望）などをすべて意味づけるストーリーである。勿論、彼はそのストーリーを自分自身が書いたものであると主張する。同様にして、クリスチャンの私たちも、他の人（注・キリスト）について書かれたストーリーに自分自身を見る。これは、私たち共通のストーリーである。なぜならば、私たちはキリストと共に死に、復活しているからである。

毎年、私たちはそのようなストーリー——降臨節から聖霊降臨日まで——を再演する。私たちの喜びの一部は、自分たちがそのストーリーによって導かれ、そして究極の至福に向かい、神と対面することにある。今は、私たちは悲しみがあり不完全かもしれないが、到着時の様子のことを、途中で、いろいろと垣間見ることができることに喜びがあるかもしれない。聖アウグスチヌスは、次のように言った。

私たちに未だ不安があるけれど、ここ下界でハレルヤを歌おうではないか。いつか私たちが不安から自由になる天上で、それを歌えるようになれるように。（中略）ハレルヤを歌おうではないか。今は天国での安らぎを満喫する時ではないが、私たちの苦労を和らげるために、旅行者が道中でするように歌おうではないか。歩き続けよう。大きな声で歌え、そして歩き続けよう。[13]

それは、湖水地方を歩いていることに少し似ている。寒く、疲れ、全身濡れながらも、先に待ち受けているジントニックと温かい風呂のことを早々と想像するのを楽しむようなものだ。実際には、それ以上の楽しみが控えている。なぜならば、もうすでに永遠の命に触れているからである。キリストは甦る三日前に、善良な罪人に言われる。「あなたは今日わたしと一緒に楽園にいる」。

J・R・R・トルキンは、ファンタジー物語では、なぜ「ハッピーエンディングの慰め」が必要であるかを弁明している。それは、現在の悲しみと苦しみに目を閉ざすことではない。「ハッピーエンディング」は、多大なる逆境にもめげずに奮闘し、最後には、全般的な敗北を受け入れないことである。ファンタジー物語は、『伝道活動』と同じく、喜びをほんの一瞬垣間見せてくれる。それは、悲嘆にくれる世間の壁の向こうにある『喜び』である。（中略）名作のファンタジーの特徴は、表面下にある現実や真理を、突然にちらりと垣間見せてくれることであると言えよう[14]」。私たちの信仰の基本的な真理は、喜びが、最後には悲しみに打ち勝つということ、かつ、それが私たちの運命であるというものである。福音書は、私たちを前進させるストーリーを提供し、その途中で悲しみを受け入れ、それを越えたところまで私たちを導いてくれる。福音書のリズムの中で生きることは、私たちが幸福のために造られた存在であることを発見することである。

イエスのストーリーの中に生きることが、幸福に向けて、私たちをどのように変えていくかを示唆するために、マルコの福音書にある主要な個所を見てみよう。大部分の学者のコンセンサスとして、この福音書は西暦七〇年代の前半に書かれた最初のものであったということである。この福音書が生まれた背景には、ローマのクリスチャンが、ペテロとパウロの殉死と共に耐えていた希望の危機と、クリスチャンの仲間同士の裏切り行為があった。それは初期の時代のクリスチャンの悲しみを包含し、彼らをその向こうへ導いたストーリーである。この福音書は、イエスが栄光に輝いて来られなかった、という未来のストーリーの二番目の喪失という試練の中で書かれた。従って、もしその話の活力の中に私たちを見つけることができれば、その中に私たちを苦しめる悲しみを認知し、それを克服できるかもしれない。

洗礼

そのころ、イエスはガリラヤのナザレから来て、ヨルダン川でヨハネから洗礼を受けられた。水の中から上がるとすぐ、天が裂けて、〝霊〟が鳩のように御自分に降って来るのを、御覧になった。すると、「あなたはわたしの愛する子、わたしの心に適う者」という声が、天から聞こえた（マルコ一9―11）。

ストーリーは、「父」が「子」のことを喜ぶところから始まる。神の命の中核には、二人相互の喜び、つまり、「父」が「子」を、「子」が「父」を喜ぶことがある。この喜びは、「聖霊」である。マイスター・エクハルト（一四世紀のドイツ人ドミニコ会修道士）は、次のように言っている。「父が子を見て笑い、子も父を見て笑う。その笑いは満足を引き出し、満足は喜びを引き出し、喜びは愛を引き出す[15]」。彼によれば、神の喜びは、まるで馬が後ろ足で空中を蹴りながら野原を駆け回るような喜びである。福音は、私たちがそのような喜びの中で、私たちのホームへ向かって旅をするストーリーである。

神について、聖キャサリンが抱いたイメージの一つは、「私たちが休息できるベッド」であった[16]。彼女は、一三七五年にピサへ行き、ゴルゴナ島に渡る船に乗った[17]。海を見たのは初めてであった。彼女はドミニコ会の友人フラ・バルトロメオに宛てた手紙の中で、ついに神が愛であるということがどのような意味であるかを垣間見ましたと書いた。神の愛は、私たちが浮遊する広大な海である。それ以降、神について彼女の気に入りのイメージは、「平穏な海」、いわば、神のジャクジー（注・心身を安めるところ）になった。福音書は、私たちをその平穏な海に向けて運んでくれる。

この喜びは、神の情感、つまり、光り輝く神の感情ではなく、神の存在そのものである。それは、モーセが荒野の中で遭遇した燃え尽きない柴の「わたしはある」と同じである。トマス・アクィナスは、幸福とは、神のみ名のうちの一つであると主張した[18]。この喜びは神の存在そのものであるので、私たちは、それを定義したり、理解したりできない。その理由は、トマスによれば、私たちは、神が神であることが何であるかを理解できないからである。従って、神の喜びに与かることは、何か定義を超えたことが私たちの中に住むことである。G・K・チェスタートンは、それをキリスト教の大いなる秘密と呼んだ。「キリストが祈るために山に登られた時、すべての人びとに隠されていたものがあった。突然に沈黙したり、衝動的に一人っきりになることによって、イエスが絶えず隠されているものがあった。神が地上を歩かれた時、ご自分が言葉によって示されるには余りにも大きすぎるものが一つあった。私は、かねがね、それは神の喜びではないかと時折、想像してきた[19]」。

この喜びを、イエスは言葉では説明することができなかったので、それを具現化された。彼は、その喜びが受肉した存在であった。エルサレムにあるイスラエル博物館の中に、二千五百年前の小さななめし皮の一片がある[20]。それは、現存する最も古い聖書のテキストで、イエスの時代にはすでに廃れていたヘブライ語で書かれている。それらは、アーロンがイスラエルの民を祝福するのに使った言葉である。「主があなたを祝福し、あなたを守られるように。主が御顔を向けてあなたを照らしあなたに恵みを与えられるように。主が御顔をあなたに向けてあなたに平和を賜るように」（民数記六24—26）。アダムとエバは、恥ずかしくなって、神の微笑みから逃げ去った。帰還への旅が始まるのは、「ノアが主の好意を得た」（創世記六8）時である。神の微笑みは、イエスの顔の中に受肉した。私たちも、神の中にある喜びを適切な言葉では話せなくても、それを、私たちの人生の中で具現化できるかもしれない。例えば、私たちの顔の表情に。

「あるいは、ドラクメ銀貨を十枚持っている女がいて、その一枚を無くしたとすれば、ともし火をつけ、家を掃き、見つけるまで念を入れて捜さないだろうか。そして、見つけたら、友達や近所の女たちを呼び集めて、『無くした銀貨を見つけましたから、一緒に喜んでください』と言うであろう」（ルカ一五８）。

教会が存在するのは、私たちが共に喜ぶために集うからである。ドミニコ会修道士ハーバート・マッケイブは、次のように書いている。

私たちは、身体的しるし、例えば、おどり、歌、笑いによって喜びを表す。私たちは歓喜の声をあげたり、抱き合ったり、側転などをする。私たちがどのように幸福感を表すかは、勿論、国や土地の習慣と伝統によってそれぞれ異なる。アフリカの或る地域では、非常に凝った形式化した踊りによって、喜びを表す。イギリスの郊外のある地域では、上唇を少しぴくぴくさせて、それを控え目に表現すると思う[21]。

恐らく、非常に多くの人びとが、信仰をもちながらどこにも所属したがらない理由は、彼らが、私たちキリスト教徒の祝いの中心部に共有する喜びを見い出せないからであろう。或いは、実際、それがあっても、私たちは喜びの表現を無理やりにしていたり、うわべだけであったり、少々、当惑させることが非常に多いからだろう。このような喜びは、単に何かしら控え目の内的または情緒的な感覚だけであってはいけない。それは、イギリス人（注・内気とされる）でさえも、おおっぴらに表現しなければならないことである。ラモン・リュイ（一三世紀のカタルーニャ地方の神秘主義者）は、次のように書いている。「主よ、あなたは私の心にとても多くの喜びを入れてくださいました。それをもっと広げてください。お願いですから、それを私の全身に入れてください。それによって、私の顔、心、口、手―私のすべての部分があなたの喜びを感じることができますように。海は、私が喜びで一杯であるほどには、水で一杯ではありません[22]」。

ある日の晩、私は、エルサレムの旧市街地を歩いて横切っている時、開いたドアの前を通り過ぎた。屋内ではハシディム派のユダヤの人たちが、恍惚とした喜びのなかで踊っていた。私は、信仰が彼らの喜びの中に具体化しているのが分かった。アフリカの教会でも、そのような喜びを見たことがある。そこでは、時計を見て、あとどれくらいの間、教会にいなければならないのかと思う人は誰もいない。私がこれまで主張してきたように、私たちの希望を表現するために、新しい音楽を見つけなければならない。そのような音楽は、また、言葉では言い表せない喜びを具現化する必要がある。最近、私はドミニコ会の男女修道士の会議に出席するためにフィリピンを訪問した。彼らは、アジアにおけるドミニコ会に入る人たちの結成に関わっている。ある日の夕刻、インドとパキスタン出身の修道士たちがパーティーを組織した。私たちは食べ物、歌、ダンスを一緒に楽しんだ。生気あふれるパーティーであった。しかしクライマックスは、スーフィ教

（注・イスラム教の一派）の信徒である歌手とその弟子たちのビデオであった。彼は、風采は少々ぱっとせず、太っており、中性的であった。しかし、彼がいったん歌い出すと、私たちは魅了された。彼は、言葉では言い表せない喜び、幸福感と悲しみを超えた喜びを懸命に表現していた。
その時、思い浮かんだのは聖アウグスチヌスの歓喜の歌だった。

歓喜の歌とは何であるかと問われれば、言葉だけでは、私たちが心の中で歌っている歌を表現するには不十分であるということだ。ぶどう畑での収穫の季節に、仕事がきつい時は、いつでも男たちは歌を歌って仕事を開始する。その歌詞は彼らの喜びを表現している。しかし、彼らの喜びが溢れ、言葉が不十分になると、歌詞と音楽との関連はどうでもよくなり、歌う音そのものに専念する。このような歓喜、この喜び溢れる歌は何であるか。それは、私たちの心が、言葉では言い表せない感情で、はち切れんばかりになっていることを意味する。そして、この歓喜の対象として、もっともふさわしいのは誰か。きっと、それは、言葉では言い表せない神ではなかろうか。(23)

従って、マルコの福音書は、旅の終わり、つまり、「父」が「あなたはわたしの愛する子、わたしの心に適う者」と言って「子」に満足されるところから始まる。この福音書は、父と子がお互いを喜ぶ中に、どのようにして私たちの居場所を見つけるかのストーリーである。ヨハネから洗礼を受けた後、イエスは荒れ野に行き、私たちを不幸な状態に閉じ込めようとするサタンと闘われる。その後、様々な祝い事が始まる。

酒宴

イエスがレビの家で食事の席に着いておられた時のことである。多くの徴税人や罪人もイエスや弟子たちと同席していた。実に大勢の人がいて、イエスに従っていたのである。ファリサイ派の律法学者は、イエスが罪人や徴税人と一緒に食事をされるのを見て、弟子たちに、「どうして彼は徴税人や罪人と一緒に食事をするのか」と言った。イエスはこれを聞いて言われた。「医者を必要とするのは、丈夫な人ではなく病人である。わたしが来たのは、正しい人を招くためではなく、罪人を招くためである」。ヨハネの弟子たちとファリサイ派の人びとは、断食していた。そこで、人びとはイエスのところに来て言った。「ヨハネの弟子たちとファリサイ派の弟子たちは断食しているのに、なぜ、あなたの弟子たちは断食しないのですか」。イエスは言われた。「花婿が一緒にいるのに、婚礼の客は断食できるだろうか。花婿が一緒にいるかぎり、断食はできない」（マルコ二15—19）。

すべての福音書では、私たちは、祝いを行うこと、食べたり飲んだりすることによって、神の喜びの中に入ることを始める。マタイによる福音書では、イエスは、「大食漢で大酒飲み」（一一19）

と非難されている。彼は飲み食いすることで、人びとを憤慨させる。ヨハネによる福音書では、イエスの最初のしるしは、カナでの婚礼で水をぶどう酒に変えることである。フョードル・ドストエフスキーは次のように書いている。「キリストが訪れたのは、人びとの悲しみではなくて彼らの喜びの場所であった。彼は、最初の奇跡を行って、人間の喜びを助けた[24]」。これは、政治家が幼児にキスをするような義理的なものではなかった。彼は、罪人たちと一緒にいることを楽しまれた。彼は、ただ義理的な気持ちから彼らを「愛された」のではなかった。彼らをほんとうに気に入られた。

ドミニコ会修道士ポール・マレーの指摘によれば、初期の時代のドミニコ会修道士たちは、祝い事がとても好きであった。実は、たまたま偶然とは言えないのは、ドミニコ会の発足は、パブで、修道士たちがパブの主人と一晩中議論をしていたことにある。ぶどう酒を飲むことが驚くほど頻繁に起こるが、それは、彼らの生活の一部だけでなく、同時に、福音の最も自然なメタファーである[25]。創設者ドミニコが禁欲的な狂信徒であったというイメージは、反カトリックの神話が産んだものであり、それは、リチャード・スウィンバーン（注：イギリス人哲学者。無神論者）が、イエスを「顔青白きガリラヤ人」と表現したことと同じく、事実からかけ離れている。ある日、ドミニコが、修道女たちの僧院に夜遅く到着した時、彼女たちはベルで呼び集められた。

話を終えると、彼は、「皆さん、何か飲むものがあるといいですね」と言って、仲間の修道士ロジャー（食料保管係）を呼んで、ぶどう酒とコップを持ってくるように言った。（中略）彼はそれを祝福し、自ら飲んだ。（中略）男性の修道士全員が一杯飲んだところで、ドミニコは「女性の皆さんにも飲んでもらいたいね」。（中略）そこで、女性たちは全員飲んだ。（中略）ドミニコから励まされて、彼女たちは好きなだけ飲んだ。その間、彼は「私の娘たちよ、大いに飲みなさい、飲み乾しなさい」と言い続けた。その時、そこには一〇四名のシスターがいた。彼女たちは、心ゆくまでぶどう酒を飲んだ。[26]

初期の時代の修道士たちの中には、少々羽目を外した者もいた。そこで一二五一年に、ローマ教会管区は通達を出して、夜間の飲酒の後は、再び、終祷を行わなければならないと指示したほどである。[27]

当時、ぶどう酒を飲んで酔うことは、福音の喜びを表す最も当たり前のメタファーであった。ドミニコ会修道士たちは、そのような喜びに心引かれていた。マレーは次のように書いている。

なぜならば、それは、彼らが福音書について抱いている感覚にぴったりと合ったからであった。彼らの霊的感覚は、決して堅苦しいとか、内向きであるとか、自分のことにしか興味がないというものではなかった。それどころか、陽気で開放的であった。そして、友人たちや仲間たちのグループが一緒に飲んでいるイメージは、当然のことながら、彼らの興味をそそったのであろう。ぶどう酒は、人生の素晴らしさと楽しさを伝えるイメージである。聖ドミニコが生きていた時は、当時の多くの禁欲主義者たちが、―特に今私が考えているのはアルビジョア派の人びと（注・一一世紀から一三世紀にフランス南部アルビの町中心に活動した異端派）だが―飲むことを、食べ物とセックスと同様に悪と考えていた。しかし、聖ドミニコはすべての創造物の精髄を深く理解していたので、それを健全でよいものとして明確に受け入れた。(28)

実際、ドミニコの後継者ジョーダンは、ぶどう酒を飲むイメージに特に心惹かれている。彼は、子羊の婚宴のことで、次のように書いている。

神は、愛の乾き故に心の悩みで苦しんでいる人びとに、甘いぶどう酒を与えるであろう。神は、この悲しく、つまらない人生という水を拭き取り、それを神聖で豊かなぶどう酒、あの素晴らしいぶどう酒と取り換えてくれるであろう。それは、人間の心を幸福にし、神から愛される人たちがその甘さに酔いしれるぶどう酒である。すなわち、それは永遠の喜びのぶどう酒である。それは、永遠に祝されている神の子が、天国の宮中でのテーブルについている選ばれた人びとに注ぐ稀なぶどう酒、新しいぶどう酒である。(29)

以上のように話すのは修道士だけではなく、シエナの聖カタリナも、しばしば、ぶどう酒で酔うことを、神の喜びに与かることのメタファーとして使っている。彼女は、フラ・バルトロメオ（注・イタリアルネサンス期のフィレンツェの画家）に宛てて、次のように書いている。「深酒をし、酔っぱらい、前後不覚になり、もう自分自身のことが見えない人のように振る舞いなさい[30]」。そして、さらに加えて「自分のことではなく、飲み乾したぶどう酒とまだ残っているぶどう酒だけしか頭にない酔っぱらいのように振る舞いましょうよ[31]」。

イエスの祝宴は、単に祝い事の機会ではなかった。それは、イエスが人びとを気に入っておられる気持ちを表した。もし喜びが神ご自身の存在を意味するならば、それは、神から存在を賜った人びとのことをイエスが喜ばれていることに具現化されている。ラモン・リュイによれば、イエスの喜びは、神が存在されていること、及び自身が存在されていることにある。教会が道徳を話題にする契機は、私たちの説教を聞いてくれた人びとが、神が彼らの存在を喜んでおられることを垣間見た後にするべきである。人びとは、しばしば、人生の重荷を負って私たちのもとにやってくる。彼らの重荷は、教会の教えとは一致しない人生、すなわち、複雑な人生経歴の結果によるものである。神は彼らが生きていることを喜んでおられる―実際、それ故に、彼らはこの世に生を賜っている―ことを、人びとが知るまでは、教会は道徳について説教するべきではない。イエスは、神が私たちのことを喜んでおられることを具現化しておられる。換言すれば、イエスは、神が私たちの存在のすべて（体、考え、魂）に満足されていることを具現化しておられる。『炎のランナー』―パリオリンピックに向けてトレーニングしている二人のランナーの映画―では、エリック・リデル（スコットランド人の長老派教会信徒）は、次のように言う。「神が私の足を速くしてくれた。だから走る時、私のスピードに神が喜んでいるのを感じる」。しかし、私の場合、神が私の足も速くしようと感じておられるかどうかはまだ分からない。

小説『ギリアド』では、著者マリリン・ロビンソンは、高齢のプロテスタントの牧師のことを描いている。彼は、余命いくばくもなく、七歳の息子のために、将来、彼と一緒に分かち合うことができないことをすべて書き留めている。例えば、私たちは両親を大事にせよという戒めがあるが、親が子どもを大事にするべきだという戒めは要らないと言う。なぜならば、親にとっては、子どものことを大切することは最も深い衝動であるからである。それは、神と同様に、子どもたちに喜びを感じていることである。この老牧師は、自分の息子の特異性を喜んでいる。

子どもの髪の毛は、日の光を受けると淡い輝きがあるものだ。その中には虹色があり、時々、露の中に見るのと同じ色合いの小さくて柔らかな輝きである。そのような輝きは花弁の中と子どもの肌の上にもある。息子よ、君の髪は真っ直ぐで黒く、お前の肌は白い。君は、他の子どもたちと比べてさほど美しいわけではないが、優しい顔立ちをし、少しきゃしゃで、清潔で、行儀がよい。まことに結構なことだ。何はともあれ、君がいてくれていることが、父さんは嬉しい。

そして、彼は息子の母のことを次のように書いている。

母さんは、君の人生をほとんど一刻も逃さず見守ってきた。彼女は、神様と同じく、君の骨の髄までも君を愛している。それは、自分の子どもを大切にするという意味だよ。人の「存在」そのものを愛することは、神がされるような崇高なことだ。君がいてくれることは、父さん母さんにとって喜びだ。（中略）父さんが神に存分に感謝しきれないことは、神によって、世間の人びとから（勿論、母さんは例外だが）隠されてきた素晴らしい輝きが、君の素敵にも普通の顔の中に示されていることだ。(32)

ある時、ドミニコ修道会の現在の総長選挙があった。その前に、投票するすべての男子修道士たちのために和解の礼拝が行われた。彼らは、チャペルの周りに配置され、違った言語による「告解」を聞いた。その中の一人は、彼の大らかな微笑みで有名な若いアルゼンチンの人だった。私は、修道士たちが告解するために彼のところに行くのを見ていた。彼らは、しばしば、悲しく、重苦しく、躊躇しているように見えた。しかし、各自は、笑顔でもってその場を離れて行った。彼の笑顔が彼らの表情を変えた。

ところで、気に入ることと、承認することとは別物である。「主」は「子」を気に入るのであって承認するという意味ではない。また、「父の子」は「父」を承認するのではない。三位一体は、お互いを承認し合う「仲間褒め」ではない。承認することは、暗に、愛顧することを意味し、それを得るために、私たちは仮面をかぶったり、ひいき筋が承認するような人を装うことがある。『リア王』(注・シェークスピアの四大悲劇の一つ。老王リアは退位にあたり、三人の娘に領土を分配する決意を固め、三人のうちでもっとも孝心のあついものに最大の恩恵を与えることにした。二人の姉は巧みな甘言で父王の承認を得るが、末娘の真理を突く率直な言葉にリアは激怒し、勘当し、二人の姉にすべての権力、財産を譲ってしまう。老王リアの悲劇はこの時始まった)では、ゴネリル(注・長女)とリーガン(注・次女)は、権力を得るために父の承認を得ようとする。一方、コーディリア(注・末娘)は、父が気に入るようなことを頑なに言わず、率直な考えだけを話したので父に疎まれる。しかし、最後には、父は末娘コーディリアを気に入るようになる。

承認を得ようとする心理は、すべての人間社会の中で働いている。誰が「権限」をもっているのか、または「権限外」にあるかについて微妙な合図が交わされる。人びとは、何とか相手に容認される顔、好意を得る顔を世間に見せる。教会においても同じことが見られるが、これは驚くほどでもない。なぜならば、それは人間の作った制度であるからである。ドナルド・コゼンズ(長年、クリーブランドの神学校の校長をしていた)は、著書『司祭職の変わりつつある顔』[33]の中で、教会には、彼が「司祭職エディプスコンプレックス」と呼ぶものがあると主張している。その意味は、多くの司祭が、承認、特に、主教からの承認を得ることに深く依存するようになっている。イブ・コンガール修道士が、検邪聖省(注・信仰・道徳の問題を扱う教皇庁の機関)から捜査を受けている時、相手から承認されるようなことを言わなければならない心理的圧力を感じた（注・一五四頁参照）。一九五六年に母に宛てた手紙の中で、次のように書いている。「僕に対する訴訟の理由は述べられたことがありませんが、僕はそれが何であるか分かっています。（中略）僕の立場を悪くしているのは、僕が連中の目の前で何か嘘の供述をしたのが原因ではなく、連中が聞きたくないと思っていることを、僕が言ったからです」[34]。私自身、総長の役職に就いていた時、そのような圧力をかけたかもしれない。私の前任者の一人は、一瞥するだけで、修道士に目を掛けるか、潰すかの能力で有名だった。誰かが総長に面会を希望した時、事務局長に天気予報を尋ねることがよくあった。「午前中は嵐の予報だね（注・総長は機嫌が悪い）。しかし、午後には晴れ間もあるだろうね。特に、午睡の後は」。

承認を得ようとする心理には、欺瞞が起こることがつきもので、私たちはそれを鍛える。一方何かに気分が高揚すると、私たちはそれを口に出し、本音を言いたい気分になるものである。例えば、『リア王』のドラマの終わりごろ（注・第五幕三場）では、リア王とコーディリアは、平穏に暮らす（注・ただし獄中で）。リアは次のようなことを言って笑う（注・リアとコーディリアは捕虜になっている。リアは悲しまず娘を元気づける。浮世のわずらわしさから逃れ、愛する娘と二人きりで暮らせることを楽しみにしている）。

さあ、行こう、獄舎へ。そこで生きていこう

祈ろう、歌おう、昔話をしよう、嘲り笑ってやろう
金ぴかの蝶々たちを。また、哀れな浮浪者たちの話を聞いてやろう
彼らのする宮廷の噂話を。そして彼らと話もしよう、
誰が戦いに勝ち、誰が負けるのか、誰が権力につき、誰が失脚するのか、
物事の秘密を探ってみよう、神のスパイでもあるかのように、
壁に囲まれた獄舎の中で、権力者たちの栄枯盛衰を見とどけよう、
月の満ち引きで変化する派閥争いを。(35)

同様にして、福音書のストーリーは、承認を得る誘惑（ファリサイ派の人から与えられたり、引っ込められたりする）を超えたところに私たちを導き、私たちは、神の命であり私たちのホームである三位一体の中の相互の喜びに向かっていく。私たちが運ばれて行くところは、誰が権力の座にあり、誰がそこから外れているとか、誰が昇格し、誰が、目下、人気を得ている人かについて心配することのないところである。もし私たちが教会の中で、心の解放をもたらす相互間の喜びを経験するならば、そこは、一生涯にわたり、私たちを三位一体の中で育てる場所になるであろう。

イエスの眼差しは、単に温かい盲目的な慈愛で、何となくぼんやりと人びとを見つめておられるのではない。彼は、人びとのありのままの姿を見ておられる。イエスに見られることは、真理を知ることである。例えば、井戸のところにいるサマリア人の女性のことを考えてみよう。「この

方が、わたしの行ったことをすべて言い当てました」（ヨハネ四39）。聖アウグスチヌスは、「幸福が真理の中にある」と言った[36]。イエスが私たちのことを気に入っておられるのは、私たちを漠然と受け入れられているのではない。それは、私たちが見栄を払拭されて明るみに出ていく本来の自分を見せるという辛くもある喜びである。そのようなお顔を前にして、私たちは、自らの身の程を知る。イエスの眼差しは、私たちの仮面を剥がし、自らが世間に見せている偽りの顔を壊す。

キプリアヌス（注・初期キリスト教時代のカルタゴの司教）は、カルタゴの女性に、化粧をしてはならない、そうでないと、彼女たちが天国に入る前に、神は彼女たちを識別できなくなると言った。イエスの眼差しは、私たちの化粧を落とす。ジョン・ダンは、あの素晴らしい詩（注・詩の題名は「聖金曜日、一六一三年、西に向かって馬を走らせる」）を書いた。彼は、朝日に背を向けて西に向かって進んでいる。彼は、その日の出を「復活された主」の顔に例えている。改宗することは、敢えて振り向いてイエスに向かい、彼から見られ、彼の眼差しに心を開くことである。

あなたの姿を、あなたの恵みによって、私の中に復活させてください
それによってあなたが私を見ることができますように、
そうすれば私は顔をあなたに向けることができます[37]。
（注・ダンは、自分が世俗化してしまったという罪の意識のために恥じ、この日、東に進みキリストに向き合うことができず、反対方向へ行く。但し、心は東に向いている）

イエスから見られることは、恥から解放されることである。聖書には、神が来られるのを聞き、アダムとイブが、裸で恥ずかしく思って茂みに急いで隠れ、神の顔から逃げるところがある。初期の時代の教会で、洗礼の時に裸体になるのは、恥の時は終わったというしるしであった。神は、喜びをもって私たちを見られる。ニュッサのグレゴリオス（注・四世紀のキリスト教神学者、聖職者）は、次のように書いている。「私たちの人生を覆い隠す、色褪せつつある葉っぱを払い取って、造り主の目の前に、もう一度、自分たちを見せるべきである」[38]。東洋の古い祈りには、「私たちの目を覆うベールを外し、自信を与えてください、恥ずかしい思いをしないようにしてください、自らを見下げることがないようにしてください」という言葉がある。[39]神の真理は慈悲深い。ウォルト・ホイットマン（注・一九世紀のアメリカ人詩人）は、詩人のことを次のように描写している。「彼は、裁判官のように決断しないで、太陽の光が、途方に暮れた人の周りに注ぐような態度をとる」と言っている。[40]このような描写は、神にもあてはめることができる。

このようにベールを剝がし、本来の私たちを見せることは、現代の人が理解することは難しいかもしれない。なぜならば、人には自分たちがどのような人間であるかを決める人権があるという既成概念が常にあるからである。人のアイデンティティは、発見するものではなく、それは本人が選択してもよいのだと現代人は考える。ロンドンにあるドミニコ会の修道院の近くに「アイデンティティ」という店名の美容院がある。今日、人は、どちらのアイデンティティにしようかを選ぶのである。それはライフスタイルの選択権になっている。そのアイデンティティを受け入れないことは、人権侵害になる。しかし、イエスの微笑みは、作られたのでなく授けられるアイデンティティに、私を招いてくれる。なぜならば、私の最も深いところにある存在は、まさに純粋の賜物である。それを授かることに喜びがある。神から求められる人になることに伴う苦労がある。私自身の顔をもつことは、私の経歴の結果であり、そこには複雑な選択肢がある。神の恵みによって造られる人になることは、時間のかかる課題である。それは発見であり創造でもある。このような過程における次の段階は、エルサレムへの旅、イエスの逮捕と死である。

エルサレムと十字架への旅

それからイエスは、人の子は必ず多くの苦しみを受け、長老、祭司長、律法学者たちから排斥されて殺され、三日の後に復活することになっている、と弟子たちに教え始められた。しかも、そのことをはっきりとお話しになった（マルコ八31）。

これは、イエスの旅がその終点エルサレムに向かう時である。彼は、また、父のもとに向かわれる。イエスは、死に向かっていく時、喜びの時を置き去りにされていくように見えるかもしれない。しかし、この福音書の後半は、実際には私たちが三位一体の喜びに入っていくという次の段階を示している。イエスは、私たちの苦痛と死すべき運命を私たちと分かち合うためにエルサレムに行かれる。私たちが三位一体の喜びに入るには、キリストの歩みを辿り、敢えて同胞の人びとの痛みに触れることによってしかない。神は、イスラエルに「同胞に助けを惜しまないこと」（イザヤ書五八7）を求められる。私たちは、周囲の苦痛から自らの目を背けることによって、自らの壊れやすい幸福を維持しようとすることがある。時には、そのような自己防御をすることに耐えられないことがある。例えば、私の場合、路上で物乞いをしている人びとの目を見る勇気がないことがある。彼らは、私の同胞なのだが。

ある年、私は、ナイジェリアの一方の端から反対側の端まで車で移動したことがある。時には、数千の人びとがハンセン病に罹っている様々な地域を通過した。彼らは、療養施設に住んでいるが、そこでは食料を全くもらっていない。従って、彼らは、ヤシの葉で小さな小屋を建て、道路の両端にキャンプをしている。ハンセン病患者であることを示す麦わらの帽子をかぶっている。数時間かけて、そのような群衆を通り過ぎた。道路に穴があいていることがあり、車はゆっくりと走るので、群衆は、物乞いのために車のところまで来て窓を押す。病気の傷が痛々しい。最も辛いのは、子どもたちの目を見ることである。希望と苦痛が入り混じっている。彼らは、生涯にわたって、物乞いをしながら路上で暮らすだろう。それ以外の未来はないだろう。私たちは、彼らの眼を見る勇気があるだろうか。彼らの希望と苦痛に触れる勇気があるだろうか。私は、彼らの眼にある悲しみを見て耐えられず、運転手にもっと速く通り過ぎようと言いたくなる衝動を抑えていた。しかし、同情の気持ちがなく、人の悲しみに鈍感であることによって得た幸福は、究極的には続かない。なぜならば、それは自分たちの存在のまさに一部である同胞の幸福を拒絶しているからである。卑近な例で言えば、歯痛で苦しんでいるのに、楽しく振る舞おうとするのは固い決意がいるだろう。

喜びの反対は悲しみではない。それは、いかなる感情も感じることができなくなる心の麻痺である。苦しみは、時には、石のように無情な心を与えることがある。シモーヌ・ベイユ（注・フランスの哲学者）は、工場で労働することが、どのように魂を殺すかについて、次のように描写している。「機械のところで配置につくと、日に八時間、魂を殺し、考えや感情などすべてを殺さなければならない。（中略）自分を抑え、苛立ち、悲しさ、嫌悪感を自分から取り除かなければならない。そうでないと、仕事のペースが落ちてしまうからである。喜びさえも排除しなければならない」[41]。しかし、時々、悲しみは、また、私たちの心を空洞にしてくれることがある。その結果、より深い喜びを感じることができる。それは、石のような心を砕き、血の通った心を与えてくれる。例えて言えば、肉を柔らかくしようと思えば、肉のこぶを強く叩いて平らにするのと同じである。神は、このようなことを、私たちの心にされるように思える。

それゆえに、最も喜びにあふれた聖人は、また、最も悲しみのある人である。聖ドミニコは、日中は、仲間の修道士たちとよく笑ったが、夜になると、神と共に泣いた。アッシジの聖フランシスは、溢れるような喜びのある人だったが、彼には、また、聖痕（注・イエス・キリストが磔刑となった際についたとされる釘の傷で信徒らの身体に現れるとされる類似の傷のこと）があった。詩集『聖フランシスの小さい花』（注・アシジのフランシスの生涯の業績の中から精選されたもの）には、この関連がはっきりと読み取れる。聖フランシスが、ラ・ベルナ山で天使セラフィムを見た時、彼は「驚嘆の混じった優しさと悲しみで一杯になった。彼は大いなる喜びを覚えた。（中略）しかし、言葉では表現できないほどの悲しみと同情を覚えた」[42]。もし私たちが神の喜びに与かることを望むならば、世の中の苦しみに対する神の悲しみに与からなければならない。それとは逆に、もし私たちが世の中の苦痛から自らを遮断するならば、深い喜びを味わうことができない。ウイリアム・ブレーク（注・イギリスの画家、詩人）の詩には、以下の一節がある。

人は、喜びと苦悩のために造られた。
それを正しく認識すれば、
世間を安全に渡っていける
喜びと苦悩が見事に織り込まれ、
それが聖なる魂の衣服となる
すべての悲嘆と嘆きの下には、
喜びの絹糸が走っている。[43]

私は、アフリカにいた時、しばしば、苦しみが、表面的で楽観的な考え方を破壊し、深遠な喜びを明らかにすることを見てきた。従って、私たちは、強い希望をもつか、それとも、絶望するかの選択をしなければならない。かつて、私は、コンゴ民主共和国の首都キンシャサにいた。反対派が市をすでに包囲していて、今にも市は陥落しそうであった。修道士の一人にインタビューをしていた時、小修道院の真上で爆発が起こった。インタビューは中断し、私たちはテーブルの下に入った。誰もが緊張し、暴力行為が始まるのを覚悟していた。その後、私たちはユーカリストを祝うために教会に行った。それは、表現できないほどの喜びに満ちていた。プロセッションが始まる前の聖具室では、ダンスが始まり、踊る人が多くなっていた。

死

しかし、イエスは大声を出して息を引き取られた。すると、神殿の垂れ幕が下まで真っ二つに裂けた。百人隊長がイエスの方を向いて、そばに立っていた。そして、イエスがこのように息を引き取られたのを見て、「本当に、この人は神の子だった」と言った（マルコ一五37―39）。

エルサレムへの旅は、イエスが服を剝がれ裸にされることにつながっていく。すでに述べたように、喜びは、私たちがイエスに見られることから始まる。私たちがするべきことは、イエスが私たちのことを気に入ってくださることを確信して、勇気をもってイエスに見てもらうために身を曝すことである。「主よ、あなたのお顔の光を私たちの上に照らしてください。そうすれば、私たちは救われます」。しかし、この旅の最高潮となるものは、私たちに見えるように服を剝がされたイエスを目の当たりに見ることである。それが、私たちの信仰の中心的なイメージである。

一九九九年、「エクセホモ」（注・いばらの冠をかぶった裸のキリストの肖像画）が、ロンドンのトラファルガー広場の台座の上に置かれた。それは、細い若者の姿で、いかにも弱々しく見えた。その周囲にある堂々とした像やライオンの像とは違って、私たちと等身大であった。ある通行人は、次のように言ったと報道されている。「もしあれがイエスキリストならば、とてつもない奇跡だね。何しろあんな風采の人には、誰も信仰を寄せない。まるで子猫のように弱々しいね」(44)。当然のことながら、偶像破壊者たちは、そのような像が置かれたことに警戒心を抱いた。神の赤裸々な顔を見せることは、けしからんと考えた。

特に注目するべきことは、イエスの死んだ顔の光景であった。通行人が顔を一瞥はするが、その顔は見返すことができない。このことは、神との関係について、以前に述べたイメージとは真逆である。なぜならば、私たちは神から見られるが、私たちは敢えて神を見ることができない、ということであった。神を見ることは、死ぬことであった。広場にある十字架の神は、私たちから見られるが、私たちを見返せない。なぜならば、その神は死んでいるからである。教会が、敢えてサンタサビーナ聖堂（注・イタリアのローマにある聖堂）のドアのところに十字架上のキリストの肖像を示すようになるには四〇〇年を要した。さらに五〇〇年後に、広場に敢えて神が死んだ姿で示された(45)。

私たちのストーリーは、洗礼を受けられたイエスに神が「あなたはわたしの愛する子、わたしの心に適う者」と言われた天からの声で始まった。これは、三位一体の核心にある相互の喜びである。それは、同等の位格の間にある喜び、即ち、その相互の喜びとは聖霊のことである。ハリー・ウィリアムズの言葉を引用すると、それは、「三つの位格が一つになった喜び」である。(46) キリスト教の愛は平等である。この福音書は、私たちを十字架に導く。そこでは、イエスは、私たちが見るように服を剥がされている。私たちも、イエスから見られるように同じ状態になっている。この状態で、私たちはイエスと相互の愛の関係に入る。それによって、「子」である神との平等な関係に向かうドアが開かれる。平等な関係に発展していかない愛はない。

このことが意味することは、私たちクリスチャンも、同様に、他の人びとから私たちのことを気に入ってもらえることを信じて、敢えてありのままの姿で見てもらわなければならない、ということである。私たち—聖職者であれ、修道士であれ—も、さらに、白日の下に出て、ありのままの姿—例えば、脆くて、不器用だとか、冷静さを失ったり、祈りが難しく感じたりなど、様々な課題を抱えている姿—を見られなければならない。そうは言っても、私は、決して「人の秘密を暴露する」ことや、説教台から、何か重要で私的なことを暴露することを示唆しているのではないし、また、自分の心境を露わにすることを示唆しているのでもない。私の言いたいことは、私たちは、仮面をかぶる必要はないということである。もし私たちクリスチャンが、「受難日」に起こった服を剥がされた裸のままの状態に向き合う勇気がないのならば、他の人びとにはキリストに従うように勧められない。

復活

墓の中に入ると、白い長い衣を着た若者が右手に座っているのが見えたので、婦人たちはひどく驚いた。若者は言った。「驚くことはない。あなたがたは十字架につけられたナザレのイエスを捜しているが、あの方は復活なさって、ここにはおられない。御覧なさい。お納めした場所である。さあ、行って、弟子たちとペトロに告げなさい。『あの方は、あなたがたより先にガリラヤへ行かれる。かねて言われたとおり、そこでお目にかかれる』と」。婦人たちは墓を出て逃げ去った。震え上がり、正気を失っていた。そして、だれにも何も言わなかった。恐ろしかったからである（マルコ一六5―8）。

この福音書で、私たちは、キリストの死という最も深い悲しみのことを知った。福音書の結末では、キリストの復活に大いに歓喜していることが書かれてあるだろうと誰もが期待する。しかし、この福音書の原典版には、そのようなことは起こらなかった。大部分の学者たちの間で一致する考えは、それは婦人たちの沈黙で終わっていた。彼女たちは何も言わなかった。恐ろしかったからである。従って、マルコは、私たちを宙ぶらりんの状態にしている。そのような描写の仕方は、例えて言えば、上の部屋で靴の片方が落ちるのを聞いて、もう一方の靴が落ちるのを待っていると、それが落ちてこないような感じである。福音書全般は、私たちを復活の喜びの方へ仕向けるけれども、それを描写していない。

　これから述べることが、この福音書の結論の素晴らしいところである。マルコが七〇年代の前半のローマにいた読者に期待していたことは、彼らが、これらの婦人たちの言動に当惑することであった。それに触発されて、彼らは次のように尋ねることを期待されていた。「なぜ彼女たちは喜んでいないのか。イエスの姿が墓の中にないのは、イエスが復活されたからであることが理解できないのか。墓が空であることは、よい知らせであることだと分からないのか」。その後、マルコの意図は、読者自身がこれらの婦人と同じであると気づいて欲しかったということである。初期の時代のローマ社会は、落胆と不信で一杯であった。迫害の危機が続く中で、以前から人びとは「主」が現れることをずっと待っていた。しかし、そのようなしるしは見えなかった。彼らは裏切られた気持ちになっていた。マルコは、読者が墓でイエスの姿が見えない状態を喜んで受けとめることを願った。自分たちの中にはイエスが見えないかもしれないが、天使が、婦人たちに言ったように、「あの方は、あなた方より先にガリラヤへ行かれる。かねて言われたとおり、そこでお目にかかれる」。イエスの姿が見えないのは、すでに先に行き、旅のゴールに到着し、私たちを待っておられるからである。

　従って、クリスチャンの喜びは、決意して陽気に振る舞おうとすることではない。つまり、ものごとをいい方向で考えようと心に決めることではない。換言すれば、グラスが、半分空である

より も半分満たされているとと楽観的に主張することでもないし、私たちが恐怖心や空虚な気持ちから自分を守ろうとする時に使う他の空虚な言葉を言うことでもない。クリスチャンの喜びは、イースターの喜びである。それは、苦しみ、死、復活を十分に経験することによって得られる喜びである。私たちは、イースターの活発なストーリーに身を委ねなければならない。私たちは、洗礼を受けてその中に加わったのであり、毎年の礼拝式の経緯の中でそれを再演している。それは、私たちを最終の喜びまで導いてくれる。しかし、イースターの勝利に至る時でさえも、もし恐怖心のために先が見えなくなってしまったら、あの婦人たちのように、不幸な心境に閉じ込められるかもしれない。恐怖心のために、私たちはイエスの姿が見えないことを、前途への希望というよりも、破綻と考えるかもしれない。

もし教会が復活の喜びの証しとなることを願うならば、私たちは恐怖心から解放されなければならない。それにしても、教会には恐怖心が多すぎるほどある。例えば、近代化への恐怖をはじめ、人間の経験の複雑性や自分の信念を述べることへの恐怖、お互いに対する恐れ、間違いをする恐れ、人から認められない恐怖などがある。私たちクリスチャンの生き方には、これまで述べてきたような喜びがあり、それが他の人びとを当惑させ、一体その秘訣は何だろうかと思わせる。しかし、上記のような恐怖心は、時には、そのような喜びを消し去るかもしれない。さらには、もし教会が福音書の証しになることを望むならば、緊急に必要な徳目に注目しなければならない。それは、勇気である。福音書は、旅を続けるように天使が誘うところで終わる。但し、福音書の終わりは、ストーリーの終わりではない。私たちは歩み続けなければならない。それが次の章で述べるように、勇気の核心である。

引用文献

（1）Fergus Fleming, *The Sword and the Cross*, London 2003, p.235f.
（2）*The Redress of Poetry*, New York 1995, p. 153.
（3）*Agape and Eros*, trans. Philip S. Watson, London 1982.
（4）Diarmaid MacCulloch, *The Reformation: Europe's House Divided, 1490-1700*, London 2003, p.600.
（5）These quotes are from V. Bourke, *Joy in Augustine's Ethics*, Villanova 1979, p.145.
（6）Herbert McCabe OP, *The Good Life*, London 2005, p.50.
（7）Ed. Seamus Heaney and Ted Hughes, *The Rattle Bag*, London 1982, p.248.
（8）*ST* I.II.13.6.
（9）Quoted in Paul Murray OP, 'Dominicans and Happiness' *Dominican Ashram*, September 2000, pp.120-42.
（10）London 2001, p.542.
（11）*Vitae Fratrum III* 42, quoted by Simon Tugwell OP, *The Way of the Preacher*, London 1979, p.62.
（12）New York 2003.
（13）Sermon 256, translation from the breviary.
（14）'On Fairy Stories' from the *Tolkien Reader*, New York 1966, p.70.
（15）Sermon 18m in F. Pfeiffer, Aalen 1962, quoted in Murray, *op.cit.*, p.132.

(16) Mary O'Driscoll OP, *St Catherine of Siena: Passion for the Truth, Compassion for Humanity*, New York 1993, p.33.

(17) Giuliana Cavallini OP, *Catherine of Siena*, London 1998, p.29.

(18) *ST* 1.26.

(19) These are the last words of *Orthodoxy*.

(20) Jonathan Sacks, *Celebrating Life: Finding Happiness in Unexpected Places*, London 2000, p.148.

(21) *God, Christ and Us*, London 2004, p.109.

(22) I have been unable to track down the reference for this text.

(23) On Ps. 32, Sermon 1.8 from the breviary.

(24) *The Brother Karamazov*, trans. A. H. MacAndrew, New York 1972, p.436.

(25) *The New Wine of Dominican Spirituality: A Drink Called Happiness*, London 2005. I owe many of the quotations here to this book.

(26) *Early Dominicans*, New York 1982, p.391.

(27) Simon Tugwell OP, *The Way of the Preacher*, London 1979, p.57.

(28) *The New Wine of Dominican Spirituality*.

(29) Letter 35, trans. Kathleen Pound in *Love Among the Saints*, London 1958, p.17.

(30) Letter 208, in *Lettere di santa Caterina da Siena*, vol. III, ed. P. Misciattelli, Florence 1940, p.212.

(31) *Op.cit.*, Letter 29, p.108.

(32) *Gilead*, New York 2004, pp.52, 136, 237.

(33) *The Changing Face of Priesthood: Reflections on the Priest's Crisis of Soul*, Collegeville 2000; see Chapter

4, ‘Facing the unconsciousness’.

(34) *Journal d’un thélogien* 1946-1956, Paris 2000, p.425.

(35) Act 5.3.

(36) Confessions x, 23.

(37) Ed. John Hayward, *Complete Poetry and Selected Verse*, London 1949. p.293.

(38) De Virginitate XIII 1, 15f., quoted in Simon Tugwell OP, *The Way of the Preacher*, London 1979, p.92.

(39) *Euchologion Serapionis* 12, 4 ibid.

(40) Quoted by Matha Nussbaum, *Upheavals of Thought: The Intelligence of Emotions*, Cambridge 2001, p. 671.

(41) *La condition ouvrière*, Paris 1951, p.28.

(42) ‘The Little Flowers’, New York 1910, p.114.

(43) ‘Auguries of Innocence’ in *Blake: Complete Works*, ed. Geoffrey Keynes, Oxford 1969, p.432.

(44) Neil MacGregor with Eriak Langmuir, *Seeing Salvation: Images of Christ in Art*, London 2000, p.115.

(45) See David F. Ford, *Self and Salvation: Being Transformed*, Cambridge 1999, especially Chapter 8, ‘The face on the cross and the worship of God’.

(46) *The Joy of God*, London 1979, p.47.

第四章　「恐れることはない」

キリスト教は、何か違いを起こさせるのだろうか。すでに見てきたように、キリスト教は、他の人をきっと当惑させ、興味をそそる生き方に私たちを誘《いざな》う。独自のユートピアを喪失した世界では、私たちクリスチャンが希望のしるしになるべきである。私たちは、キリストにある完全な自由を受け入れ、私たちが享受するために造られた幸福を、今でも、少し垣間見るように誘《いざな》われている。もしこのような特質が、私たちクリスチャンの間に見られないならば、その原因は、私たちが恐れているからかもしれない。私たちは神への巡礼の旅に出ることを恐れている。『天路歴程』（注・一七世紀のイギリスの宗教作家ジョン・バニヤンの寓意物語。主人公のクリスチャンが妻子を捨て重い荷物を背負って「破滅の町」から巡礼に出発し、「死の影の谷」「虚栄の市」などを経て様々な苦難を克服、「天都」に到達する道程を描く）の中で、デスポンデンシーは、自分と娘マッチ・アフレイドが、巡礼の旅に出ることができなかったのは「奴隷的な恐怖」のためであったと言っている。「率直に言いますと、そのような恐怖は亡霊なのでして、私どもは、最初、巡礼者になった頃に家に迎え入れました。それ以降、それを振り払うことができません。これらのものは、うろつき廻って、巡礼たちにつきまとい、待遇《もてなし》を求めるでしょう。どうか戸を閉めて入れないようにしてください」[1]。私たちが自らの命を捧げるという完全な自由を楽しむことを妨げるのは、恐怖である。なぜならば、傷つくことが分かっているからである。天使が、空《から》の墓のところにいる婦人たちの前に現れて、「恐れることはない」と言う。しかし、恐怖のために、彼女たちは空の墓の意味が理解できなかった。だから黙っていた。

相当の勇気が自分の中に宿っていなければ、私たちは、福音の説得力のある証し人にはなれない。キリスト教が始まった最初の数世紀は、心配と不安が広まっている時代であった。ローマ帝国は、殉教者たちの勇気によって改宗したと主張されてきている。当時では、キリスト教の教えは、奇妙で粗雑に思えたかもしれない。例えば、三つの位格から成る単一の神への信仰や、体が死者から復活するという奇抜な考えは、そのように思えたかもしれない。しかし、殉教者たちの勇気が示したことは、キリスト教は侮れない不可解な宗教であるということであった。その勇気は、キリスト教の希望を物語っていた。アンティオキアの聖イグナティオスが、殉死するために、紀元一〇七年にローマに連れて行かれた時、ローマのクリスチャンに、自分の命を救おうとしないで欲しいと嘆願した。その理由は、彼は、死ぬことによって、神のみ言葉を分かり易く表現する証し人になるためであった[2]。

勇気は、普遍的な魅力をもった美徳である。それは、キリスト教の他の美徳―例えば、節制―とは異なる。勇気があると、私たちの信仰を受け入れない人びとに向かって直接に語りかけることができる。C・S・ルイスの作品『悪魔の手紙』（注・一九世紀作品。現役を引退したベテラン悪魔スクリューテープが、誘惑者の任務に就いた甥の若い悪魔へ送った書簡という形をとっている。若い悪魔は、若いクリスチャンのイギリス人を誘惑し、あの手この手で堕落させようとする）の中で、老悪魔スクリューテープが、地上に派遣された新米の悪魔に、臆病は全く魅力のない唯一の悪徳――「予期しておぞましく、感じるにおぞましく、思い出すにおぞましい」――と不満を言い、一方、勇気は、「人間の目にさえも明々白々に素晴らしく重要である。そのせいで我々の企てが何もかも覆されてしまう。それでも人間どもが心から恥じる道徳的悪が、まだ、少なくとも一つある（注・臆病）」と言った。[3] アフリカに亀に関する逸話がある。豹と戦おうとしている亀は、事前に戦場へ行き、激しい戦いを暗示するマークをあちこちにつけて回った。なぜそんなことをするのかと尋ねられた時、彼の答えは、「私が死んだ後も、ここを通りかかる人に『一人の男と対戦相手がここで戦った』と言って欲しいからだよ」。何とも愛すべき亀ではないか。

私たちも、また、二一世紀の初めの現在、不安な時代に生きている。『アニルの亡霊』（注・一九八〇年代から九〇年代にかけてスリランカを引き裂いた血みどろの内戦を描く小説。アニルは主人公の女性）では、スリランカ人の外科医師が、脳の側頭葉内側の奥に存在する神経細胞である扁桃体に興味を抱く。それは、恐怖を司る神経である。「彼女は、アーモンド形の神経細胞の集まりのことを覚えている。これまでの数々の検死の最中に、彼女は扁桃体を探す癖があり、それは恐怖を司る神経組織である。従って、それはすべてを支配する神経である。いかに人が振る舞い、決断をするか、いかに安全な結婚を求めるか、いかに安全な家を建てるかなどを支配する。『私（注・アニル）は、生存のすべてを支配するたった一つの原理を探し求めていた。それは恐怖という原理であることが分かった[4]』」。

いろいろな意味で、私たちは先祖よりも安全に暮らしている。少なくとも西洋では、先祖よりも病気、暴力、貧困から守られている。それなのに、私たちは恐れている。自分たちが作った様々な危険のことを心配している。例えば、生態系破壊、ＢＳＥ、原子力、遺伝子組み換え作物などがある。私は、これまでアフリカの各地を訪問してきたが、そこでは人びとが毎日、おぞましい恐怖の中で冷静さと自信をもって耐えている。一方、西洋では、少しでも危険の気配があると、しばしば人びとはパニックになる。政治家は、このような心配の風潮を手玉に取り、「恐怖に乗ずる政治」を行う。私は、この原稿を二〇〇五年の総選挙の日に書いている。政治家の中には、大量の移民、市街地での暴力、健康保険制度の崩壊、病院での感染などの恐怖を利用して有権者に投票するよう駆り立てる者がいる。もし理想主義を唱えても、それが自分の政党を支持する投票につながらないのならば、心配を煽ることがその役割を果たすことを希望する。保守党の選挙宣伝で、労働党の選挙スローガン「労働党は新しい党」をもじって「新労働党は新しい危険」と煽るようなことが起こるが、すべての政党が同じ戦術を使っている。まさにこのような恐怖手段が、九・一一事件以後の人権の制限やグアンタナモ湾収容キャンプ（注・アフガニスタン紛争およびイラン戦争中に逮捕されたテロリストの被疑者が収容されている）での人権侵害のスキャンダルを正当化することに使われてきた。しかし、証拠が示唆しているように、恐怖心は人びとが投票する動機にならず、公の場に出ることを恐れて、屋内に籠らせるだけである。恐怖心は、社会を分解させ、市民権をむしばむ。

このような事態にあって、私たちの社会は、キリスト教の勇気を大いに必要とする。しかし、教会はいつもそれを提供するわけではない。教皇ヨハネ・パウロ二世は、間違いなく勇気のある人であった。彼は、誰も何も恐れなかった。使徒的書簡『新千年期の初めに』の中で、私たちに勇気をもつように奨励している。彼は、「沖に漕ぎ出しなさい」を繰り返した。今思えば、これまで私はアフリカ、ラテンアメリカ、アジアで、極めて勇気のあるクリスチャンを見てきた。彼らは、英雄的な忍耐力で日常の危険の中で暮らし、他の人たち誰もが逃げた時でも現地に留まっていた。しかし、西洋の教会は、勇気をもつように私たちを鍛えているとは思えない。

私の子どもの頃の堅信式（注・幼児洗礼を受けた人が、一〇歳～一二歳の時、信仰を確認する式）では、司教は、顔をひっぱたくことが依然として行われていた。それは、勇気の秘跡として授けられ、信仰のために苦しむことに私たちを備えさせるためのものであった。私は、勇気あるイギリスやウェールズの殉教者の話を聞きながら育った。当時、ロシア人がパラシュートで降下してきて、学校の周辺を包囲するファンタジーを想像していた。ファンタジーの世界では、男子生徒たちは整列させられ、自分の信仰を放棄するか死ぬかを尋ねられた。勿論、少年のラドクリフは、銃弾を受けて倒れ、周囲から愛され、惜しまれ、称賛されることを空想したものだった。堅信式の秘跡は、疑いもなく、私たちが勇気をもつように鍛えるべきであるが、そのためには、私たちが先ずお互いどうし勇気をもてることを学ぶ共同体になるべきである。そのような共同体は、お互いに事実を語り、お互いの言い分を聞き、お互いに正直になり、お互いを怖れることがないところである。もし教会の中にそのような勇気がなければ、世界のために殉教すること、説得力のある証し人、「神のみ言葉を分かり易く表現する証し人」にもなれないだろう。では、どうすれば、それを学べるのだろうか。また、どのような殉教が必要であろうか。世界には、殉教者であることを主張する人が増えており、彼らは罪のない人びとを殺すために身体に巻いた爆発物を爆発させる。これは殉教と言えるのか。また、勇敢なことなのか。キリスト教に特有の勇気はどのようなものだろうか。

脆いこと

「勇気 courage」という語は、ラテン語の「心」を表す*cor*が語源である。勇気は、しばしば感情（heart）の一つの特質として考えられている。人間は、恐怖や勇気を「感じたり」する。しかし、アリストテレスと、彼の思想の流れを踏襲するトマス・アクィナスは、勇気をもっぱら知力（mind）の一つの特質であると解釈した。それは、物事をあるがままに見る勇気、例えば、危険を正面からはっきりと見る勇気のことである。(5) 勇気ある人は、自分が脆いことを理解している。ヨゼフ・ピーパー（注・ドイツ人のカトリック哲学者）は、アクィナスについて次のように書いている。「不屈の精神は、脆いことを前提としている。自分が脆いことを理解せずして、不屈の精神を身につけることはできない。天使が勇敢になれない理由は、脆いことがないからである。勇敢であることは、実際には、傷を負うことができることを意味する」(6)。それ故に、天使が「恐れることはない」と簡単に言えるのは、上記の事情が分かっていないからである。

勇気には、先を見通す力が不可欠である。もし燃え盛る家の中に飛び込み、子どもを救出しようとするならば、火傷するだろうし、死ぬことさえも起こり得る。もし私が自分は石綿の皮膚をもち不死身であると思い込み、火中に飛び込むならば、それは勇気があるのではなく、愚行である。火傷することを恐れるのは当たり前のことであるが、勇気ある人は、恐怖心に支配されることはない。恐怖心は、私たちを自主性のない状態にするけれども、勇気は、危険にもかかわらず、正しいことをする自由を主張する。アリストテレスは、ケルト人の戦士が恐れ知らずであったと主張したが、それは勇気があるのではなかった。なぜならば、彼らは行動に伴う危険を理解していなかっただけである。一方、勇気ある人は、自らの恐怖心を認める。ある時、オスカル・ロメロ（注・エルサルバドルのカトリック大司教。七〇年代、軍事政権下で人権擁護のために尽力した）が、友人とベンチに座っていた。彼は、死ぬことを恐れているかどうかを友人に尋ねた。友人は、恐れてはいないと返事した。するとロメロは、「しかし、私は死ぬことが怖い」と言った。そう言ったにもかかわらず、後に、彼は自らの命を捧げた。

勇気は、ただ現状の改善のために、かけがえのないものを失うことを求めることがある。例えば、人は、真実を語るために、自分の高い評判を失うことがある。また、福音を説教するために、健康を害することもある。さらには、すべての中で最も素晴らしいもの―永遠の命―のために、もって生まれた最高の賜物―私の命―を失うことすらあり得る。アンソニー・ロス修道士は、次のように書いている。

それ故に、真に勇気ある人は、決して「恐れ知らず」とか、狂気のような行動に走る類《たぐ》いの人でもなければ、さらには、戦闘技術に長け、恐らく危険をほとんど、または、全く顧みずに戦うよう訓練された熟練の兵士でもない。むしろ、真に勇気ある人とは、困難と危険を現実的に考慮し、事情をできる限り理解し、そのような理解に照らして、状況下で当然に起こる様々な感情（例えば、恐怖心、気分高揚、自信過剰、自信不足など）をコントロールできる人である。(7)

以上のことから当然の帰結として、勇気とは、他の人を評価する際に最も判断が難しい美徳である。なぜならば、数々のリスクに関して、彼らがどのように認識しているかは、私たちには分からないからである。勇気ある兵士は、いつ戦闘に入るのが正しいか、いつ撤退するかを判断しなければならない。しかし、別の兵士は、勇気ある決断を臆病な決断と判断するかもしれない。例えば、私たちにとって判断が極めて難しいケースは、教皇ピウス一二世が、第二次世界大戦中、なぜユダヤ人迫害に対してもっと公に糾弾しなかったのかという問題である。彼は、勇気があったのか、あるいは、臆病であったのか。私たちは、教皇がそうしなかったことを深く遺憾なことと考え、彼の沈黙を恥じるかもしれない。しかし、すべての事情に関する彼の認識を考慮すれば、もっと公に糾弾しなかったことは、彼にとっては勇気ある決断であったかもしれない。『悪魔の手紙』のスクリューテープは、勇気は、最も明々白々に魅力ある美徳であり、一方、臆病は誰にも賞賛されない悪徳と言った。確かに、彼の言うとおりである。しかし、どちらがどちらであるかを判断することは、必ずしも容易ではない。節制は、魅力的でなくなる可能性のある美徳である。それは、人生を謳歌することに臆病になっていると捉えられる可能性がある。そう言えば、「福音という新しいぶどう酒」(注・使徒言行録二13)だけでなく、実際にぶどう酒を飲んでいたドミニコ会修道士たちの多くも、節制についてはそのように皮肉っているように思えた。しかし、度が過ぎて酩酊してしまっては、節制の模範にはなり得ない。それとは逆に、ぶどう酒を飲まないことが勇気の模範になるかもしれない。従って、真の勇気を見極めることは、必ずしも容易ではない。しかし、真の勇気を実際に見ると、その見事さは疑いようがない。勇気ある決断とは何であるかを知ることが困難である理由は、事前に、様々なリスクを正確に評価できないからである。時には、先の公算に確信がないままに決断しなければならないこともある。チェスタートンは、「一人の勇気ある男が、初めてスティルトンチーズ(注・アオカビで熟成されるブルーチーズタイプ)を食べても死ななかった場所に、その勇気を讃えて輝く碑を埋め込んでおくべきである」と冗談を言った(8)。

勇敢になる最初の段階は、存在しない恐怖から解放されること、すなわち、実際には危険ではないものを怖れることから解放されることである。私たちの大部分は、根拠のない、または、神経症に原因がある恐怖につきまとわれている。例えば、ラドクリフの家族のほとんどが蜘蛛恐怖症である。家族がいるところへ蜘蛛数匹を持ち込んだら、その反応は、全く見られたものではない。そのような恐怖は、イギリスの蜘蛛の実害とは全く無関係であることは十分に知っている。すなわち、それは、蜘蛛は恐ろしいと私たちが勝手に思い込んでいる恐怖症である。当初、アフリカとアジアの各地を旅行している時、私は、恐ろしい蜘蛛（鳥食い蜘蛛、タランチュラ、クロゴケクモなど）と必ずや頻繁に遭遇することが怖かった。しかし、実際の蜘蛛を見ることは、不愉快だが効果的な問題解決策である。私は、この事実の証人になれる。よく目を開いて見れば、蜘蛛は単に蜘蛛であることがよく分かる。勿論、このような恐怖心が、広場恐怖症や閉所恐怖症のような病気ならば、そのような恐怖症に罹ることは、決して臆病ではない。私がこれまで出合った勇敢な人たちの中にも、そのような恐怖症が見られる。

南アフリカのロベン島の囚人たちは、アパルトヘイトに反対してきた人たちだが、お互いを励ますために、シェークスピアの作品からの好きな引用を分かち合っていた。ネルソン・マンデラの好きな引用は『ジュリアス・シーザー』からのもので、「臆病者は、死ぬ前に何度も死を経験する」であった(9)。臆病は、生命を脅かす危険に満ちた想像の世界に私たちを閉じ込めるかもしれない。勇気は、危険に直面した時、客観的に状況判断する時に始まる。多くのクリスチャンが、毎日、実際の危険に直面している。二〇〇五年二月五日、銃をもった男が、ノートルダムの修道女ドロシー・スタングを射殺した。彼女は、ブラジルのアマゾンの大土地所有者を相手取り、気の毒な移住者の権利を擁護する運動をしていた。次の標的は、フランス人のドミニコ会修道士アンリ・ブリン・デ・ロジャーズである。彼は、労働者を奴隷状態にして殺害する地主たちを裁判にかけようとしている。地主たちは、彼に三万ドルの懸賞金をかけた。アンリは、脅迫は誇張されていると主張し、「私は死ぬことを恐れない。もう七五歳になり長い人生を生きてきたのだから」と言う。かつて私は彼を訪ねたことがある。その晩、彼は自分の部屋を私に提供してくれた。彼は眠らなかった。なぜなら、地主たちがその夜に彼を襲撃すれば、私が犠牲になるかもしれないと思ったからであった。そんな事態になれば、彼自身を恥じることになるであろう。幸いなことに、襲撃の可能性のことは私の脳裏にはなかった。どうすれば、私たちはそのような勇気を身につけ、卑屈な恐怖心から自分を解放することができるだろうか。

私たちの信仰の核心には十字架がある。それは、傷つけられ死に至るという、全く脆い人のイメージである。しかし、イエスが死から復活される時、傷が体に残ったままである。ルカによる福音書では、彼は「わたしの手や足を見なさい。まさしくわたしだ」(二四39)。そして、ヨハネの福音書中の復活に関する記述では、「そこへイエスが来て真ん中に立ち、『あなたがたに平和があるように』と言われた。そう言って、手とわき腹とをお見せになった」(二〇19f)。トマスが帰ってくると、彼はイエスの傷跡を見て、触ることを要求する。復活されたイエスは、未だ、傷を負っておられる。彼の試練と死は、単に彼の生涯の初期のストーリーの段階を示すものとして、その痕跡が残っていたのではなかった。ジェームズ・アリソン（注・ローマカトリックの神学者・司祭）は次のように主張している。

イエスの復活は、聖金曜日に終わった全生涯と死が再び戻ってきたことを意味した（その日は、人間としての彼の死を含む）。要は、復活されたイエスは、死ぬと同時に復活した主である。弟子たちの前に姿を見せられたイエスは、言ってみれば、試合の後にシャワーを浴びて登場したチャンピオンではなく、全く違う人の話である[10]。

イースターの第三番目の序唱によれば、イエスは、「今までどおり私たちの祭司、つまり、私たちの主張をいつも擁護してくださるお方である。キリストは、今後はもう死ぬことがない犠牲者、永遠に生き続ける一度殺された『羊』である」とある。ラテン語の原典では、もっと逆説的な表現がなされている。すなわち、「殺されて永遠に生き続ける羊」となっている。もしかりにも復活された主が、依然として傷を負っておられないならば、主は、私たちとあまり関係がないことになるであろう。その場合、復活は、将来の癒しと永遠の生命を少しは約束するかもしれないが、私たちは、今、負っている自分の痛みの中に取り残されたままになるだろう。イースターがあるがため、私たちは、すでに勝利に与かっている。イエスは、今でも私たちの傷を共に分かち合ってくださり、私たちも既にイエスの死の勝利に与かっている。私たちも、また、傷を負い、癒されている。ブライアン・ピアス修道士が、初めてペルーのアンデスに行った時、十字架上で血に染まったキリストの像があちこちにあることに驚いたという。彼には、まるでこれらの先住民の信仰が、復活の前で止まり、敗北のイメージしか彼らの頭の中に残っていないかのように見えた。しかし、彼は、自分が間違っていることを知った。これらの十字架は、復活されたキリストが、今、彼ら先住民のはりつけ同然の苦難を分かち合っておられるしるしであると、彼には分かった。従って、私たちも勇気をもち、傷を負うことを覚悟の上で行動することができる。

シャルル・ペギー（フランスの作家）は、死んで天国へ行った男のストーリーを語っている。男が記録係の天使に会った時、「あなたの傷を見せてください」と求められた。彼は答えて「何の傷ですか。そのようなものはありません」と答えた。すると天使は、「あなたは、これまで何ごとも闘う価値があると考えたことはないのですか」と言った。

待つこと

アリストテレスにとって、勇気とは、何よりも、傷を負うことを覚悟の上で戦う兵士の美徳のことであった。トマス・アクィナスにとって、勇気とは、より一般的には、忍耐力のことであった。それは、辛い時でも、忠実に忍耐強く頑張ることであった。G・K・チェスタートンが言うように、私たちは誰も、母親が九か月の妊娠期間と出産の試練に耐えてくれた勇気のお陰でこの世にある。子育て中に、眠れぬ夜を耐えた親の勇気もある。都市部の貧困地区にある学校の教師の勇気もある。彼らは、脅迫や退屈な日々にもかかわらず、教育に頑張っている。サハラ以南のアフリカの医者と看護師の勇気もある。彼らは、ほとんど薬がなく、エイズが全土に蔓延する危険がある時でさえも、患者の治療を続けている。また、人間関係が脆くなっている時に、他人に対して誠実に向き合う人びとの忍耐、また、毎日、病気と闘っている人びとの忍耐がある。勇気は、私たちに確固たる信念を持たせてくれる。

私たちの社会は、待つことを排除しようとしている。私たちは、何かが欲しくなると、待つことなく直ちにそれを入手しようとする(11)。これは、もっとゆっくりとしたストーリーを語る機会を失った社会の徴候である。そのような社会では、今が大切である。二〇〇四年一〇月、飛行機がカナダで墜落した。パイロットは、ほぼ二四時間も飛行していた。彼らは、アフリカから西洋の市場へ新鮮な野菜を運んでいた。消費者は、一年中、スーパーマーケットに絹さやえんどう、アスパラガス、グリーンピースがあることを期待している。出盛りの季節まで待てない。「今」、それらが欲しい。競争力のある価格で果物や野菜を提供するために、スーパーマーケットは、整備不良で、安全基準が厳しくない国(この場合、ガーナ)で登録された古い飛行機を所有している会社から、それらを一括で仕入れる。パイロットは、危険なほど長時間の勤務をする。今回の事故は、一九九二年以来、この会社所有の飛行機が起こした四回目の墜落事故であった。会社の創設者の発言では、事故の責任はスーパーマーケットにあるのではない。彼らは、待つことに我慢できない市場の要求に単に応じているだけである。

しかし、貧しい人は、待たなければならない。土地が産物を生み出してくれるまで待たなければならない。または、売られているものを買うために並んで待たなければならない。もし商品が不足してしまえば、待ったことが無駄になる。貧しい人は、仕事を得るのに待たなければならない。アフリカ、またはインドを旅行したことがある人ならば、とてつもない忍耐が必要であることを経験したことだろう。かつて、私は象牙海岸で飛行機を待っていた時、少し遅れると言われた。「どれほどの遅れですか」。「三日です」。貧しい人は、とりわけ、正義が行われるのを待たなければならない。年月が経過しても、何も改善するようには思えない。そんな時、諦めずに頑張る忍耐力、運動を続ける忍耐力が必要である。その間も、より良い世界が来るという主の約束を信じ続ける必要がある。イスラムと対話をするためには、長期にわたって誠実である努力をし、チャンスがあれば友情と議論の準備をしておく必要がある。ジョルジ・アナワチ（エジプト人のドミニコ会修道士）は、イスラムとの対話に生涯を捧げてきた。彼は、「地質学的な忍耐力」が必要であると主張した。この表現は、ドミニコ修道会の元総長であったビンセント・デ・クースナングルが、「未来の勇気」(12)と称したことに相当する。それは、未来を見据えた勇気である。それは、まさに、クリスチャンであることの意義を鋭く示しており、まだ実現していないこと、つまり、未来の約束に目が向けられている。

教会においても、このような勇気が必要である。信徒は耐える勇気をもつ必要がある。なぜならば、教会区が不活発で無味乾燥であったり、司祭から精神的滋養を受けることができない時には、彼らは諦めそうになるからである。女性たちは、自分たちの尊厳が教会で認められていないと感じる時、これまで数世紀に亘ってそうであったように、絶望することなく、耐える必要がある。司祭と修道士は、自らの召命が無為に思え、当初の喜びがなくなった時、しっかりした信念を持ち続ける必要がある。「第二バチカン公会議」が開催される前に、多くの神学者たちが、教会の刷新、すなわち、聖書の言葉にある私たちのルーツに復帰することを求めて議論した。マリー・ドミニコ・シェヌやイブ・コンガール（注・教会改革推進派）のような神学者は、長年に亘り、主張が軽んじられてきた。しかし、彼らは耐えてきた。コンガールは次のように書いている。「この試練がいつまで続くのかが分からないままに日陰の立場で耐えること、それが長引いても落胆しないこと、精神的消耗を克服すること、それが、勇気という美徳を最大限に示し、かつ、勇気こそが道徳的な生き方の一般的な価値であることを示すものである[13]」。彼は、いつかは、つまり、神が決められる時に、真理が勝利することを信頼しなければならなかった。コンガールの主張では、暗黒の時には、明るい時に信じていたことが証明されることを信頼しなければならない。

カトリック教徒の中には、「バチカン公会議」に彼らが寄せた期待が、予想した成果をもたらしていないと深い失望感をもっている人たちがいる。そのような人たちの主張によると、教会は逆行しており、事務的になりつつある。彼らも、神が決めた時に、自分の望むことが与えられる（たとえ期待通りではなくても）ことを信頼し、忍耐強くなる勇気が必要である。シエナの聖カタリナは、勇気について、異教徒とキリスト教徒の理想像を組み合わせ、キリストが忍耐強く脆い兵士であるというイメージを抱いていた。例えば、キリストは、十字架を背負い、馬に乗って戦闘に突入し、最後まで耐え抜くというイメージである。クリスチャンであることは、キリストの忍耐に与かることである。彼女は、仲間のドミニコ会修道士に宛てて次のように書いている。

私たちは、いわば戦場にいるような状況です。私たちは矢を避けたり、後退するのではなく、勇気をもって戦わなければなりません。しかし、その際は、私たちのリーダーである十字架上のキリストに絶えず目を向けていなければなりません。イエスは、いつも耐え忍んでこられました。通りかかった人びとが「十字架から降りて自分を救ってみろ」とののしった時も、諦めることをされなかった。また、悪魔や私たちの恩知らずの言動にもかかわらず、キリストは、父の命令と私たちの救済を遂行することを断念されることはなかった。断念するどころか、キリストは最後まで耐え抜かれた。（中略）そして、それが彼を死に至らしめた。[14]

私たちは、何か待っていることが起こらない時、そわそわする気になる。もう諦めて次へ進もうという気になるかもしれない。しかし、砂漠の師父たちは、ただ自分のいるところに留まり神を待つことによって、聖なる生活に通じる糸口が開けると信じていた。「自分の部屋に座っていなさい。そうすれば、その部屋がすべてのことを教えてくれるであろう」。アマ・シンクレティカ

（注・四世紀の聖人で砂漠の師母）は、次のように書いている。「もしあなたが修道院の共同体に住んでいるのなら、他の場所へ行ってはいけません。そんなことをすれば大変な害が起こるでしょう。もし鳥が抱いている卵を放棄することがあれば、その卵は孵化しません。同じようにして、修道士と修道女も、一つの場所から他の場所へ移るならば、熱意が冷め信仰心が衰えるでしょう」[15]。

ニューマン枢機卿は、「クリスチャンとは、キリストを期待して待ち続ける人である」と言った[16]。年間通じての典礼カレンダーは、主が来られるまで待ち続ける勇気をもった民になるように私たちを鍛えてくれる。クリスマスが近づくと、店はメリークリスマスのしるしで一杯になり、当日までにプレゼントを見たい誘惑に駆られる。しかし、降臨節（注・クリスマス前の約四週間）は、キリストが来られる前に誕生を祝いたくなる誘惑に抵抗し、祝賀を余りにも早く始めないようにする我慢をもつよう私たちを鍛えてくれる。キリストは、神からの贈り物である。人は、贈り物が与えられる時を待つことによって、それに敬意を表する。このような待ち方は、単なる受動的状態ではない。ラテン語で「待つ」をあらわす言葉*attendere*は、自分を前の方へ引き伸ばすという意味である。母が子どもの誕生に備えるように、私たちは、注意を払い、来たるべきことに自らの気持ちを向ける。一年全体が、様々の待つ機会によって刻まれている。例えば、聖土曜日（注・復活祭前日の土曜日）は、死と復活の間に私たちを留まらせ、私たちは勝利の時を待つ。それは、私たちが、キリストの昇天と聖霊降臨の祝日との間で、聖霊という贈り物を待つのと同じである。キリスト教の一年は、私たちが忍耐をもつように鍛えてくれる。

なぜ待つことが、クリスチャンであることの重要な部分であるのか。なぜ神は、私たちが望んでいること、貧しい人びとのための正義、すべての人びとのための完全な幸福を、「今」、与えてくださらないのか。復活から約二千年が過ぎているのに、未だに私たちは神の国を待っている。なぜなのか。私たちの神がこのようにゆっくりされている理由の一つは、私たちの神が一般的な意味の神ではないからである。私たちの神は、強大な天のスーパーマンでもなければ、外から突然、突進してくる、宇宙規模の見えないアメリカ大統領のような存在でもない。神の到来は、西部劇の騎兵隊が私たちの救出のためにやってくるようなものでもない。神は、中から来られる、つまり、私たちの最も深遠部におられる。聖アウグスチヌスが言ったように、私たちと神との距離は、いわば私と自分自身との距離よりも身近である。あるいは、コーランでは、神は、私たちの頸動脈よりも近いところにおられると言っている。

母親に子どもが生まれてくる経緯は、いわば、彼女の本質の深遠なる部分で起こることで、その間、彼女の実体が徐々に変化していく。神が私たちのところに来られるのも、これと似た経緯である。私たちは身体的存在である。身体は、時の経過の中で存在している。妊娠期間が九か月かかるように、折れた骨がつながったり、病気で熱が冷めるのも時間がかかる。治癒と成長にも時間がかかる。私たちは忍耐強くなる必要がある。なぜならば、神は、外部からではなく、時間の経過の中で生きる私たちの身体的存在の核心部に入って来られるからである。人間が他の動物と区別されるのは、成熟するのに長年を要するからである。ショウジョウバエとは対照的である。

そして私たちの希望は、人間となり、私たちの生活のリズムを大切にしてくださるお方の中にある。
降臨節の間、私たちは、誕生を待ってベッドの周りに集まった人のようである。しかし、神が来られるというのは、御子の誕生だけではなかった。それは、み言葉の到来でもあった。言い換えると、言葉の到来と言うことさえできるかもしれない。シェークスピアが戯曲『ハムレット』（注・一七世紀初頭）を書くようなレベルまで英語が進化するのに数百年を要した。英語は、数知れぬ多くの男女、詩人、法律家、説教者、哲学者によって形成され、ようやくシェークスピアが創作できるようになるまで進化した。英語がシェークスピアの創作によって豊かになる前に、英国社会は大きな変革を経験しなければならなかった。

同様にして、数千年を要して、ようやく神のみ言葉が、イエスという形になって語られる言葉になった。私たちには、解放と流浪、王国の建設と破壊など、これらすべての経験が必要であった。また、イエスが神のみ言葉として生まれる前に、先人たちが適切な言葉を必死になって探していた。その過程で、数知れない多くの預言者、律法学者、詩人、親が必要であった。み言葉は、決して宇宙のエスペラント語のように天から降るものではない。すなわち、それは人間の言葉の中から湧き上がってくるものである。み言葉の生みの苦しみが始まったのは、最初の人類が話し始めた時であった。

私たちが、今日、神の国の到来を祈ったり、あるいは、頭痛が消えることや就職の機会を祈る時、神は、宇宙の魔術師が即座にどこか外からの解決策を引き出すように、必ずしも私たちの願いに応えてくださるわけではない。しばしば、神は、私たち人間の生活のリズムに無限に配慮しながら、秘かに目には見えない状態で来られる。「だから、目を覚ましていなさい。あなたがたは、その日、その時を知らないのだから」（注・マタイ二五13）。このように目を覚まして待っていることが、神の到来のために積極的に準備することになる。それは、例えて言えば、庭師が、種が蒔かれる時に土がそれを受け入れるようにするために、肥料を施し、土壌に腐葉土を埋め込むのと似ている。

このような根気強い忍耐、つまり毎日、歯を食いしばり、意志を強固にすることは、厳しく、気が滅入るように思えるかもしれない。フランス人司祭アベ・シェィエスが、長年のフランス革命とナポレオン時代の三〇年間、何をしていましたかと尋ねられ、「ただ、生きながらえていました」と答えた。ただ生きながらえるというのは言葉足らずである。アクィナスにとっては、忍耐の本質は、逆境が自らの喜びを圧し潰すことがないようにすることにある。彼は次のように書いている。「忍耐強い人は、悪から逃げない人である。しかし、同時に、悪によって、自らが過度に悲しむことがないようにする人である」[17]。オーガスチンが言ったように、私たちは、元気を保つために、歩きながら歌う。ジェームズ・モーズレー（注・カトリック教徒、人権擁護活動家）がビルマで投獄された時、自分を勇気づけるために歌を歌った。

看守が去った後も眠れないので、私は、*How Great Thou Art*（注・邦題「輝く日を仰ぐ時」聖歌四八〇番）を歌い始めた。私の声はだんだん大きくなり、最後には声を張り上げて歌っていた。するとカが戻ってくるような気分になった。まだ、屈服するつもりはないと思った。看守たちが走って来て、静かにしろと言った。彼らは興奮し、恐れていた。私は歌の最後まで歌い続け、自分の反抗的態度に意気揚々となった。その後、暗い気持ちに戻った(18)。

怒りがジェームズの勇気を支えた。怒りのために、彼は独房の鉄格子をがたがたと揺すった。教会では、しばしば、私たちは怒りに上手く対応できないことがある。怒りは、抑圧されると、心の中でうずいたり、あるいは、爆発して人間関係を破壊したり、対立を生む。聖トマスによれば、勇気は、よい結果をもたらす怒りの表し方を教えてくれる。怒りは、意を決して私たちを間違ったことに対峙させる。「悪に立ち向かうことは、怒りに特有のことである。従って、勇気と怒りは、相乗効果を発揮する(19)」。ビード・ジャレット修道士は、次のように主張したことがある。「世の中には、怒りが必要である。悪がしばしば野放しになっているのは、世間の怒りが足りないからである」。

友情の特徴は、怒りを表すことができ、それによって友情が成長することである。

私は友人に腹を立てていた。

そこで私の怒りを述べた、そうすると私の怒りは終わった。

私は、敵に腹を立てていた。
しかし怒りを言わなかった、私の怒りは大きくなった。[20]

教会は、イエスの招きを受け入れた人びとの共同体である。従って、私たちは、恐れることなく怒りに対応することができなければならない。怒りを発することは、不誠実のしるしでもなければ、結束を壊すことでもない。実際のところ、教会においてリーダーシップを行使する人びとの役割の一つは、教会に腹を立てている人びとに、それを表現することを奨励することである。その際、そのことが教会の交わりの絆を強めるという確信をもつべきである。教会は、人がむやみに怒るのではなく、優しく希望をもって怒りを表す場所となるべきである。オーガスチンによれば、希望には、二人の美しい娘がいる。それらは怒りと勇気である。怒りには二種類ある。一方は、希望をもった怒りで、他は、単に不平を言うだけである。前者は、現状をそのまま放置するのではなく、そうならないように努力することを信じる。一千年前、バグダッドに住んでいたイスラム教徒ラビアが、人から、忍耐という徳をいかに身につけるかと尋ねられ、応えた。「不平を言うことを止めることだね」。

私たちは、ミサで「主の祈り」、晩祷で「マリアの讃歌」、終祷で「シメオンの賛歌」を立って歌う。立つ理由は、これらの歌が聖書からのものであるから、私たちの敬意を表すためである。さらには、立つことは、私たちの尊厳と希望のしるしでもある。人間は、他の動物と違って、二つの脚で立つ。立つことによって、私たちが確固たる意志をもつ存在であることを示す。私たちは、どのようなことに耐えていようとも、神の国の民である。気分的に落ち込んでいる時も、自分を励ますために立つ。立つことは、イエスが死から復活されたという私たちの確信のしるしである。聖ステファノは、死に直面している時言った。「天が開いて、人の子が神の右に立っておられるのが見える」（使徒言行録七56）。

「主があなたとともにおられますように」

「婦人たちは墓を出て逃げ去った。震え上がり、正気を失っていた。そして、だれにも何も言わなかった。恐ろしかったからである」（マルコ一六8）。恐怖が、婦人たちを沈黙させた。恐怖が、弟子たちを二階の部屋に閉じ込めさせた。恐怖は、私たちをお互いから切り離す。勇気は、心の通い合いを生み、沈黙を克服する言葉を話す。聖カタリナが言ったように、「自分は一人きりだと思っている人だけが、恐怖を抱いている」[21]。ユーカリストでは、司祭は、人びとに頻繁に「主があなたとともにおられるように」と言い、彼らも、また、同じ言葉で返す。この言葉が勇気を与える理由は、私たちは究極的には一人ではないことを祝っているからである。主は、私たちと共におられる。なぜならば主は、死から復活されているからである。

シェイラ・プロベンチャーは、アメリカ人のドミニコ会修道女である。彼女は、キリスト教平和部隊の一員として戦争中にイラクで数か月を過ごした。このチームは、苦難の時に、イラクの人びととの連帯感を示すことを望んでいた。次の電子メールは、心の通い合いが、恐怖を克服する様子を示している。

私たち誰もかれもが恐怖に囲まれている。当地のみならず北アメリカでも。私は、それを空気中と電波に感じる。私たちは、止めどもない言葉と、止めどもない恐怖によって閉じ込められている。しかし、ここイラクでは、友人にも囲まれている。私の隣人アブ・ゼイマンは、教会がほんの近くにあるにもかかわらず、是非、私たちを車で送りたいと言ってくれる。「どうかあなたたちのために、そうさせてください」と言ってくれる。また、店主も、「恐れないでください。もし誰かがあなたたちを傷つけようとすれば、私が守ってあげますから」。さらに、もう一人の隣人も、「ここはあなたのホームです。いつでも来てください。たとえ真夜中であっても」と言ってくれる。このような人びとの中には、社会的地位の高い人も低い人もいる。立派な家に住んでいる人もいれば、ホームレスの人もいる。スンニ派の人、シーア派の人、キリスト教の人、サビア系の人、老若男女の人たちである。彼らは皆同じことを言ってくれる。「もしあなたたちのために『何か』できることがあれば、私は用意できていますから」。彼らは、私たちを気遣いで囲んでくれている。他に、私たちを囲んでいるものがある。それは恵みである。私たちは、恵みに囲まれている。家族にも囲まれている。命の息吹にも囲まれている。恵みは、無限である。誰もが私たちの家族である。すべての息吹は、神の息吹である。いつ、どのようにすれば、私たちの目が開くのだろうか。いったん私たちが見えるようになれば、どのような行動をするだろうか。

従って、私たちは孤独を拒むことによって、すなわち、心の通い合いを築くことによって、恐怖と闘う。ローベン島では、ネルソン・マンデラと彼の仲間たちは、お互いにメッセージを交わしながら勇気をもち続けた。彼らは、マッチ箱の底にメッセージを隠し、通路際にそれを置いた。残飯の下にメッセージを隠し、それを便器の縁の下に置いた。勇気は、孤独を拒む。勇気は、自己満足を求めて、天国へいち早く行くために、利己主義になったり、孤独になったりはしない。勇敢な兵士は、他人の命を守るために死に直面する人であり、決して人を殺す願望があるから勇敢であるのではない。ドミニコ会修道士アンリ・ブリン・デ・ロジャーズのような人びとは、殺される危険を冒し勇敢な行動をする。なぜならば、彼らの行動は、奴隷状態になっている人びとのためであるからである。一方、いわゆる殉教者は、できるだけ多くの罪のない人びとを殺し、自己満足のために、天国への早い切符を得るために、自殺を図る。彼らは、厳密な意味では、勇敢であるのではなく、錯覚しているだけである。

従って、教会は、意思疎通を大切にすることによって、つまり、発言する自信を信徒に与えることによって、彼らを励ますべきである。ラコーデーアは、一九世紀に起こった宗教生活抑圧の後、フランスのドミニコ修道会を再建した。彼は、説教者として言論の自由のことを、次のように喜んでいた。

私が自由の意味をこれまで以上によく理解できたのは、聖油の恵みと共に、私が神について話す権利を得た日であった。その時は、宇宙が私の前で開いた。その時、私が悟ったことは、人間の中には、剝奪できず、神々しく、永遠に自由なものがあるということだった。それは、神のみ言葉である。み言葉が、司祭としての私に託されていた。私は、み言葉を地球の隅々まで届けるように召命を受けた。誰も、たとえ一日であれ、私の口を閉ざす権利はない(22)。

しかし、このように神のことについて話す勇気は、洗礼によりすべてのクリスチャンにもあり、決して、それは司祭だけに限られたことでない。

しばしば、私たちは、墓にいるあの婦人たちのように、全く話すことができない。それは、私たちが恐れているからである。時には、司教が礼拝の終わりに近づき、目新しいテーマが思いつかない時、より自由に話せる。なぜなら彼らは「何も失うものがない」からである。しかし、話す自由を失うほど大きな損失はあるだろうか。私たちは互いに自由に話す勇気を与え合うべきである。特に私たちと意見が合わない人びととは。そうでなければ、神の命に与かることから生まれる喜び、自由、幸福は萎えてしまい、私たちは、み言葉が死から復活した証しを示せなくなるであろう。勇気は、他の美徳が栄えるために必要である。第一〇章「パンダから学ぶ」では、以下に述べる沈黙の起源がはるか過去に遡ることを述べ、どのようにしてその縛りを解くかを考察する。

私たちが直面しなければならない最も深い沈黙は、死である。「主を賛美するのは死者ではない。沈黙の国へ去った人びとではない」（詩編一一五17）。死こそが、勇気とは何であるかを私たちに非常に明解に示してくれる。勇気があると、私たちは自分の脆弱さと向かい合うことができる。私たちの究極的な脆弱さと言えば、それは必ず死ぬ運命にあるということである。もし勇気が、私たちがどのようなことに耐えなければならないかを知る意思の強さならば、私たちは、死の意味を理解するよう努力するべきである。キリスト教は、いかに死を迎えるべきかという態度に相違を引き起こせるだろうか。殉教者の死は、ローマ帝国を改宗させた。私たちが自らの死に向かい合う時、その違いの証しを示せるだろうか。

G・K・チェスタートンは、次のように書いている。「勇気は、用語上では、ほとんど矛盾した概念である。それは、死ぬ覚悟をしながら生きようとする強い欲求である」[23]。このような矛盾、または、少なくとも対立する概念は、私たちがどのように死に向かうかの見方の中にも見られる。死について少なくとも二つの見方がある。それらは、絶滅と解放である。両方の見方が必要である。一つ目の見方として、死はおぞましい。私たちは体が備わった存在であるので、体の死は、単に、魂が天国に行けるように、不要な荷物だけを置き去るというものではない。死は、私たちの最後であり、私たちの大事な特異性の消滅である。私たちは、愛する人の体を大切にする。ここで以前に紹介した文を思い出してみよう。余命いくばくもない老牧師が七歳の息子のために、将来を彼と一緒に分かち合うことができないことを書き留めた文の一部である。「父さんが神に存分に感謝しきれないことは、神によって世間の人びとから（勿論、母さんは例外だが）隠されてきた素晴らしい輝きが、君の素敵にも普通の顔の中に示されていることだ(24)」。だから、自分の死も他人の死も、おぞましい。

ハーバート・マッケイブ修道士は、次のように書いている。「人の死は、誠に腹立たしい。（中略）ほとんどの人びとは、子どもの死はショッキングであることに同意するだろう。何しろ、その子は、人間として生涯を全うする機会さえも与えられていない。ある意味では、すべての死は、前途にある無限の可能性のあるストーリーを断ち切ってしまうと私は考える。（中略）私たちが死について怒りを覚えるのは当然のことであり、怒りは、死者を悼むことの大部分を占める。そして、神に対して憤るのは当然のことである(25)」。しかし私たちが悲しみ、ひいては、怒りに我慢できてこそ、死を悼むことができるだろう。死に直面して、きっとわびしくなるであろう。頻繁に、しかも間違ってビード・ジャレット修道士の作とされているが、亡くなった人への祈りの言葉がある。それは、「死は、一つの水平線にすぎない。水平線は、人間の視界の限界にすぎない」というものである。人びとはこれに抗議したくなる。そのような見解は、死を些細なことと考えるように思える。死はまるでロンドンへの旅行と同じく平凡であるかのようである。更に、ヘンリー・スコット・ホランド（注・一九世紀初頭、ロンドンのセントポール大聖堂の司祭）は、死はそんなに遠くに行くとは思ってさえもいなかった。だから、次のように言った。「死とは全くたいしたことではない。ちょっと隣の部屋に入ったようなものだ。何も以前とは変わっていない。私は私のままで、君も君のままだ(26)」。

しかし、死については、二つ目の見方がある。つまり、それは、神のもとに行く旅である。このことは、聖人について頻繁に語られている。聖フランシスが亡くなる前、『ブラザーサンの讃歌』(注・詩の冒頭は、「神よ、造られたすべてのものによって、私はあなたを讃えます。私たちの兄弟、太陽によってあなたを讃えます。太陽は光をもって私たちを照らし、その輝きはあなたの姿を現します。私たちの姉妹、月と星によってあなたを讃えます。月と星はあなたのけだかさを受けています」。)に最後の一節を加えた。「生きる者は誰も死を免れません。私たちの姉妹である体の死に対し、神よあなたを讃えます(27)」。それから、彼は土と灰に覆われて地面に横たわった。自分も、また、土に帰るというしるしだった。彼は歌を口にして亡くなった。「わたしの魂を枷から引き出してください。あなたの御名に感謝することができますように。主に従う人びとがわたしを冠としますように。あなたがわたしに報いてくださいますように」(詩編一四二8)。ドミニコが死を迎えている時、彼の修道士仲間に「私は、生前よりも、亡くなった後のほうが、皆さんの役に立ち、よい結果を残すことでしょう」と言った。エンゾ・ビアンチは、二人の姉に育てられた。彼が彼女たちから教わったことは、毎晩、就寝前に地面にキスをすることだった。彼によれば、「人は、自らの体を受け入れる大地と連帯感をもつべきである。なぜなら人は土に帰るのだから。大地は母である(28)」。

このように、死について二種類のストーリーが語られる。例えば、おぞましい終焉に対して帰還、また、破壊に対して解放、さらには、ストーリーの終わりに対して永遠という長いストーリーへの参加である。このような二つのストーリーが、互いにどのように関係しているかを見るために、キリストの死に戻ることにする。(29) まず第一に、死という赤裸々な事実がある。一人の男の人が、無残にも苦しめられ、殺された。このことを、私たちはいつも聖金曜日に覚える。ジェフリ・プレストン修道士は、このことが中世の聖劇の中で呼び起こされていたことを、次のように振り返っている。

彼の部下が釘をイエスの両手に打ち込む時、百人隊の隊長は違った音を聞く。最初の打込み音の時、「肉」と彼は言う。二回目の打込む音で、「骨」と言う。釘が十字架そのものに食込むと、「木」と言う。聖金曜日の午後に、私たちはそのようなものを見せられる。聖金曜日にこんなことをするとは、私たちは何と残酷で粗野なことか。そして「私たちの救い主が架けられた十字架の木を見よ」という賛美が歌われる。少なくとも一六〇〇年間、この日には、クリスチャンは、この粗削りの木を崇めてきた。その木は、ストーリーにはなくてはならない基盤である。聖金曜日には基本的な粗野性があり、その根源はキリストの究極的な死にある。即ち、肉、血、骨、腱、汗、それに木にある。(30)

次のことが、出発点である。すなわち、それはイエスの死という赤裸々な事実である。しかし、イエスの死に関わるすべての話、例えば、キリストの受難をテーマにしたメル・ギブソン主演の映画『受難』(注・二〇〇四年のアメリカ映画。イエス・キリストが処刑されるまでの一二時間を描く)でさえも、一つの解釈にすぎない。中立的な観察が存在しない。各々の福音書もイエスの死を、それぞれ違った方法で解釈している。私たちには、これら四つの福音書が必要である。今回の簡潔な考察のためには、イエスの死の話には、以下のような二重の焦点が見られる。彼の死は、おぞましい。ゲッセマネの園では、イエスは、来るべき運命を免れさせてほしいと父に懇願する。「アッバ、父よ、あなたは何でもおできになります。この杯をわたしから取りのけてください。しかし、わたしが願うことではなく、御心に適うことが行われますように」(マルコ一四36)。そして、彼が亡くなる時、叫ぶ。「わが神、わが神、なぜわたしをお見捨てになったのですか」(マルコ一五34)。彼の死は、不名誉で、恥ずべき終末、失敗であった。彼は、神と友人から見捨てられた。

しかし、福音書は、また、他のストーリーを語っている。ルカによる福音書では、イエスは、次のように、善き泥棒に約束する。「あなたは今日わたしと一緒に楽園にいる」。そして彼が息を引き取る時には、みずからを父に委ねる。「父よ、わたしの霊を御手にゆだねます」(ルカ二三43と46)。以上のように、二種類のストーリーが語られているが、両者間の矛盾は、ヨハネによる福音書では最も目立っている。ユダが出て行く時は、「夜であった」(ヨハネ一三30)。しかし、人の子の死は、栄光の時である。人の子は、引き上げられ、すべての人びとを彼のもとに引き寄せる。

従って、イエスの死は、最も深い暗黒であると同時に、夜明けの光であった。

このような異なったストーリーに直面して、私の自然な衝動は、いったいどちらのストーリーが真実なのかを尋ねたくなる。もし私たちがその場面にいたとすれば、何を見ただろうか。メル・ギブソンの映画のようになっていただろうか。十字架でのイエスの最後の言葉は、実際には何であったのか。マルコまたはルカは、歴史的に最も正確な話をしているのか。それは不明であり、大切なことでない。勇気は、私たちがものごとをはっきりと見るようにと促す。私たちは、イエスの死と私たち自身の死を理解しようと思えば、両方のストーリーが必要である。明瞭に焦点を絞り、ゴルゴタの丘を、救済のストーリーの中に位置づけようと思えば、二つの観点が必要である。十字架上で失敗に終わるイエスの命の話は、真実である。例えば、人間として三〇年を生き、それが敗北に終わり、最後に、十字架の上でおぞましい最後の絶望の叫び声をあげられるストーリーである。しかし、イースターの日曜日には、そのストーリー全体が、神の永遠の命の中に取り込まれるので、私たちはそのような死を勝利として語る。復活は、単にイエスの死後に起こったことだけを言うのではない。それは、単にイエスのストーリーの続編となる出来事でもない。復活では、主は、イエスのことすべて、つまり、誕生から十字架まで広がるすべてのストーリーを受け入れられ、そしてそれに意義を与えられている。イエスは、私たちの傷ついた主である。永遠に殺され永遠に生きておられる。従って、十字架での死を、勝利と命の賜物という観点から表現することは正しい。もし私たちが希望と勇気を見つけたいと思うならば、両方のストーリーが必要である。マルコの中に、神の存在が見えないイエスのストーリーがあるからこそ、私たちが孤独で見捨てられたと感じるときに、そのストーリーは、私たちに大きな意義をもつ。もし私たちが勝利と救済のストーリーを語ることができなければ、イエスの死は、私たちにとって意義をもたないだろう。

　私たちの死は、ある意味では、それでおしまいである。私たちについて語られるストーリーは完結する。死は、私たちの終わりであり、私たちの大切な身体的存在の破壊である。旧約聖書で、コヘレトが書いたように、「犬でも、生きていれば、死んだ獅子よりましだ」（九４）。いつか将来、「ティモシィ・ラドクリフ修道士一九四〇―二〇？？」と書かれた墓標ができるだろう（そう願いたい）。私たちは、いつかは死ぬ運命にあり、きっと死ぬ。当然のことながら、私たちは、愛する人びとの死を悲しみ、自らの死に恐怖心をもって向かうかもしれない。Ｊ・Ｍ・シング（注・アイルランドの劇作家、詩人、小説家）の戯曲『海へ騎《の》り行く人びと』（注・舞台は荒涼とした海に取り囲まれた島の田舎家。主人公はこの家の母親で、夫だけでなく六人の息子も海に奪われる）は、次のように、淡々とした言葉で終わっている。「息子バートルには上等の白木の棺桶を用意しましょう。また、深い墓穴も。それで十分でしょう。永遠に生きられる人は誰もいないから。私たちは、それで満足しなければならないわ」[31]。

　このような終わりは、単に生物学的に宿命づけられているだけではない。終わりは、人が、ある特定の人になっているためには必要である。つまり、人生のストーリーが意味をもつためには、始まり、中間期、最後の段階がなければならない。死は、最後の段階である。人が死ぬと、私たちは、その人がどのような生涯を送ったかを見て、伝記を書くことができる。一方、もし万が一、私のストーリーが全く終わらないで、常に無限に続くとすれば、私は、いつまで経っても私がどのような人か分からない。つまり自分がどのような人間であるかを示す完結したストーリーをもてない。私たちは、成長するにつれて、特定のパターンが現れ、他のパターンは削ぎ落とされていく。私の場合、いろいろな夢をもっているが、そのうちのいくつかは実現しないと分かっている。ヘブライ語を勉強しても、原語で旧約聖書を読めるほどには上達しないだろう（いろいろと試みをしてきたが）と確信している。何とかチェロを弾けるようになるかもしれない。しかしクリケットの英国代表にはならないだろう。死は、その他あらゆる可能性を閉じる。

だから臨終での悔い改めのストーリーが重要なのである。自己のストーリーにおける最後の時は、これまでの人生のすべてを結晶化している。実際、最後の時は、すべての人生の意味に光を注ぐ。ベーダ・ベネラビリス（注・七世紀のイングランドのキリスト教聖職者・歴史家）は、死が迫っている時、最後の執筆をした。「私が話題にした少年ウイルベルトは、再び言った。『先生、私たちが未だ書いていない一文があります』。ベーダは、『では、それを書いてみなさい』と言った。しばらくして少年は、『ほら、先生、書きあがりました』と言った。ベーダは、『結構。よく成し遂げられたね』と答えた(32)」。ベーダは、著述家である。従って、彼の人生ストーリーは、彼の著述の最後で終わる。実は、彼の最後の言葉は、十字架上でキリストが言われた言葉「成し遂げられた」（注・ヨハネ一九30）を彷彿とさせる。私たちの願いは、死ぬ時には、自らに求められていることを成し遂げ、自分の人生に終止符を打ち終えていることである。ローマのクレメンス（注・初代教会時代のローマ司教）は、一世紀末の著述の中で、死のことを、焼き物師が、粘土作品（ポット）を釜入れすることに例えている。釜入れは、焼き物の出来栄えを決定づける。「もしポットが手の中でゆがんだり、形が崩れると、彼は作り直す。しかし、それが自分の手元を離れ熱い釜に入ると、後は、釜にすべてを任すだけである。（中略）同様に、いったん私たちが、この世を離れると、告解も後悔もできなくなる」[33]。

　このように見てくると、一人の人間について語られることすべては、所詮は、誕生から死にいたるまでのストーリーであるという感覚がある。しかし、死後は、続編のストーリーがなくなるのではない。言ってみれば、人が外国に移民して、以後、それっきりの話になるというようなことではない。これまでは、本人の人生である。しかし、それだけではない。続きがある。キリストを通して、私たちの人生のストーリーのすべてが、神の永遠の命の中に取り込まれる。この短い人間の命は、あらゆる特異性をもったまま、神によって受け入れられ、時空を超えた無限のものに向かって開かれる。それまで私たちが為してきたことは、すべて、神の中に取り入れられる。ノリッチのジュリアン（注・中世の英国の神学者）は、次のような言葉で、私たちを安心させてくれる。「この世で起こること、私たちが耐えなければならない苦労と苦しみは、無駄にされることはないだろう。それらはすべて神の崇拝と私たちの永遠の喜びに向けられるであろう。すべてはよくなる運命にある」[34]。だから、私たちの数々の失敗と罪さえも何らかの意味があるだろう。例えて言えば、それは、あたかも一連の不協和音が、より大きな楽譜の中で、解決音と意味を見つけるようなことである。不協和音は、消されるのではなく、全体の中に含まれるのである。

クリスチャンは、体に基盤がある命について、他の人の目には奇妙であり際立って違った見方をする。その一つは、そのような命が、妊娠から死まで、この上なく大切にされるのみならず、神の国に入る期待をもって、全うされるということである。アメリカ人の裁判官であるスカリア判事が、とんでもない誤解をしていた。彼によれば、アメリカが死刑を受け入れることができた理由は、キリスト教の国であるからであり、一方、脱キリスト教のヨーロッパは、それに反対している。彼は、次のように主張した。「死刑容認は、敬虔なクリスチャンにとって、死ぬことは大したことではないという事実に起因すると考える。（中略）彼らは公正な死刑を望む。人を殺せば、罰として死ぬ。それが公平というものだ」[35]。クリスチャンは、死刑に深く反対する。その理由は、私たちが体に基盤のある命に深い価値を置いているからである。命を慈しみながら、私たちは永遠の命に向けて準備をする。

希望は、私たちの思いを、私たちの視界の向こうにあるものに馳せさせる。それは、私たちが想像できる以上のものを求めるので、ある意味では、盲目の状態にある。勇気は、視界が明瞭である。幸福に至る途中で、私たちは、勇敢に目を開いて、自分たちがどれほど脆い立場にあり、どれほど傷つく可能性があるかを知ろうとする。『リア王』では、リアが臣下のエドガーに言うように、人間は「哀れで素裸の二本脚の動物にすぎない」[36]。人は、敢えて自分の脆さと死ぬ運命にあることに直面しなければ、勇敢であるとは言えず、単に無謀であるだけである。例えば、アリストテレスは、ケルト人のことをそのように無謀と見なした。しかし、キリストは、この哀れで素裸の二本脚の動物である私たちと共に、死に対する勝利と、彼のすべての栄光を分かち合われる。その結果、ホプキンズ（注・ビクトリア朝時代の詩人、聖職者）が言うように、「この何の変哲もない人間、取るに足らない人間が不滅のダイヤモンドになる」[37]。もし私たちがそのような確信をもたなければ、勇敢になれないかもしれない。なぜならば落胆するのを恐れるからである。もしこのような勇気をもって生きれば、墓にいたあの女性たちのように、恐れ沈黙することはないだろう。そして、自由と神の国の喜びが、時折、私たちの生活の中に突如現れるだろう。

引用文献

（1）John Bunyan, *The Pilgrim's Progress*, Oxford 1966, p.258.
（2）Letter to the Romans, 2.1, translation from the breviary.
（3）*Screwtape Letters*, London 1942, p.148.
（4）Michael Ondaatje, *Anil's Ghost*, London 2001, p.135.
（5）*ST* II.II. 123.1.
（6）*The Four Cardinal Virtues*, Notre Dame 1966, p.117.
（7）Introduction to St Thomas Aquinas, *Summa Theologiae*, ed. Thomas Gilby OP, Vol.42 (2a2ae 123-40),

London 1966, p.xxiii.

(8) 'The Poet and the Cheese' in *A Miscellany of Men*, eBook #2015, Gutenberg project, released 1999.

(9) II.ii.

(10) *Knowing Jesus*, London 1993, p.20.

(11) Bauman, *Liquid Modernity*, Cambridge 2000, p.76.

(12) *Le courage du futur*, Paris 1980.

(13) 'Le traité de la force dans la "Somme Théologique" de S Thomas d'Aquin', *Angelicum* 51, 1974, pp.331-48.

(14) Letter T159, to Ranieri, a friar in Pisa, quoted by Suzanne Noffke OP, in an unpublished lecture, 'Praising, Blessing, Preaching: Catherine throws the Gauntlet', Molloy College, 22 April 2005.

(15) Syncletica 6, quoted in Rowan Williams, *Silence and Honey Cakes: The Wisdom of the Desert*, Oxford 2003, p.82.

(16) Parochial and Plain Sermons IV, 22, 1882, p.319ff.

(17) *ST* II.II. 136. 4 ad 2.

(18) *Op.cit.*, p.153.

(19) *ST* II.II. 123. 10 ad 2.

(20) William Blake, *op.cit.*, p.165.

(21) Mary O'Driscoll OP, *Catherine of Siena: Passion for the Truth, Compassion for Humanity*, New York 1993, p.97.

(22) *Le Pere Lacordaire* by Ch.de Montaiembert, Paris 1862, quoted by Y. Congar in 'La liberte dans la de vie de Locordaire', *Les Voies du Dieu vivant: Theologie et vie spirituelle*, Paris 1962, p.337.

(23) *Orthodoxy*, London 1996, p.134.
(24) Cf. note 105.
(25) *Hope*, Catholic Truth Society, London 1987, p.24f.
(26) 'All is well', *Facts of the Faith*, London 1919.
(27) Michael Robson, *St Francis of Assisi*, London 1997, p.260.
(28) *Ricominciare: Nell'anima, nella Chiesa, nel mondo*, Geneva 1999, p.68.
(29) Cf. my *Seven Last Words*, London 2004.
(30) *Hallowing the Time*, London 1980, p.106.
(31) Quoted by Roy Hattersley, *The Edwardians*, London 2004, p.285.
(32) 'The letter of Cuthbert on the death of St Bede the Venerable', translated from the breviary.
(33) 2 Clement 8. 1-3, quoted by Simon Tugwell OP, *Human Immortality and the Redemption of Death*, London 1990, p.88.
(34) Tugwell, *ibid.*, p.87.
(35) Quoted by Cherie Booth QC, 'A Challenge to Justice', *Tablet*, 11 June, 2005.
(36) William Shakespeare, *King Lear* III, iv.
(37) Gerard Manley Hopkins, 'That name is a Heraclitean fire' *Poems and Prose*, introduced by W.G. Gardner, London 1953, p.66.

第五章　身体の電気的衝撃

これまでのいろいろな振り返りの中で、私たちは絶えず体の話題に戻ってきた。イエスの完全な自由は、彼の体という賜物の中で表現された。神の永遠の命に与かる喜びは、単なる内面的で、精神的な状態だけではない。その喜びが本当に人間としての喜びであるためには、体で表現される必要がある。その喜びは、人びとの特異性と「素敵にも普通の」（注・第二章に初出）顔を見ることにある。勇気は、まず私たちが自らの体の死と向き合うことを要求する。体は、キリスト教のすべての教義の中核になっている。私たちは、神が私たちの体を造り、私たちと同じく生身の人間キリストを通して、私たちに近づかれたと信じている。私たちの中心的な秘跡は、イエスの体を分かち合うことである。私たちは、イエスが墓から体ごと復活され、私たちも、また、そのようになるだろうと信じている。クリスチャンであることの意義の考察をさらに推し進めるには、まず、私たちが体が備わった実在であることとの意味を振り返る必要がある。

キリスト教の教えの基盤は、私たちが体の善良さを信じていることにある。このことを考えると不思議なのは、私たちクリスチャンが、しばしば自分の体に居心地の悪さを感じているようで、あたかも体が厄介な荷物であり、魂が死の時点で抜け出すまでは重荷になっているかのように扱っていることである。率直に言って、これまで多くの神学者は、あたかも体がそのようであるかのように書いてきている。この原因は、キリスト教は、歴史の大部分の期間において、二元論（注・人間が肉体と魂／精神から成り立ち、互いに独立し別個のものという説）の問題、つまり、物質（体）と精神という、強い二分法的主張と苦闘していることである。初期のキリスト教は、グノーシス派の教義と闘った。この異端派は、世界は邪悪な神によって造られたとしばしば主張した。救済は、魂が体から抜け出すことであるという主張である。聖アウグスチヌスは、暫く、マニ教信徒であったが、彼の人生を変貌させたのは、神の言葉が受肉したという主張であった。聖ドミニコがドミニコ修道会を創設した意図は、最初は、アルビ派の二元論と闘うためであった。アルビ派は、物質世界を悪と信じていた。デカルトは、精神と体という二元論の強い要素を西洋文化に導入した。今日、私たちは、依然として二元論から自由になろうとしている。私たちの社会は、肉体のことで頭がいっぱいである。特に、体が若くて美しい場合は、そうである。しかし、性のことを卑小なもののように扱うことは、究極的には体を軽視することを暗に意味している。

私たちは、決して、肉のカバンの中に閉じ込められた魂（精神）ではなく、身体的存在であり、いつも両者の交流は体に基盤がある。私たちのルーツ感覚、場所感覚、空間感覚は、深く体に基盤がある。ある時、ウェリントンの大司教ピーター・マキーフリ（六フィート五センチの長身）が、神学生から「第二バチカン公会議」の印象を尋ねられて、座席が狭すぎたねとジョークで答えた。『ルーツショック』の中で、著者ミンディ・トンプソン・フリラブは、都市計画がアメリカ全土の黒人の居住地域を破壊した状況を描いている。家々が取り壊され、地域社会が離散させられた。これに伴う絶望感と怒り―これを「ルーツショック」と彼女は呼ぶ―が描かれている。友人と住む所を失うだけではなく、体が馴染んできたホーム（心の拠り所）までも失った。そこは、本来なら、私たちが身体的存在として栄えることができたところである。

このような嘆きは、単に心だけではなく、体にも関わることである。土地感覚の経験は、私たちの筋肉と骨の中にメッセージ化されている。夏の最も暑い日の日光、道の角にある店までの距離、最高に美味しい栗の木のある場所。私たちは、地域社会に住む喜びを感じ、お互い同士の思いやりの中で、このような土地空間をあちこち移動してきた。もうそのような場所は存在しない。夏の日も、冬の日も、自分たちの欲求と楽しみを満足させてくれた、今は失われた場所を、私たちの身体が覚えている。[1]

キリスト教とユダヤ教は、私たち（体と魂）を造られた神を崇拝することと、他の人びとの体を大切にし、恵まれない人びとの衣服と食事を気遣い、病気の人びとの世話をすることとの関連を重視する。私たちは、何かに苦しむ時、それがあたかも私たちが前世に犯した罪の報いであるかのように諦めることはできない。このように体に基盤のある人生を大切にすることは、死刑が、キリスト教とは深く相容れないという認識が高まっていくことにつながっていった。

私たちが神と出合うのは、体を通してである。ヨハネの手紙Ⅰには、次のような命のみ言葉がある。「わたしたちが聞いたもの、目で見たもの、よく見て、手で触れたものを伝えます」（Ⅰヨハネ一1）。私は、あるドミニコ会修道院を初めて訪れた時、びっくりしたことがある。修道士の一人が、すべての秘跡は、私たちの身体的人生—誕生と死、性と食事、罪と病気—に根差していると言ったからであった。このような最も身体的な活動において、神の恵みが私たちを出迎え癒してくださる。神の恵みによって、私たちの愛が、家族から、友人へ、知らない人へと広がり、完璧な愛になる。「私の体でもって、あなたと結婚する」（注・本来の「結婚の誓い」の一部は、「この指輪でもってあなたと結婚し、この体でもってあなたを敬い…」となるが、ここでは「この体をもってあなたと結婚する」と言い換えている）。ローワン・ウィリアムズは、いつものように、素晴らしいことを書いている。

体のみが魂を救う。このように書くと、とてもショッキングに聞こえるだろう。しかし、私の言いたいことは、魂（それが何であれ）または、内的な命（呼び名はともかく）は、それ自身では変化できないということである。魂が変化するには、外的な生活からくる様々な賜物が必要である。例えば、それらは歴史上、実際に起こった神の御業による数々の出来事（それを体の一部である耳で聞く）や、ぶどう酒とパンが分かち合われる場所で信徒と出合うという身体的事実、さらには、私たちが教会の内外で遭遇する様々な人たちである（その中には素晴らしい人、不愉快な人、呆れた人、予測不可能な人たちなどがいる）。このような環境があってこそ、私たちは聖なる者になることができ、ある意味では、お互いにとって全くユニークな存在になる。(2)

ルターによれば、アダムとエバの堕落は、私たちの体を曲げてしまった。そのために、私たちは、身体的にも精神的にも捻じれてしまい(3)自分の殻に閉じこもるようになった。神から恵みを受けることは、体を伸ばし、まっすぐに立ち、体をほぐすことができることを意味する。例えば、私たちは「主の祈り」を唱える時、そのような姿勢になる。すべての宗教的伝統では、祈りは、ごく自然な姿勢をとっている体と深い関係がある。しばしばキリスト教においては、私たちは祈りの身体的意義を見失ってきている。かつて、私はインドのナーグプル市を訪問したことがある。ある日、私は、アジアの各地から来たドミニコ会の男女修道士仲間と一緒に神学校の屋上に座って話を聞いていた。バンダ・マタジという名の聖心派のシスター（ヒンズー教からの改宗者）が、祈りと身体的なくつろぎとの関係を、私たちに理解させようとしていた。私たちは、毎朝、日の出と共に、一時間の呼吸訓練とヨガをした。その際、ＢＧＭとしてデュルガ祭り用音楽に合わせて練習した。木々の間に群がっていた猿たちは驚いた様子であった。しかも、参加者の中には、座り方や呼吸法が分からず、ジャガイモの入った袋のような前かがみの姿勢になり、恥ずかしく思う人もいた。

『悪魔の手紙』では、年寄りの悪魔スクリューテープが、若い弟子に彼らの攻撃相手の祈りをいかにして無為なものにするかについて、次のように助言する。

> できれば奴に真面目に祈ろうとする気持ちをもたせないことである。そうするには、奴に、幼年時代にしたオウムの口真似式な祈祷を思い出させるか、あるいは、それを自分で思い出すように仕向ければうまくゆく。その反動として、奴は、何か全く衝動的、内面的で、形式ばらず、常軌を逸した祈り方をやらかすだろう。（中略）人間どもの中にサミュエル・コールリッジという詩人がいる。彼は、決して決められたとおりに「唇を動かし、跪《ひざまず》いて」は祈らなかった。彼は単に「愛に向けて心を静め」、それだけで「祈願する感覚」を満喫したと書いている。俺たちの目標達成には、まさにこのような型破りの祈りが欲しい。（中略）少なくとも体の姿勢は、祈りとは関係がないと人間どもに何とか思い込ませることができるだろう。なぜならば、連中がいつも忘れていることは、——このことを俺たちは、絶対に忘れてはならんぞ——人間は動物であり、体がやることは何でも魂に影響を与えるということだ。(4)

動物の体は、それが特定の環境で栄えることを可能にする。魚の体は、水の中で栄えるために進化した。鳥の体は、空中で栄えるために進化した。疑いもなく、人間の体は、ある意味で、自分たちの最も深いところにあるアイデンティティを表現しており、それは神のために造られていると言えるだろう。詩編の作者は、自分の全存在、すなわち、全身全霊でもって、神を探し求める。「神よ、あなたはわたしの神。わたしはあなたを捜し求め、わたしの魂はあなたを渇き求めます。あなたを待って、わたしのからだは乾ききった大地のように衰え、水のない地のように渇き果てています」（詩編六三1）。

エティ・ヒレスム（ユダヤ系ドイツ人）は、一九四三年にアウシュビッツで死んだ。彼女の旅の一部は、自分の体で祈る習慣を身につけることであった。「跪きたいという強い欲求が、時々、私の体中に振動する。あるいは、そうではなくむしろ、私の体が跪くという行為のために造られたのかもしれない」(5)。私たちの体を使って祈ることは、私たちがどのような動物であるかを示している。ちょうど魚が泳ぐことによって、カンガルーが飛び跳ねることによって生きていくように、私たちは、祈りの中で、心を旅の終わりに向けて生涯を送っていく。聖ドミニコは、九種類の祈りの方法をもっていた。具体的には、地面に横たわる、起立する、腕を突き挙げる、座るなどであった。体の姿勢が、全体の霊的成長につながっていると、彼は考えていた。ドミニコ修道会を離れた一人の修道士に、身体的崩壊が起こった。この原因は、修道士仲間たちと一緒に聖歌を歌うことをやめたことだ、と彼は思ったという。彼の体が、聖歌を歌わないことに対応できなかったのである。

旧約聖書によれば、偶像崇拝は、崇拝される偶像と同じく、私たちの生気をなくする。

国々の偶像は金銀にすぎず、人間の手が造ったもの。口があっても話せず、目があっても見えない。耳があっても聞こえず、鼻があってもかぐことができない。手があってもつかめず、足があっても歩けず、喉があっても声を出せない。偶像を造り、それに依り頼む者は皆、偶像と同じようになる（詩編一一五4―8）。

例えば、悪い宗教は、私たちの生気をなくし、身体的人生を送ることを不能にする。一方、真の神を崇拝することは、触れる、味わう、嗅ぐ、見る、聞くを通して、私たちを身体的に活発にしてくれる。神から授けられた存在が十分に栄えることは、私たちがすべての感覚において活発でありたいと希求していることを意味している。映画『ビリー・エリオット』（注・二〇〇〇年、イギリスの映画。北部の炭鉱町を舞台に、一人の少年が当時女性のためのものとされていたバレーに夢中になり、性差を超えてプロのバレーダンサーをめざす）は、労働者階級出身の少年が、プロのバレーダンサーになることを夢見ていることを扱っている。ビリーは、踊っている時の感想を尋ねられて、「電撃的」と答える。神の恵みは、私たちに電流が通るかのような感じを与える。

恵みは、私たちを優雅にしてくれる。東方教会の信徒は、恵みは私たちを美しくさえしてくれると、時々主張することがある。ひょっとしたら、これはキリスト教にとって新しいセールスポイントになるかもしれない。恵みは、微笑むように顔を作る。イタリアのボセの修道院長エンゾ・ビアンキは、次のように書いている。「私の個人的な確信は、霊的な生活は、顔の表情に深い影響を与えるということだ。ギリシャの伝統では、霊的に成熟した修行僧は、『見目麗《うるわ》しい老人』であるとされているが、その通りだ。見目の良さの程度は、恵みと性格の相乗効果の一部である」(6)。このような見目麗しい老人という考えに、私は苦笑する。残念ながら、私は、これまで特に自分の修道士仲間の見目の良さに心を打たれた経験はない。もう一度、見直してみよう。

従って、キリスト教の基本的な祈りは、体を分かち合うことであるというのは、全く妥当であり見事な見解である。イエスは、弟子たちに自分の体を捧げられる。いや、むしろ実質的には、彼の体は賜物である。「最後の晩餐」の中心的な行為は、私たちが身体的存在であることが、どのような意味であるかを明らかにしている。私は体から成り立っている。それは両親、祖父母、そして、究極的には、神から授かったものである。生き物であることは、生きることを授かることである。それは、単に妊娠の時だけに限らず、いつの時も授かっている。私たちがこの世に生を受けていることに対して神と両親に感謝する方法の一つは、自分の体を大切にすることである。ジャン・ルイス・ブルーグズ修道士は、「自分の父母を愛さないものは誰でも、自分の体と他の人びとの体も愛することができない」と言っている(7)。自分の父母に敬意を表するには、彼らから授かり、かつ、自分そのものである体を大切にする気持ちをもつことである。G・K・チェスタートンによれば、クリスマスの日に目が覚めると、ベッドの端のストッキングの中に、二つの素晴らしい贈り物があるのに気づいた。それは、自分の二つの足だった。自分の体を大切にし、それを健康に保つこと（チェスタートンは、まさにそれを実践している）は、自分の体である賜物を歓迎すること、自分の存在について感謝するという意味である。

もし体という賜物が、私たちの祈りの核心にある秘跡であるならば、自分のアイデンティティを表現する最も意義深い方法の一つは、私たちの体を誰か他の人に捧げることであると言っても驚くことではない。例えば、各人が相手に向かって、「これは、あなたのためのわたしの体です」と言う。それは、極めてユーカリスト的な行為である。こんなことを言うのは、ほとんど冒とく的なことに思えるかもしれないが、セクシャリティとユーカリストとの関係は、キリスト教の伝統に深く根づいている。「コリントの信徒への手紙一」は、主としてユーカリストとセクシャリティに関するものである。パウロは、手紙の中で話題を次々と変えていく。ユーカリストに照らし合わせた時にのみ、私たちのセクシャリティを理解でき、また、その逆のことも言える。従って、クリスチャンは、他の人びとと比べて、セクシャリティについて著しく異なった理解をしていると思われるであろう。「ディオゲネトスへの手紙」によると、セクシャリティの理解は、クリスチャンが最も際立っていた点の一つであった。「彼らは、すべての他の人びとと同様に、結婚する。子どもを産む。しかし、自分たちの子どもを殺さない。子どもと共に食事を一緒にするが、寝る時は一緒ではない。彼らは生身の人間であるが、肉に従って生きていない」。

セクシャリティがユーカリスト的であることを、社会の一般の人びとには理解しがたい理由が二つある。一つ目は、私たちの社会が体を軽んじていることである。それについて徴候的なことは、人びとは、性を一種の娯楽と見なすか、あるいは、無視されるほうがよいものと見なす傾向があることである。性に関心がないことをカミングアウトする人びとがいる。実際、「A（注・asexual性とは無関係）であり幸せ」と公言しているTシャツが販売されている。これは、性を拒絶することを含め、それが煩わしいと感じることにまで及ぶ。以下は、『タイムズ』[8]誌に掲載された記事からの二つの引用である。「それは、嫌悪感よりも無関心にある。時折、私は、性的行為に伴う様々なことを考慮する時、『うえっ、なんでわざわざそんなことしたいのか』。私は、そんなことは経験しなくてもいい」と思ってしまう。次は、二つ目の引用である。「ゾー・オライリーは、性に関心のない女性作家である。彼女は、エッセイ『アミーバとしての私の人生』の中で次のように書いている。『性的関心がないことによって、自分の人生がはるかに楽になると思う。私の人生のあの部分に関わらないことによって、他の活動—記念碑を建てたり、歌詞を覚えたり、法廷心理学を勉強する—時間が自由になる』」。この雑誌の記事を書いたミシェル・カーシュは、「そのように様々な関心事があるなら、彼女がセックスしなくともいいと思うのは尤もだ」とコメントしている。

セクシャリティについてのキリスト教の見解が、一般の人びとと比べて顕著に異なる理由は、私たちは、セクシャリティを自らの人間性にとって基本的なものとして尊重しているからである。ある日、聖ヨハネス・クリュソストモス（注・四世紀のキリスト教の神学者、説教者）が、セックスについて説教をしていた。その時、数名の人が赤面するのに気づき、憤った。「なぜ赤面するのですか。セックスは純粋なものではないですか。あなたたちは異端者のような振る舞いをしていますよ」[9]。セックスに嫌悪感を抱くことは、真の貞節に背くことである。あの聖トマス・アクィナスさえも、それは道徳的欠陥であると言った[10]。

ユーカリストが一般の人にとって理解し難い二つ目の理由は、彼らが自らの体を所有物と見る傾向があることである。ある日、私は、ロンドンの地下鉄で、人間の体に関する本の広告に気づいた。その題名は、もし私の記憶が正しければ、『人類　紀元前一万二千年から今日まで。すべてのモデル、形、大きさ、色。ヘインズ所有者作業場マニュアル』（注・本来は、車整備のマニュアルであるが、他の分野も扱う。書名はジョーク。英語圏では有名なマニュアルシリーズ）であったと思う。あのようなマニュアルは、車や洗濯機を買う時に付属してくる類のものであった。もし人が自分の体をそのようなもの、つまり、所持品の一つと考えるならば、性行為は特に意義あるものではなくなる。洗濯機は、いろいろな用途に使える。例えば、ペンキを混ぜたり、ケーキを作ったり、大きさ次第では浴槽としても使える。だから、自分の体も好きなように使えばいいではないか。このように考えるのは、ごく自然である。なぜならば、一七世紀以来、人は、事実上、所有権を絶対視してきたからである。実際、ジョン・ロック（注・一七世紀のイギリスの哲学者）は、「自己所有権」すなわち「自らで所有するもの[11]」という考えの基に、人間理解の理論を構築した。教会の性倫理が社会のそれとは違っているのは、性について、より規制的であることが原因であると考えられることが多いが、実際には教会の性倫理は、所有物としての体の交換というよりも、賜物としての体どうしの活気ある関係に関することである。

教会には、セックスについて明白な教義がある。すなわち、私たちが性交渉をもつ相手は、結婚し、異性であり、子どもを産むことに用意のある伴侶に限られる。これは、はっきりとした理想であるが、実際には、多くのクリスチャンの生き方とは程遠い。極めて多くのカトリック信徒が離婚し再婚している。あるいは、パートナー（時には、同性）と同棲している。彼らは避妊している。このように、教会の教えと、教会の多くのメンバーの生き方との間には溝がある。セックスについて言えば、ほとんどのカトリック信徒は、行動面では、社会の一般の人びとと違ってはいない。

教会は、このような事態にどのように応えるべきか。一つの方法は、標準と認められた教えを強く主張することである。しかし、もしそのようにすれば、教会の多くのメンバーの生活から益々《ますます》かけ離れる危険性がある。そして、教会は狭量な教派になってしまい、そのような性倫理が教会を遊離させ、教会が他の人びとと福音を分かち合うことを妨げることになる。既に、多くのカトリック信徒が、メンバーとして教会に所属しながらも、セクシャリティに関する教会の教えを無視している。そのために、他の分野でも教会の権威が徐々に蝕まれている。セックスについて教会の教えを無視できるのならば、他のすべてのことについても、そのようになっても不思議ではない。教会の教えに従わず、カトリック信徒としてとどまっている他の人びともいるが、後ろめたく感じたり、二級市民のような心境になっている。彼らは、「普通ではない状況」にあるが故に、聖体拝領から除外されている。

もし教会が現代の性道徳を単に受け入れるならば、その危険は同じように深刻である。そのようなことをすれば、教会は、自らが信じることを擁護する気概に欠け、自らを弱々しく現代社会に同化させているように見えるだろう。もし教会の教えが真理ならば、それをはっきりと表明するべきである。しばしば実際に起こっていることは、公式の教えが主張されてはいるけれども、いわば小声で耳うちされて、実際には誰もが歓迎されているという微妙なほのめかしがなされる。これは、いわゆる「パストラル（牧会的）解決策」と呼ばれる。多分、それが最も人間的な方法であろうが、不誠実で臆病に見えるかもしれない。

私にはその解決法が分からないが、私たちのセクシャリティを理解するための最良の出発点は、「最後の晩餐」であろう。イエスが自らの体を弟子たちに委ねる時、彼は脆い状態になっている。イエスは、彼らの手中にあって、彼らが勝手気ままに振る舞う状態にある。実際、一人の弟子が既に彼を裏切っている。もう一人が彼を否認しようとしている。残りの弟子たちは逃亡しようとしている。イエスが自らの体を委ねることから明らかになることは、セクシャリティと脆いこととは互いに切り離せないということである。それは、こわれやすい心理状態を具現化しており、それ故に、イエスは脆くなっている。自己を捧げることは、拒絶と嘲笑に遭ったり、他人から利用されることがある。「最後の晩餐」は、自らを他人に捧げることの危険性を極めて現実的に示している。それは、ろうそくの灯ったレストランでのロマンチックなディナーデートではない。キリスト教の性倫理は、そのような脆弱性を受け入れること、すなわち、自らを曝し、親密な接触をすることに伴う危険を冒すことを求める。

「最後の晩餐」は、自らを他人に捧げるリスクのストーリーである。だから、イエスが亡くなられたのである。人びとを愛されていたからである。しかし、そのようなリスクを冒さないことは、さらに危険でさえある。それはおぞましいことになる。C・S・ルイスの考えを見てみよう。

そもそも愛することとは、脆い立場になることである。何かを愛すると、我々の心は、きっと苦しめられ、ひょっとして、折れるかもしれない。自分の心を平穏にしておきたければ、誰にもそれを捧げてはならない。たとえ、ペットにさえも。そんなことよりも、趣味やちょっとした贅沢品で、心を注意深く包み込み、あらゆる関わりを避けることだ。心を自分の利己主義を入れた棺の中に入れて安全に鍵をかけておくことだ。しかし、そんな棺の中で、安全で、暗く、動かず、空気がなくても、それは変化するだろうが、壊れはしないだろう。また、かたくなになり、元通りにはならないだろう。愛の破局の悲劇に替わる対策、または、少なくとも悲劇が起こる可能性に対応する対策は、地獄に落ちることだ。地獄こそが、天国の外で、我々が愛の危険性と不安のすべてから完全に免れることができる唯一の場所である。(12)

ベネディクト修道会のマーク・パトリック・ヘダーマンは、次のように書いている。「愛は、圧倒的な推進力を持っていて、私たちを安住できる場所から追い出し、自己充足的な殻を捨てさせ、外の危険地帯に裸のままで這い出させる。そこは、個性が他の個性と混じり合い、人格にまで純化されるルツボである[13]」。

「最後の晩餐」は、イエスと弟子たちとの関係における危機の時であった。共同社会が崩壊し、友愛の絆が否定され、破壊された。イエスは、そのような危機を受け入れ、それを実り豊かなものに変えられた。多分、ほとんどの親密な人間関係でも、いつかは危機の時が起こるだろう。私たちが自らを非常に深く他人に捧げる時、きっと危機の起こりそうな時が来るだろう。「最後の晩餐」は、危機から逃げるのではなく、それが後に実を結ぶことを確信して、それを受け入れなさいという誘《さそ》いである。同じことが、司祭や修道士についても言える。彼らの大部分は、通例叙任されて間もなく、または、修道会に入って間もなく、危機に耐えることが起こる。ある日、若い修道士が、アンプルフォースのバーン修道院長を訪ねて、自分は「もっと広い視野」を探求したいと言った。修道院長は、「それで、彼女の名前は何と言うのかね」と返答した。

典型的な例を挙げよう。私は、叙任されて間もなく、自分の命を捧げてもいいと思う人がいることに初めて気づいた。それは、辛い混乱した時期であった。私は、既に一生を修道会に捧げる誓いをしていた。私は、修道士仲間を愛し、宣教を信じていた。そして、これが私の天職であると信じ続けた。それは、実り多い時であると共に、幻想からの覚醒の始まりでもあった。私が修道会に入った当初、未だ小さい幻想の泡が残っていた。「もう結婚する自由はなくなるな。でも、どうかな。先のことは分からない」。このような迷いの中で、私は、現実に戻り、既に選んでいた道、いや、むしろ、神が私を召されたと信じる道を受け入れることにした。自分が受け入れた人生と献身を全うしてこそ、私は人を愛し、愛されることを学ぶことができると思った。人間は、幻想の世界に逃げ込むことが得意である。私は、そこに埋もれてしまう前に、現実の世界にすっかり戻ってきたと思っている。

貞節は、今日、少し時代遅れの美徳である。とりすまし、堅苦しく思える。しかし、貞節は、私たち誰にでも求められている美徳である。それは、結婚しているとか、独身であるとか、宗教的誓いをしたかどうかとは関係がない。ハーバート・マッケィブによれば、「愛がない貞節は、単に、真の貞節の死骸にすぎない」[14]。死んだ犬は、犬に見える。あるいは、静かに昼寝をしている犬と錯覚するかもしれない。聖トマスによれば、それは犬ではなく、単に、元犬《もと》である。従って、禁欲の人生を送っているが愛情のない人は、貞節があるように見えても、実際には、そうではない。

貞節は、私たちのさまざまの愛を幻想から解放することによって、それらの愛を癒す。貞節を通して私たちは、自らが選んだ人生と自らの献身の精神を、いかにして自分たちの体の中で具現化するかを学ぶ。それは、現実的な考えをすることである。幻想は、想像力と同じではない。想像力は、現実を作り直す力、絶望しかないように思えるところに希望を見つける力である。想像力は未来を語り、それを私たちに近づけるしるしを生み出す。幻想は、いくつかの意味で、それとは逆である。それは、現実を作り直そうとするよりも、それから逃げる絶望感である。W・B・

イエイツ（注・一八～一九世紀のアイルランドの詩人、劇作家）は、市民戦争の最中に、次のように書いている。「我々は、心を数々の政治的幻想で満たしてきた。その結果、心は残酷になっている」[15]。貞節は、私たちを幻想から解放することによって、心を柔らかくし、私たちの体から石の心を取り除き、肉の心を与える（注・エゼキエル書三六26）。

貞節は、私たちの人生について首尾一貫したストーリーが語れるように、私たちの人生を方向づけようとする。神は、イエス・キリストの中に受肉され、私たちも、また、自分たちの体の中に貞節が具現化するように求められている。貞節は、本来的には、欲望を抑圧することではない。少なくとも、聖トマス・アクィナスの伝統ではそうではない。聖トマスは、容易に誤解されそうなことを書いている。彼によれば、貞節は、理性の命令に従って生きることである[16]。これは、あたかも貞節であることが、奔放な情熱を抑えるための知力にすぎないかのように冷たく聞こえる。しかし、トマスが意味した「理性」とは、現実の世界、すなわち、「実際のものごとの真理に従って[17]」生きることであった。つまり、トマスの意味したことは、自分がどのような人間であるか、また、愛する人がどのような人間であるかという現実の中に生きるということである。情熱と欲望は、時には、私たちを幻想の中で生きるように駆り立てることがある。貞節は、私たちを、現実の世界に再び引き戻す。私たち修道士の中には、自分は優美で清らかな存在であるという、とんでもない幻想を抱いている人がいるかもしれない。そのような幻想は、貞節を曲解した考えである。貞節は、そのような幻想から先にあるところに私たちを導く。私たちは生身の人間である。

トマス・アクィナスの教えでは、何人も肉体の感覚的快楽なくしては生きていけない、快楽は邪悪であると私たちに教える人は、きっと、自らが何らかの快楽を楽しんでいるのを暴露されるであろう[18]。そこで思い出すのは、私の修道士仲間の一人のことである。ある日、彼は、女子修道院でのミサに行った。玄関のドアを開けたシスターは、彼を見て「あら、神父様、あなたでしたか。男の人が来るとお待ちしていましたのに」と言った。ダブリンでの会議では、三種類のトイレがあった。「男性用、女性用、司祭用」と書いてあった。

もしキリスト教が、私たちのセクシャリティを本当に尊重しているならば、エロス（性愛）を受け入れ、そのことを大いに喜ぶべきである。実際、E・F・ロジャーズによれば、エロスは、神との関係の中心にある。彼は次のように主張している。

もしエロスの意味が、他者との結合を望み、他者の肉に憧れ、脆く、他者を情熱的に求めている愛ということならば、神が人間を愛される時の愛は、エロスと言えよう。神の博愛は、父の愛であり、かつ、恋人の愛のことである。（中略）従って、エロスが神の実体を明らかにするのではなく、神が、エロスの実体を示される。神によって、エロスが何を意味するかが明らかになる。神によって、エロスが聖約の意味をもつようになる（注・エロスは情熱的であり、結婚に見られるように、結合を求める。また、エロスは神との結合も求め、そのような情熱は、神と人を結びつける契約（聖約）という形をとる）。神によって、エロスが徳というエネルギーとなるようにされる。エロスが意味することは、欲望の満足ではなく（ただし、偶然にそのような場合もあるが）、聖別することである。それは、神と共にある命のことである。(19)

では、既婚者、独身者、宗教上の誓いによる禁欲者にかかわらず、どのようにすれば、エロスの執拗な力に上手く対応することができるだろうか。私が痛感していることは、この話題に入ると、私のような独身の聖職者はいかに馬鹿げて見えるかということである。私にとって教訓となる事例がある。ある日、アイルランドの司教が、性の魅力について力強い説教をした。礼拝後、彼は二人の婦人の後について教会を出ようとしていた。その間、婦人たちが素晴らしい説教だったと言っているのを耳にして、彼は嬉しく思った。ところが、その後、婦人の中の一人が言った。「でも、残念なことに、司教様は、性については私たちほど知識をお持ちじゃないわね」。私は、この司教の轍を踏まないように気をつけないといけない。私も男性であるので、セクシャリティについて限られた視点しかもっていないことは明らかである。

エロティシズムを曲解し不健全なものにする幻想が少なくとも二つある。それは、偏執的愛と色欲である。これらは互いに鏡の裏表である。美徳はそれらの中間にある。私たちの大部分は、完全に愛に憑《と》りつかれた経験がある。その時、愛する人が私たちの欲望の対象になったり、私たちの願望のシンボルになったりする。要するに、その人は、私たちの欲求を満足させる対象である。例えば、もしあの人と一緒になれないのなら、自分の人生は意味がなく、無駄で、空虚であると思う。愛する人は、私たちの心にある大きくて深い渇望を癒してくれる唯一のものになる。終日、そのことが私たちの頭から離れない。

見よ、かくして昼は手足が、夜は心が、
君を求めて、そして私自身の愛を求めて休まることがない。(20)

あるいは、もっと現代的な話では、愛する人の顔が、パソコンのスクリーンセイバーのようになる。他のことを考えるのを止めると、その顔が浮かぶ。それは監獄のようであり、諦めたくはない奴隷状態のようである。全くのお手上げ状態である。私たちは、愛する人を神格化してしまう。勿論、私たちが崇拝しているものは、自らが創造したイメージである。それは、心の投影である。恐らく、大部分の真の愛は、このような異常で、妄想的な段階を経験するだろう。そのような偏執的愛に対する唯一の治療は、その人と毎日暮らしてみて、彼（女）が神ではないことを知ることである。愛が成熟するのは、私たちがこのような幻想から回復し、実際の人―自らの欲望が投影された人ではなく―と面と向かうことである。オクタビオ・パス（注・メキシコの詩人・批評家）は、「愛は、欲望に現実性を与える」と言った。(21)

いかに深く私たちが誰かを愛していようとも、相手の人は、私たちが求めるすべてのことに応えるわけではない。完全な満足感を与えられる人、すべての欲望を鎮める人は存在しない。私たちは、神のために造られている。オーガスチンが言うように、「私たちの心は、あなたの御許《みもと》で休まるまで平安を見つけることはありません」[22]。そして巡礼の道中では、私たちが必要とするのは、単に自分が最も愛する人だけでなく、他の友だちと家族である。つまり、私たちは、道中、支え合う人間関係のつながりを必要としている。私たちは誰も、神の国に到達するまでは、ある意味では、孤独であり、心が充たされない。ライナー・マリア・リルケ（注・オーストリアの詩人、作家）によれば、カップルの間に本当の親密さが生まれるのは、人間は誰も、ある意味では、孤独のままであると気づいた時である。すべての人間は、孤独を維持し、自分の周りに対人距離感覚をもっていて、それは取り除くことはできない。リルケは、次のように言っている。

よい結婚とは、一方が伴侶を自らの孤独の守護者と考え、そのような信頼を寄せていることを、精一杯に相手に伝え合うことである。（中略）最も親密な人間の間でさえも、無限の心的距離が存在し続ける。この認識が、いったん受け入れられ、その心的距離を大切にすることができれば、寄り添って生きるという素晴らしい関係が成熟する可能性がある。そのような距離が存在するお陰で、お互いが相手を、全体として、また、広く新しい視野で見ることができる。[23]

教会に独身主義の誓いをした人びとは、結婚した人びとに起こり得る完全な親密関係について理想的なイメージを抱いていることがある。そのために、彼らは、自分たちがそのような基本的なニーズと思えるものから除外されていることについて教会に腹を立てている。そして、結婚した人びとも、自分の伴侶が、いざ一緒に暮らし始めると、理想化してきた人でないことが判明し、腹を立てている。失望は、私たちを不機嫌にする。カンタベリーの大主教ローワン・ウィリアムズは、既婚者である。彼は、次のように書いている。「自己が成熟し誠実になるのは、自らの欲望の救いがたい特徴を自覚した時である。世の中には、円熟し完成したアイデンティティをもっている人は存在しない」[24]。二人の男女が結婚する時、誓いを述べ、誠実に暮らしていくことを約束する。実際に、この誠実さが表現されるのは、究極的には共に巡礼する旅の中であり、また、それは、私たちが求めているものが存在する唯一のお方に向けられている。

偏執的愛とは逆の愛は、色欲である。それは、他の人を単なる対象物、自らの性的欲求を満足させる対象にすることである。色欲は、他の人の人間性、弱さ、良い点に私たちの目を閉じさせ、それらが見えないようにする。聖トマスは、貞節に関して次のように言っている。ライオンは鹿を食事と見る。好色は、私たちをハンターにする。捕食動物は、自分がむさぼり食う獲物を探す。私たちの場合では、一気に呑み込める肉キレが少し欲しいだけである。聖アウグスチヌスは、次のように主張した。「美食家が『私はスープが好きだ』と言う場合の love は、同じ語であっても人のことを好きと言う場合の love とは全く違う」。全く同じ言語感覚が『鏡の国のアリス』の中の場面にも見られる。Red Queen は、アリスをマトン肉に紹介する。「アリス、こちらマトン肉さんです。マトン肉さん、こちらアリスです」（注・この時、マトンは皿の中で立ち上がり軽く会釈する）。その後、Red Queenは、アリスがマトン肉の一切れを食べようとすると制止する。「紹介された相手をcutするのはエチケットに反しますよ」（注・ここではcutは「（肉を）切る」と「相手の人格を無視する」の掛けことば[25]）。色欲は、他人を消費できるように人格を奪う。いわゆる消費主義は、貪るように食いつくことを暗示している。従って、色欲は消費社会の特徴をよく示している。

私たちが動物の肉を食べる時、それを切り分ける。色欲も、また、人びとの部分を切り分けて、体の違った部分に興味をもつ。人びとを好色の目をもって見つめることについて、イエスは、次のように言われる。「右の目があなたをつまずかせるなら、えぐり出して捨ててしまいなさい。（中略）もし、右の手があなたをつまずかせるなら、切り取って捨ててしまいなさい」（マタイ五29）。もし文字通りに従っていたら、地球上に二つの目と手をもったクリスチャンは多くいなくなるだろう。そうなれば、私たちの外見は今とはどんなに違っていることか。しかし、イエスのレトリック（誇張表現）は、私たちがどんな仕打ちを他の人びとにしているかを点検してみることを勧めている。もし私たちが自分の身体を損傷することを望まなければ、他の人びとにもそれをするべきではない。再度言うが、貞節は、現実的なものの見方をすることを意味する。貞節は、私たちの目を開き、目前にあるものは、誠に美しい体であることを分からせてくれる。しかし、その体は特定の人のことである。ウオルト・ホイットマン（注・一九世紀アメリカの詩人）は、詩集『草の葉』に収められた「僕は、身体の電気的衝撃を歌う」の中で体のことを高らかに歌っている。それは、次のように、魂が目に見えることを喜び歌っている。

頭、首、髪、耳、耳たぶ、鼓膜
目、まつ毛、眼球の光彩、眉毛、目覚めている瞼と眠っている瞼、
口、舌、唇、歯、口蓋、顎、そして顎の蝶番い（中略）
上体を支える、がっちりした一対の太股、
脚部の繊維組織、膝、膝の皿、大腿部、下腿部（中略）
おお、これらのものこそは、身体に属するだけでなく、まさに魂の部分であり詩である。
おお、これらのものこそは、まさに魂である。(26)

その体は、客体ではなく主体である。私は彼女を見るだけでなく、彼女も私を見る。覗き見趣味の人は、人目につかない安全なところから客体を見るが、ポルノ製作者も同じである。ロジャー・スクルートン（注・英国の哲学者、ジャーナリスト）は、エロティックな芸術とポルノとを区別している。前者では、美しい身体は人の体であり、その人の顔が描かれており、その顔は主観的な描写の中核である。例えば、ティツィアーノの作品『ウルビーノのビーナス』が美しく、ポルノではない理由は、私たちの目が彼女の顔に引きつけられるからである。

ティツィアーノのビーナス

顔は、体を個性化し、自由にそれを支配し、自らに向けられるすべての貪欲な視線を侵害的行為として非難している。ティツィアーノの裸像は、欲情を引き起こしたり、興奮させるのではなく、超然とした平穏さを保持している。それは、独自の考えと欲求をもつ人間の平穏さである。（中略）ティツィアーノの作品では、顔がこのような肢体を見守り、冷静に主体性を主張し、それを我々から超然と引き離している。このビーナスの絵画は、エロティックな芸術であるが、決して卑猥な芸術ではない。ビーナスは、私たち自身の欲望の対象として呈示されてはいない。彼女は、我々から引き下がった状態にあり、あの眼差しから静かに見つめ、独自の思いと欲望に満ちた個性の中に統合されている。[27]

色欲は、あたかも性的情熱が羽目を外したようなものである。しかし、聖アウグスチヌスは、性のことをよく理解していて、色欲は、性的快楽を求めるよりも、他の人を支配しようとする欲望であると言う。色欲は、主導権を握り、自らを神にしようとする衝動の一部であると考えていた。また、セバスチャン・ムーア修道士は、次のように書いている。「色欲は、意志のコントロールが効かなくなった性的情熱ではなく、神になろうとする意志の隠れ蓑としての性的情熱である。(中略)我々の課題は、性的情熱を押さえつけるのではなく、それを願望のレベルまでに戻すことである。なぜならば、願望の源と終わりは神であり、それが自由に表現されるのは神の恵みである。そしてその望みは、キリストの人生、教え、十字架上の死、復活の中で明らかにされている」(28)。色欲を克服する第一歩は、欲望を取り去るのではなく、それを願望にまで回復し、解放し、その対象となるのは人であり、ものではないことに気づくことである。

色欲と偏執的愛は、互いに違ったように思えるが、互いを反映している。偏執的愛では、相手を神のように思ってしまい、色欲では、自分が神そのものになろうとする。前者では、自分が無力となり、後者では、自分が絶対的な力を得ようとする。ローワン・ウィリアムズは、「愛は、自分本位と自己否定との間を漂っている」と言っている(29)。愛は、人に強烈な自意識を与える一方で、自らを失わせる。貞節は、両者の動的な平衡を保つことに本質がある。もし自分本位が優勢になれば、人は色欲に傾く。また、偏執的愛、つまり自己否定が絶対的な力をもてば、人は自分のアイデンティティを失うことになる。映画『危険な関係』(注・一八世紀後半のフランス貴族社会を舞台に、貴族社会の道徳的退廃と風紀の乱れを描く)は、二人のフランス人貴族が、競争するかのように、巧みに次々と性的関係に入っていくことを描写している。話の流れの転換点は、バルモン子爵が愛に憑《と》りつかれ、自分と相手の女性の意思をコントロールできなくなる。「この溺愛は続かないだろうが、現状では、それは私にはどうにもならないのだ」。このように、支配していた状態が無力な状態に転じ、色欲が偏執的愛に転じる。愛が芽生え始める時の微妙な平衡時点の区切りがないままに、そのような変化が起こる。

従って、キリスト教の倫理は、私たちがユーカリストに照らし合わせて、自らのセクシャリティを実践することに役立たなければならない。すなわち、私はここにいます。自らをあなたに捧げます。惜しむことなく、今、そして、永遠に。キリスト教の教えは、何をすることが許されるか、許されないかを指示することではない。しばしば、人びとの希望として、教会は規則を緩めて欲しいというのがある。かつて政府に対する希望として、パブの営業時間をもっと長くできるように開店時間を変えて欲しいというのがあった。しかし、倫理とは、何が許可され、何が禁止されるかに関わることではなく、人びとが行うことの意義を明確に表現することを求めるものである。キリスト教の主張では、自分の体を他の人に捧げることは、本質的な意味をもつ行為であり、もし人が相手かまわず性関係をもっているならば、それは、自分の体に埋め込まれた本来の意味と相反することをしている。結果的に、奔放な性的関係は、後に、必ずや失望と不幸に至ることになる。ボディランゲージという表現がある。すべての身体的活動は、何らかのメッセージを伝える。ハーバート・マッケィブは、次のように主張している。「倫理は、人間の行動の研究にすぎない。人間の行動は、コミュニケーションの仕方の一部であり、何らかのメッセージを発したり、発しなかったりする。（中略）倫理は、それ故に、より意義のある人間関係の方法を追求することである」[30]。従って、行きずりのセックスは、意思疎通を壊すものである。私たちは、体と心が一致しないことをすることがある。例えば、誰かに「君が好きだよ」と言っておきながら、一分後には、その人のことを忘れるようなものである。

私たちの社会では、セックスのことを様々に考えている。例えば、誰かに優しい気遣いを表現するとか、ちょっと楽しいことをする。キリスト教の伝統にあるセックスの深い意味を考えている人は、ほとんどいない。私たちクリスチャンは、セクシャリティについてユーカリストを踏まえた解釈をしている。その一方で、毎日、会話や、新聞やテレビでは、セクシャリティは違った意味をもっていることを思い知らされる。では、そのような状況の下で、クリスチャンとして私たちは、どのように耐えればいいのだろうか。このような事情は、例えて言えば、周囲の人びとが地球は平たいという想定をしている時に、私たちはそれが丸いという確信にしがみつこうとしているかのようである。あらゆる種類の社会的事実があるので、私たちが一人の人に生涯を通じて誠実であることは、先祖の時代よりもはるかに困難になっている。私たちは、彼らよりもはるかに長生きする。今日、結婚すると、多分、伴侶と六〇から七〇年も共に暮らすことになるだろう。従って、私たちの社会がセクシャリティをどのように考えるかは、様々な社会的理由のために、幅が広い。

従って、教会が規則を主張するだけでは不十分である。勿論、規則は必要であるが、人が、まず最初にセクシャリティについてキリスト教的意味を少なくとも垣間見ることがなければ、私たちの主張は理解されないであろう。例えて言えば、クリケットに対する熱い思いを誰かに伝えようとする時に、単にそのルールを長々と読み上げるだけでは不十分である。そんなことでは、なぜ人がクリケットに興味をもつのか、分かってもらえないだろう。私たちには、それを伝える教育法が必要である。徐々に人びとの目を、人間の体の尊厳と美しさ、及び、その恩恵に眼を開かせる方法が必要である。貞節のある生活を送ることは、決して、自分たちの奔放な情熱を閉じ込めるという意志の問題ではなく、私たちの本質的な生き方の問題である。貞節ある生活を身に付けるには、次のようにいくつかのステップがある。

最初のステップ（方法）は、人びとの顔を読むようになることである。人を意識的に見る時、どれほどのことが読み取れるか。ブライアン・ピアス修道士は、発刊予定の本の中で、マイスター・エックハルト（一四世紀ドミニコ会神秘主義者）の考えとティク・ナット・ハン（二〇世紀のベトナム人僧侶）との類似点を述べている。両者にとっては、瞑想の人生の始まりは、「いま、ここ」にいること（仏教用語では「念」〈注・非常に短い時間の単位〉英語ではmindfulness）である。今の瞬間だけが真実である。今の瞬間に私は生きている。従って、私が、神と人びとに出合うことができるのは、まさに今の瞬間である。過去や未来のことにくよくよせずに、静かにしていなければならない。

私が最初の章で示唆したように、「最後の晩餐」では、イエスはいま、ここに注意を向けておられる。既に、兵士たちが彼を捕まえるために近づいている。イエスには時間がない。しかし、未来はまだ遠い。今こそが、弟子たちと飲食を共にする機会である。ここで私が思い出すのは、聖ジョン・フィシャー（注・一五〜六世紀の聖職者、ヘンリー八世の離婚に反対し、裁判にかけられて断首された）のことである。彼は、自分の処刑が数時間遅れていることを知らされ、それならばベッドに戻って、もう少し眠ってよいかどうかと尋ねたという。私が他の人のそばで寄り添い、その人の前でじっと静かにしておれるのは、まさに今しかない。今こそが、私の目を開き、その人の顔を読み取れる時である。もし忙しすぎて次に何が起こるかを考えてあちこちへ走り回っていると、面前の顔を見て、その表情の美しさや傷に気づかないかもしれない。従って、貞節は、今こそ、誰かのそばにいてあげることを暗に意味する。それは、決して、夜になったら二人の間に何が起こるかを夢想し、空想的な結果を頭に描くことではない。

貞節は、ある特定の気配りをもって、他人の顔をどのように読むかを教えてくれる。例えば、肖像画家の中には、モデルを忠実に、かつ、優しく観察する人がいる。最高の肖像画家は、空想で事実を歪めることなく、自分自身さえも忠実に見ることができる。あるインタビューで、イギリスの画家ルシアン・フロイドは、次のように言っている。「下手な画家の作品では、すべての肖像画は、自画像のように見える。その原因は、『かなり自惚れて自分を描いているからである』（換言すると、誰もが同じように見える）。それに対して、上手な画家は、自分を非常に客観的に観察したので、我々は、画家が自分を描いているとはほとんど思えない。ジャン・シメオン・シャルダン（注・一七世紀のフランスの画家）の自画像は、彼が、街で偶然に見かけた人のような絵に見える」[31]。それは、鍛錬の結果であり、単に機械的な描写をする以上のものである。それは、ある霊的な鍛錬、すなわち、黙想の結果の作品であることを暗示している。これは、私たちが貞節な生活を送ろうとする時にも必要である。貞節は、美的な鍛錬であると言えるであろう。

二つ目のステップとして、私はいかにして孤独になるかを身に付けなければならない。私は、心ゆくまで孤独になることができなければ、人びとと一緒にいても楽しくなれない。もし孤独でいることが怖くなれば、他の人と会う。ただし、そうする理由は、彼らに喜びを感じるからではなく、それが私の問題解決の一手段であるからである。そんな時、他の人びとを、単に、私の心のすき間、すなわち、私の恐ろしい孤独感を満たしてくれる手段と見ているだけであろう。彼らと一緒にいても、彼らの人となりに喜びを感じることができないだろう。そこで教訓としては、私たちが他の人と一緒にいる時は、誠意をもって精一杯、一緒にいるようにしなさい。そして、一人でいる時は、それを精一杯楽しみなさいということである。実は、告白すると、私は他の人と一緒にいる時、時々、一人きりになれるまでの時間を逆算していることがある。また、逆に、自分が一人でいる時は、次はいつ誰かと一緒に談笑ができるのだろうかと考えている。

三つ目のステップとして、すべての愛の中に、神が住まわれるスペースを空けておくほうがよいだろう。私たちが抱く様々な愛は、神と競合関係にあると考えるよりもむしろ、そのような愛は、神が住まわれるスペースを作っていると考える方がよいだろう。次のように考える。愛は一つしかなく、それは神である。神は、すべての愛のなかに、（認識されたり、認識されないことがあるが）住まわれている。ベネディクト会修道士ヒューバート・バン・ツェラーは、ダウンサイド（注・ロンドン郊外の町）で若い修道士であった時に、ある女性と恋に陥り、深く悩んでいた。ビード・ジャレット（一九三〇年代に教会管区長であった）は、彼に素晴らしい手紙を送った。

もしあなたが自分の殻に引っ込むしか方法がないと思うのなら、神がいかに美しいかを知ることはないでしょう。あなたは彼女を愛し、彼女の中に神を探さなければなりません。（中略）彼女との友情を楽しみ、それに伴って起こる苦痛という代償を払いなさい。ミサであなたの祈りの中にそれを覚え、神を第三番目の友人にしなさい。リボーの聖イールレッドの『霊的な友情』の冒頭には、「君と私がいて、願わくば、僕たちの間にキリストが第三番目の友としていて欲しいね」とあります。[32]

もし私たちが、神に対する私たちの愛と、人間に対する私たちの愛とを引き離すならば、どちらの愛も質が落ち、不健康になるであろう。それは、二重生活というものである。旧日本軍の強制収容所での捕虜が、次のように書いている。

誰も、私の魂がどこにあるか分からなかった。
私は神を探し求めた、しかし神は見つからなかった。

私は仲間を探し出し、次の三つを見つけた
私の魂、私の神、そして、人間全体を見つけた。(33)

私たちは、ストーリーによって生きている。それぞれの文化には、人びとの共通の想像力に影響を与える典型的なストーリーがある。私たちの文化で最も一般的なストーリーは、映画、小説、(新聞雑誌の)ゴシップ欄で絶えず繰り返される恋愛ものである。男女が出合い、恋に落ち、最後はベッドへと至る。もしこのような話の展開が私たちの心を占める唯一のものなら、当然、誰かと親しくなることが起こる。そうなると、私たちの心は、自分のものとは違ったストーリーによって育まれる必要がある。私たちは、そのようなストーリーから多くの愛し方と愛の表現の仕方があることを知る。聖人の生き方は、(結婚または独身にかかわらず)一般の人から見れば不思議と思える方法で、私たちの愛する自由の支えになっている。例えば、私たちは、自らの命を貧しい人に捧げ、伝道に出る自由をもっている。アッシジの聖フランシスは、世俗的財産をすべて捨て、神を讃える吟遊詩人になる。私が既に言及したネルソン・マンデラとジェームズ・モーズレイのストーリーは、違った形の英雄的な愛を示している。

最後に、四つ目のステップとして、私たちは、自分がどのような人間であるかを、体に覚え込ませて祈る必要がある。古い祈祷書には、身体の動き—跪くこと、お辞儀すること、尊敬を示す姿勢をとること—が沢山あった。私は、イスラム教のモスクに行くたびに、祈りに伴う体の動きそのものに感動を覚えてきた。それは、ほとんど体操のようである。祈りでは、体を一杯に使って崇拝を表現する。私たちは、動物である。年間の礼拝式において最も感動的な時は、聖金曜日において十字架を崇める式である。信徒たちは、十字架に近づいて、三回深くひれ伏す。その後、会衆の全員が礼拝する。子どもたちも老人たちも。その中には跪いたり、立ちあがることに苦労する人たちもいる。式は、かなりの時間を要するが、私たちの共同体のすべてが、心身ともに、救済される時を表している。この記憶が、私たちの体という土壌の中に定着する。

今まで、私はクリスチャンの誰もが、既婚または独身、信徒また聖職者とは関係なく、あのアイルランドの司教のように（一九八頁）楽観的な熱意に流されることなく、どのようにして自分のセクシャリティを実践するかについて考察をしてきた。しかし、禁欲の約束、または、その誓いをした者の場合はどうだろうか。私たち修道士、または、司祭は、自分の情熱と欲望にどのように向き合えばよいのだろうか。司祭は、毎日、祭壇に立ち、「これは、あなたがたのために与えられるわたしの体である」と言い、自分の身体は誰にも与えないことが義務づけられている。彼が再演する象徴的な行動すべてては、西洋のカトリックの司祭の大部分に否定されているけれども、それは個人的な性的成就を求めているように思える。今は、この規律が守られるべきか否かについては論じる時ではなく、セクシャリティがどのようにして有益に、かつ、神の国へ向かう共通の巡礼の旅のしるしとして実践されるかを考える時である。

一つの次元では、明らかに私たちは、自分の体を使って自分のすべてを人に捧げる。例えば、相手の人に自分の耳を捧げる。私たちは終日、それをやっている。また教会区を巡回する時は、自分たちの足を捧げる。私たちは自分たちの力と健康も捧げる。バーナディン枢機卿がシカゴの大司教に叙任した時、教区に宛てて、次のようなメッセージを書いている。「私の任期が何年になるか分かりませんが、私は、私自身を皆さんに捧げます。皆さんに奉仕します。私のリーダーシップ、私のエネルギー、私の才能、私の考え、私の心、私の精神力、そして、私の限界さえも皆さんに捧げます。信仰、希望、愛において私自身を皆さんに捧げます」(34)。そして、実際に彼は自分の命を、最後には死を捧げた。私は、これまでしばしばアフリカやアマゾンにいる年配の宣教師たちに感銘を覚えてきた。彼らは、すべてを捧げている。マラリアを患い、住んでいる地域に歯医者がいないので歯が抜け、最後には疲労困憊の状態になる。それでも、彼らは伝道活動をしている。彼らは、惜しむことなく、心身ともに、善きにつけ悪しきにつけ、病気の時も、健康な時も、死にいたるまで、自らを捧げてきている。

では、私たち司祭と修道士のセクシャリティとさまざまな欲望はどうなのか。チャールズ・ディケンズは、小説『荒涼館』（注・ビクトリア朝の腐敗した訴訟制度や倒錯した慈善事業を描いている）の中で、ジェリビー夫人のことを揶揄している。彼女は、アフリカでの慈善事業にすべての関心が向いているが「アフリカより身近にあることは全く見えない、望遠鏡的博愛」をもっていた。つまり、アフリカの人びとが好きだったが、彼女自身の子どもたちのことには関心がなかった。私たちは、修道士として、または、司祭として、そのような望遠鏡的博愛に逃げ込むことはできない。一二世紀のリボーの修道院長であった聖イールレッドは、「すべての人びとに向けられてはいるが、誰にも届かない愛」を批判して、修道士を戒めた[35]。愛の秘跡に近づくことの意味は、私たちが特定の人びとを愛するようになることである。友情的な愛であったり、また、深い愛情であったり、さらには、多分、もっと情熱的な愛のこともあるだろう。私たち修道士と司祭は、これらの様々な愛を、どのように正直に、私たちのアイデンティティの中に統合するかを学ぶべきである。過去には、修道士は、「特定の友情」をもたないように警告されていたことがしばしばあったらしい。ガーバス・マッシュー修道士は、自分は「特定の恨み」（注・多分、愛情関係のこじれが原因）のほうがもっと怖いというのが口癖であった。ビード・ジャレットは、ベネディクト会修道士ヒューバートに宛てた手紙の中で、次のように言っている。

私は、あなたが彼女と恋に陥ったことを嬉しく思う。なぜならば、これまであなたは、いつも厳格主義的考え、狭量な考え、ある種の非人間的考えに偏っている傾向があったと、私は思うからです。あなたは、ものごとを聖別することに否定的態度を示す傾向がありましたね。あなたは、主を愛されていましたが、主が造られたものを適切に愛することはありませんでした。あなたは、本当に恐れていました。（中略）あなたは、生きることを恐れていました。その原因は、あなたが聖人になることを望みながらも、自分が芸術家であるという認識がなかったからでしょう。あなたの芸術家的な個性は、どこにでも美を見ていました。あなたの聖人志望の部分は、「おお、それはとても危険だ」と言ってきました。また、あなたの中の修行僧の部分は、「それに惑わされることがないように、しっかりと目を閉じなければ」と言ってきました。もし彼女があなたの人生に現れなかったら、あなたの人生は失敗していたかもしれません。私は、彼女があなたを救ってくれると信じています。私は、ミサの中で、彼女があなたにもたらした救済について感謝します。あなたは、彼女を長い間必要としていました。叔母さんのような女性たちは、あなたの心のはけ口にはなりません。また、かっぷくのよい年配の教会管区長も心のはけ口にはなりません(36)。

私たち修道士と司祭が直面している様々な課題は、結婚している人と比べても、さほど違っているものではないと、私は思う。やはり、私たちにとっても貞節の本質は、幻想から解放されることである。つまり、貞節の本質は、私たちが愛するようになる人びとは、決して神でもなければ、むさぼり食う肉塊でもなく、自分たちと同じく脆いが善良な人間であることを認識することである。もし単に自分の情熱を押し殺そうとするならば、私たちの心は死んでしまい、生命の源である神について語ることが何もなくなるであろう。

エロスの活力は、私たちの宣教の中で少し発散される。私は、ドミニコ修道会に受け入れる候補者を選考する時、いつも注目したのは情熱のほとばしりの有無であった。オーストラリアのユーカリの木の品種の中には、森林火災が起こる時にのみ、種の鞘が弾けて開き発芽するものがあ

郵 便 は が き

料金受取人払郵便

銀 座 局
承 認

8254

差出有効期間
平成30年1月
9日まで

1 0 4-8 7 9 0

628

東京都中央区銀座4－5－1

教文館出版部 行

◉裏面にご住所・ご氏名等ご記入の上ご投函いただければ、キリスト教書関連書籍等のご案内をさしあげます。なお、お預かりした個人情報は共同事業者である「(財)キリスト教文書センター」と共同で管理いたします。

●今回お買い上げいただいた本の書名をご記入下さい。

書名

●この本を何でお知りになりましたか
1．新聞広告（　　　）　2．雑誌広告（　　　）　3．書　評（　　　）
4．書店で見て　5．友人にすすめられて　6．その他

●ご購読ありがとうございます。
本書についてのご意見、ご感想、その他をお聞かせ下さい。
図書目録ご入用の場合はご請求下さい（要　不要）

教文館発行図書　購読申込書

下記の図書の購入を申し込みます

書　　　名	定価（税込）	申込部数
		部
		部
		部
		部
		部

●ご注文はなるべく書店をご指定下さい。必要事項をご記入のうえ、ご投函下さい。
●お近くに書店のない場合は小社指定の書店へお客様を紹介するか、小社から直送いたします。
●ハガキのこの面はそのまま取次・書店様への注文書として使用させていただきます。
●DM、Eメール等でのご案内を望まれない方は、右の四角にチェックを入れて下さい。□

ご氏名　　　　歳	ご職業

（〒　　　　　）
ご住所

電　話
●書店よりの連絡のため忘れず記載して下さい。

メールアドレス
（新刊のご案内をさしあげます）

書店様へお願い　上記のお客様のご注文によるものです。
着荷次第お客様宛にご連絡下さいますようお願いします。

ご指定書店名	取次・番線
住　所	

（ここは小社で記入します）

る。天職も、何らかの情熱の火によって発芽するべきである。それは、勉強する情熱、理解しようとする強い意欲かもしれない。ビンセント・マクナブ修道士は、修行僧に常に言っていることがあった。それは、「何でもいいから考えなさい。真剣に考えなさい[37]」。情熱の火は、正義を求める情熱、または、説教に対する情熱のこともあるだろう。人は、他人の苦痛や彼らが苦しむ不正義に心打たれた結果、利己主義の殻が割れて開くことがある。グレアム・グリーン（注・イギリスの小説家）は、人は、他人の悲しみを見て悲しむ時、自分に魂があることが分かると言った。

もし夫と妻が本当に愛し合っているならば、彼らの愛は、お互いを解放し合っている。このことは、宗教的に誓いをたてた独身の修道士の場合、いっそう徹底したものでなければならない。私たち男女修道士は、他の人に自由を与えるだけでなく、誰か（彼、または、彼女）を愛する時、当人が、私たちよりも他の人びとを自由に愛するように心配りをしなければならない。聖アウグスチヌスは、洗礼者ヨハネを模範例として、司教のことを「花婿の介添え人」と表現している[38]。介添え人は、他人の迷惑になる余計なことをしない。例えば、彼は、花嫁が自分に恋するように振る舞わない。ましてや、花嫁の介添えの女性に対してそんな行動をしない。彼は、控えめに振る舞い、他の人びとの愛を育てる。彼は、引き下がる時をわきまえている。洗礼者ヨハネのように（注・「あの方は栄え、わたしは衰えねばならない」（ヨハネ三30））、修道士も、キリストがますます立派になるように、自分を小さくしなければならない。

ミシェル・バン・アエルデ修道士は、神を、次のようなイギリス人紳士に例えている。彼は、非常に思慮深く、自分が愛する人びとに対して、押しつけがましいことをすることを望まない。彼は、人びとが自分の愛する人と一緒にいて幸福であることをドア越しに見て、同席したい気持ちがあっても、彼らをそっとしておくためにその場を去る。C・S・ルイスは言った。「神は、愛されるよりも、愛することのほうをいつも幸せに思っておられる」[39]。神は、いつも、人から愛される以上に人を愛される。それは、また、私たち修道士と司祭の天職意識かもしれない。このことは、人びとが私たちに依存し過ぎず、私たちが彼らの人生の中枢を占めることがないように心配りをするように暗に求められているのかもしれない。私たちは、人びとが他の種類の支援、他の支柱を発見することを助けるべきである。そうすることによって、自分が、なくてはならない存在でなくなる。従って、いつも私たちが自問しなければならないことは、自分の愛が相手の人をより強く、より自立的にしているか、あるいは、逆に、彼らを弱くし、自分に依存させているかである。

このような思慮ある愛は、自らを中心に置かない愛であり、逃げない愛である。事態が複雑になると、荷造りして逃げ出したくなることが、修道士に共通に見られる誘惑である。司祭でさえも、健全な友情にまで成熟することがない溺愛に陥ることがあるかもしれない。勿論、相手と距離を置くことが賢明な時もある。しかし、通常、私たちがするべきことは、他の人のために誠実に寄り添うこと、彼らが安全で安心して頼れるような岩であり続けること、彼らの生活の中心に居座ることなく、見守ることである。私たちは、愛に関わる様々な危機、溺愛の動揺、心の痛みに耐える勇気をもち、成熟した大人の聖なる愛を表す深くて平穏な海に入っていかなければならない。

　これまで多くの司祭と修道士が、結婚をするために去った。それ故に、人びとは、上記のような生き方は果たして可能なのかと疑うかもしれない。自分の心を潰すことなく耐えられるだろうか。実は、比較的年上の修道士と修道女がその好例である。彼らは、このような生き方を受け入れ、栄えることができるというしるしとなっている。「最後の晩餐」で、イエスは、罪の赦しを求めて、多くの人のために血を流される。とは言え、イエスは、怒った神を鎮めるために苦しまなければならなかったという意味ではない。確かに、イエスと弟子たちとの間の愛情関係は不完全であったために、数々の失敗と挫折が起こった。しかし、そのような破綻状態から、神は、新しい命、すなわち、イエスの復活を引き起こされる。このように神の赦しは、深い創造性を示し、それによって、イエスの死という敗北が栄光の時に変わり、聖金曜日がイースターの日曜日に変わる。私たちが、敢えて、このような危険を伴う道に踏み出し、混乱と危機の時に耐えようとする理由は、神が、あらゆる苦しい時にも、私たちと共にあって、祝福してくださることを信頼しているからである。私たちは、時には、愛し方が下手であったり、道を踏み外したり、悩んだりするかもしれないが、神は私たちと共にあって、私たちの生き方を実りあるものにしてくださるであろう。だから、恐れることはない。勇気をもつことができる。

引用文献

（1） *Root Shock: How Tearing Up City Neighbourhoods Hurts America, and What We Can Do About it*, New York 2004, p.226.

（2） *Silence and Honey Cakes: The Wisdom of the Desert*, p.94.

（3） Dairmaid MacCulloch, *op.cit.*, p.118.

（4） C.S. Lewis, *Screwtape Letters*, London 1942, p.24f.

（5） *An Interrupted Life: The Diaries of Etty Hillesum* 1941-43, trans. A.J. Pomerrans, London 1996, p.129.

（6） *Ricominciare nell'anima, nella Chiesa, nel mondo*, Genovia 1999, p.58. My translation.

（7） *L'éternitési proche*, Paris 1995, p.102.

（8） *The Times*, 17 March 2005, by Michele Kirsch.

（9） 12th Homily on the Eph to the Colossians. Translation from the breviary.

（10） *ST* II.II. 142.1.

（11） Roger Ruston, *Human Rights and the Image of God*, London 2004, p.245.

（12） *The Four Loves*, London 1960, p.111.

（13） *Manikon Eros: Mad Crazy Love*, Dublin 2000, p.66.

（14） *Law, Love and Language*, p.22.

（15） Ed. Augustine Martin, *Complete Poems*, London 1990, p.211.

（16） *ST* II.II. 151.1.

（17） Josef Pieper, *The Four Cardinal Virtues*, Notre Dame 1966, p.156.

（18） *ST* I.II. 34.1.

(19) Eugene F. Rogers Jr, *Sexuality and the Christian Body: Their Way into the Triune God*, Oxford 1999.

(20) Sonnet XXVII, cf. Paul Murray OP, 'God's spy; Shakespeare and religion', *Communio*, Winter 2000, pp.764-86.

(21) Quoted in Herderman, *op.cit.*, p.87.

(22) *Confessions*, Book 1,1,3, trans. R. S. Pine-Coffin, London 1961, p.21.

(23) John Mood, *Rilke on Love and Other Difficulties: Translations and Considerations of Rainer Maria Rilke*, New York 1993, p.27ff., quoted by Hederman, *op.cit.*, p.81.

(24) *Lost Icons*, Edinburgh 2000, p.153.

(25) Lewis Carrol, *Alice's Adventures in Wonderland and Through the Looking-Glass*, Oxford 1971, p.234.

(26) From 'I Sing the Body Electric', quoted in Martha C. Nussbaum, *op.cit.*, p.660.

(27) 'Flesh from the Butcher: How to distinguish eroticism from pornography', *Times Literary Supplement*, 15 April 2005, p.11.

(28) *Jesus, the Liberator of Desire*, New York 1989, p.105.

(29) *Lost Icons*, p.156.

(30) *Law, Love and Language*, pp.92, 99.

(31) Martin Gayford, interview with Lucian Freud, *Daily Telegraph*, 18 May 2002.

(32) Ed. Bede Bailey, Aidan Bellenger and Simon Tugwell, *Letters of Bede Jarrett*, Downside and Blackfriars 1989, p.180.

(33) Quoted by Vivian Boland OP, in 'It Takes Three to Make a Love Story', *Priests and People*, April 2001, p.149.

(34) *The Gift of Peace: Personal Reflections by Joseph, Cardinal Bernadin*, Chicago 1997, p.147.

(35) Quoted by Liz Carmichael, *Friendship: Interpreting Christian Love*, London 2004, p.96.

(36) *Op.cit.*, p.180.

(37) 'Anniversary Sermon for Fr Vincent McNabb' by Hilary Carpenter OP, in *A Vincent McNabb Anthology: Selections from the Writings of Vincent McNabb OP*, ed F.E. Nugent, London 1955, p.ix.

(38) Cf. Michael Sherwin OP, 'The Friend of the Bridegroom Stands and Listens: An analysis of the term *amicus sponsi* in Augustine's account of Divine Friendship and the ministry of Bishops' Augustiniamum, June 1998, pp.197-214.

(39) *Four Loves*, p.184.

第六章　真理の共同体(1)

これから、真理についてのキリスト教の見解に入ることにする。この問題は、これまで頻繁に出てきた。すでに見たように、教会が自由であるためには、まず人間の経験の複雑性に率直に向き合い、次いで、人びとが何が正しいのかについて困難な振り返りを行う際に、彼らに寄り添うことが必要である。貞節は、空想の世界から現実の世界に戻って生きることであり、私という人間と私が愛する人びとの真実に向き合うことである。勇気は、上記のこと全てにとって必要である。それは、決して勇敢な気持ちをもつことではなくて、自らの脆さをはっきりと見極めることである。キリスト教が栄え、福音の証人になることを求めるならば、真実性があることが必須である。そして、キリスト教がしばしば退屈であると見られる理由の一つは、私たちが、真実に高い価値を置かない社会に住んでいるからである。私自身のことを振り返ると、キリスト教における私自身の興味は、「それは真理であるのか」という疑問が発端になった。思い起こすと、本書の冒頭で言及した私の友人は、私たちの社会では、そのような疑問には、ほとんどの人びとが関心をもっていないと信じていた。

西洋の歴史の大部分では、これまで真実を語ることは、それ自体で価値があり、人間の尊厳の一部であり、人の信用に関わることとして考えられてきた。アリストテレスは、「虚偽は卑しく、非難されるべきものであり、真実は気高く、称賛に値する」と言った[2]。この伝統は、カントでも見られた。「嘘をつけば、人は、人間としての尊厳を投げ捨て、いわば、それを破壊する」[3]。オーストラリア人の哲学者レイモンド・ガイタは、『親愛なる父ロムルスへ』（注・自伝的小説）の中で、自分の父について素晴らしい話をしている。彼の父は、鍛冶職人で、ルーマニアからオーストラリアへ移住してきた。ロムルスの人格、彼の人となりは、正直さであった。ガイタは、父と彼の友人ホラについて、次のように言っている。「彼らが真実を語ることを大切にした理由は、立派なイギリス人哲学者の言葉を適用すると、『虚偽をしないこと』が彼らに共通の精神的な規範になっていたからであった」[4]。この友情には、功利的な計算、すなわち、正直は長い目で見れば得するとか、いったん嘘をつき始めると、間もなく大変な事態になるという考えはなかった。それは、単に、信義を重んじることからくる規範であった。今の社会では、このような信義の感覚は、かなりなくなってしまい、それと共に、私たち相互に対する誠実さの土台もなくなっている。そして、その喪失のために、私たちは苦しんでいる。

「リース講演シリーズ二〇〇二」（注・イギリスのBBC放送のラジオ番組で、各界の知名人が講演を行う。Reith はBBCの会長名）で、オノラ・オニール（注・哲学者）は、不信感の危機について語った。人びとは、政治家や医者、企業経営者、聖職者、特に、マスメディアが、真実を話していないと考えている。勿論、マスメディアも、政治家に対して同じように非難している。私たちは、情報に溺れ、誰を、何を、信じていいか分からない。とは言え、それは人びとが必ずしも以前よりも不誠実であると言うのではない。ただし、私は、そうではないかと疑っている。確かに、人びとは、他の人が真実を言うことを要求する。ただし、彼ら自らも同じ道義的責任を感じているかどうかは定かではない。前回の選挙で、首相が真実を語っているかどうかに国民の注目が集まり、それは非常に深い心配の徴候を表していた。私たちには、真実の堅固な土台がない。サミュエル・ジョンソン（注・一八世紀のイギリスで「文壇の大御所」と呼ばれた）は、ベネット・ラングトンに宛てた手紙の中で、次のように言っている。「ものごとをありのままに見るよう努力しよう。それから、不平を言うかどうか問うてみよう。人生をありのまま見ることが、大いなる慰めを与えてくれるかどうか、私には分からない。しかし、真実から（もしそれがあるならば）引き出される慰めは、確実で持続性がある。一方、誤りから得られるかもしれない慰めは、偽物であり消えやすい[5]」。

上記のような心配への対策について、しばしば想定されることは、出来る限り情報に透明性があることである。例えば、もしすべてが明らかにされれば、私たちの疑念が根拠あるものか否かが分かるだろうという考えがある。そこで、政界の高官たちのすべてのメモ、電子メール、電話通話、会話が、後の検証のために、記録されなければならないと考える。そして、政府が私たちを監視することがますます増えていく。しかし、オニールは、そんなことをしても、疑念を払拭することはないだろうと主張した。彼女は、次のように言っている。「すべてのことに透明性を要求する風潮は、それを避けようとして恐らく、様々な言い逃れ、偽善的言動、真偽取り混ぜた言葉を生む可能性がある。これらは、通例、「政治的公正」と呼ばれているが、もっと単刀直入に言うと、「自己検閲」や「ごまかし」(6)と呼ばれるかもしれない。そういうことをしても、疑念は決して和らがない。もっと一生懸命に事態を探ってみると、何らかの欠如している証拠があるかもしれないという疑念が、いつもある。例えば、イラクでの、不可解な「大量破壊兵器」の問題がある。証拠が見つからないことは、敵が極めて狡猾で全く信用できないことを証明するだけだと考えてしまう。

完全な透明性を求める文化は、ひょっとすると、人が真実を語ろうとする気持ちを大いに失わせることになるかもしれない。何しろ、自分の言ったことが、いつ何時、自分にとって不利となる証拠として利用されるか分からないからである。しかし私たちは、奇抜な考えを試したり、仮説を提案したり、間違いをする自由がなければ、何の発想も思いつくことはできない。マイスター・エクハルトは、思考の途中で百の間違いをしないで真実に達することはできないと主張した。私たちは、いつまでも責任を負わされる心配がない言葉を発する自由が必要である。真実を求めることは、発言に対していつまでも責任を負うことから守られる時期を必要とする。従って、完璧な透明性という理想は、実際には不可能であり、望ましいことではない。

真実に対する欲求不満は、自己告白したり、または、他人を暴露する欲求が頻繁に起こることに表れている。私たちが住む社会は、いわゆる「暴露社会」である。通販サイトのアマゾンには、書名に「赤裸々の」を冠した本が千種類以上もある。例えば『裸のシェフ』から始まり『裸の教会区司祭』まで広範囲に及ぶ。アメリカの『オプラ ウィンフリー ショー』のようなテレビのトークショーに登場する人は、何もかも洗いざらいに喋ることによって、短時間、主演者になれる。ジグムント・バウマンによれば、マスメディアにとっては、「公共の利益」とは、「公人の個人的な問題」という意味である。(7) すべての公人のちょっとした秘密が明らかにされる。しかし、このような暴露に対する情熱があるとはいえ、それによって何か怪しいこと―私たちが知る権利があること―が、私たちに隠されているという疑念が軽減されるものではない。

では、真実に対するこのような渇望に応えて、キリスト教は何か提供できることはないだろうか。とは言え、クリスチャンが、他の人びとよりも誠実であるとは必ずしも言えるわけではない。マーク・トウェイン（注・彼は、晩年、毒舌とユーモアのある名言で人びとを楽しませた）は、次のように言う。「迷う時には、真実を言うべきである。そうすると、それは敵を困惑させ、友人を驚かすだろう(8)」。しかし、私たちがトウェインの助言に従っているという確固たる証拠を、私は知らない。実際、アメリカのある調査によると、仕事を得るためには嘘をつくことがあるかという問いに対して、キリスト教を信じている人びとの一三パーセント、信じていない人の一五パーセントが「はい」と回答した。(9) これは、大した違いではない。とにかく、これまで述べてきたように、決して、クリスチャンは他の人びとよりも勝っており、嘘をつく傾向がより少ないということではない。しかし、際立っていることが二つある。一つ目に、懐疑的な世の中にあって、私たちクリスチャンは、考えることによって真理に到達できるかもしれないと信じている。二つ目に、私たちの信仰のお陰で、誠実であることの意味について、私たちはかなり違った理解をしている。かつて、イブ・コンガール修道士は、「私は、人を愛するように真理を愛する」と言った。

理性に対する信頼

目まぐるしく変化する文化では、私たちは、簡単に信憑性の感覚を失う。私たちは、多くの時間をいろいろな想像の世界の中で過ごしているので、事実とつくり話とを区別することが難しくなる。多くの人びとは、連続メロドラマの主人公が実際に存在し、例えば、コロネーション通り（注・同名の連続テレビドラマがある）を歩けば、彼らに出合うと思っている。仮想現実の世界では、世界を望む通りに作り変える自由がある。人びとは架空のアイデンティティを作り、他の架空の人びとと関係をもつ。そのような関係は、実際の生身の人間である伴侶との関係と同じく私たちの心を奪う。そのことが原因となり、人間が真実に対してもつ基本的な直観が衰える。私たちの社会は、多分、科学的な理性は例外として、理性の力に対する信頼を失ってしまっている。現代のヨーロッパの人びとは、反省と議論を通して、私たちが人間存在の意味とその目的を発見できることを信じない。次のような重大な問題を巡って議論がほとんどなされない。なぜ無ではなく何かが存在するのか。私は何のために造られているのか。私の幸福をどのように見つけられるか。今では、これらの疑問は、私たちの理解を超越しているように思える。

逆説的なことを言うが、今の時点でキリスト教が果たす貢献の一つは、理性を「信頼する」ことかもしれない。前世紀の狂気の沙汰、戦争と大量虐殺の愚かさにもかかわらず、人間は理性があり、真理を求めるために造られている、と私たちは信じている。もし一緒になって議論すれば、真理が得られると信じている。ドミニコ修道会のモットーは、ベリタス（真理）である。思い起こせば、ドミニコは、パブで経営者と議論をした結果、修道会を創設するに至った。二人は夜を明かして議論した。私の修道士仲間の一人が述べたように、ドミニコは、議論の最初から終わりまで、相手に「君は間違っている、君は間違っている」と言っていたはずがない。自分の意見を言い続ける理由は、議論の相手も、ある程度、正しいことを言っているからである。議論するのは、相手を打ち負かすためではなく、真理が勝つためである。

ヨハネ・パウロ二世は、キリスト教が理性を力強く擁護する宗教であると考えていた。ローマ教皇は全司教へ送る回勅の中で、次のように書いている。「教会は、真理に奉仕することによって人びとに奉仕する。我々は、真理に到達しようとする人びとのパートナーである」［2］。「現代の男女の間に──決して、ある特定の哲学者だけの間ではなく──人間が知識を身に付ける能力についての不信感が広く見られる。人びとは、謙虚さを装って、部分的で暫定的な真実に満足しており、人間が個人的・社会的存在であることの意味と究極的基盤について根本的な質問をしようとしない」［5］。「人生は、疑い、不安、虚偽が根幹になってはいけない。そのような生き方は絶えず恐怖と心配に襲われるだろう。従って、人間の存在は『真理を求める存在』であると定義してもいいだろう」[28]。

バートランド・ラッセルとイエズス会のフレデリック・コプルストン（注・司祭兼哲学者）との討論で、次のような質問が出た。なぜ宇宙が存在しているのか。なぜ無ではなく何かが存在するのか。ラッセルの主張では、そもそもこのような質問は無意味である。なぜならば、宇宙は初めから存在しているからであるということであった。クリスチャン哲学者のコプルストンは、ラッセルは考えることを余りにも早く放棄していると主張した(10)。従って、キリスト教の宣教の一部は、人びとが上記の難問を問い続け、答えを模索するべきであると主張することである。クリスチャンは、理性を使うことをあきらめない。

啓蒙主義（注・合理主義）で育った人びとにとって、ローマ教皇が理性を擁護するというのは狂気の沙汰のように見えるだろう。何しろ、一般の既成概念では、宗教と理性とは対立する。それ故に、教皇の姿勢は、まるでジンギス・カーンが平和主義者になったり、聖フランシスが動物虐待を擁護するかのように矛盾しているように思える。しかし、社会学者たちが、スウェーデン、日本、アメリカでの研究を基にして論証したことは、いったん人びとが主流のキリスト教から逸脱すると、馬鹿げたことを信じ始めるということである。ロドニー・スターク（注・アメリカ人宗教社会学者）によれば、クリスチャンは、宗教をもたないと言う学生と比較すると、UFOや、ESP（超感覚的視覚）、星占い、タロット、交霊会、超絶瞑想法などを受け入れるケースがはるかに少ない(11)。G・K・チェスタートンが言ったように、「神を信じようとしない者は、手当たり次第に何でも信じるものである」[12]。

従って、キリスト教の使命は、私たちの心の中に隠れている真理を求める願望を、社会に思い起こさせ、社会がそれを探す道を一緒になって歩むことである。しかし、確信をもって、このようなことができるには、私たちクリスチャン聖職者自身が、予め、すべての答えを必ずしも知っている巡礼者ではないと社会から見られるべきである。聖職者は、もっと回数多く「知りません」と言う謙虚さがあれば、もっと権威をもって話すことができるだろう。つまり、聖職者は、教えるだけではなく、学ぶ姿勢もあると見なされなければならない。教会は、自らが確信する考えを主張する勇気をもつべきであるが、同時に、他の人びとから学ぶ謙虚さももつべきである。物理学者ニールス・ボアーの主張によれば、真実の発言の反対は虚偽の発言であるが、深い真理の反対は、もう一つの深い真理になることもある[13]。教皇ベネディクト一六世は、ミュンヘン聖公会の紋章のために貝殻を選んだ。この選択は、かつて聖アウグスチヌスが海岸を歩き、神に関する真理をすべて私たちの言葉の中に収められないのは、海を貝殻の中に収められないのと同じであると主張したことを想起させた。オーガスチンは、次のように書いている。「この命が限られた人生で、不変の真理という陰りない光を得るためには、想像力という霧を消散させてもよいと考える人は誰であれ、(中略)何を自分が求めているのか、それを求める人はどのような人であるかを理解していない」[14]。

宗教者が、真理のことを話し出すと、人びとは落ち着かなくなる。これは理解できることである。世界中で、真実について異なった宗教どうしが争っていることが、暴力を連想させるからである。キリスト教徒はイエスに関して、イスラム教徒はコーランに関して、ヒンズー教徒はクリシュナについて、それぞれ独自の主張をしている。これらの主張が必ずしもすべてが真理であるとは言えず、教徒たちは、互いに殺し合う。従って、真理の主張は、不寛容、横柄、教化と関連づけられている。同じ宗教内ですらも、聖典の解釈が激しく言い争われている。私たちクリスチャンは、聖書は真理であると主張しているが、聖書には、文学的解釈から原理主義的解釈まで幅が広く、多くの奇妙な解釈があり、どれが最も奇妙であるかは決め難い。それは、ビクトリア女王の像も多様にあり、どれが最も醜悪な像であるかを決めるのが難しいのと似ている。

そうとは言え、聖書の解釈が異なっていても、私たちは、真理に達することができる—ただし、忍耐強く謙虚な態度があれば—と信じている。もしそうでなければ、私たちは単にお互いの違いに留まって身動きができないだけであろう。第二次世界大戦後、アルベール・カミュ（注・フランスの小説家、劇作家、哲学者）は、パリのドミニコ会修道士たちに次のように言った。「対話が成り立つのは、自分を偽らず、真実を語る人たちの間でのみ可能である」[15]。確かに、真実がなければ対話する意味がない。他の宗教を信じている人たちや無信仰の人たちと親交を築くことができる唯一の基盤は、共に真実を求めていることにある。ある時、私がロンドンを訪問している時に、タクシーの運転手が人種差別的な発言をした。私が、彼の言っていることは真実ではないと言ったら、彼は、「真実でないとはどういう意味ですか、お客さん。私の意見を言っているだけですよ」

と答えた。彼は、そのように逆襲することが、自分の意見を言う権利を弁護し、それに反論を封じる方法であると思い込んでいた。

意見を異にする人びとに近づくには、お互いが理性的に考え、共通の真理に至ることができると信じる必要がある。自分だけが真理を知っていると主張することは、暴力と不寛容を生むだけである。それに対して、一緒ならば真理に到達することができるかもしれないと信じることによって、違いを解消することがある。しかし、これは、流行らない考えである。ブリティッシュエアウェイズの最高経営責任者ウイリー・ウオルシュは、「理性的な考えをする人間は、交渉の席では、成果を残せない」と言った。私たちの社会では、交渉は最善の結論に向けて筋の通った考えをすることではなく、自分の根性を試すことに帰する。重要なことは、相手に勝つことである。そして、最後の手段は、法律である。

聖アウグスチヌスにとっては、面識のない人たちに真理を語ることは、人間の共同体を築く一部、すなわち、神の国を造る一部であった。それ故に、多くの神学者たちが、たとえ罪のない(方便の)嘘に対してさえも極めて不寛容であった。嘘をつくことは、単に正しいことを言わないというだけでなく、人間の結束の基盤とも言える言葉を破壊すると彼らは考えた。アタナシオスが、迫害者たちから逃れるために、舟を漕いで川を下っていた時、彼らは反対の方角に進んでいる彼に遭遇した。彼らが「裏切り者のアタナシオスはどこへ行ったのか」と尋ねると、「そう遠くありません」と彼は答え、嬉しそうに漕ぎ進んでいった。確かに彼は嘘をついていなかったから、問題にはならなかった。

正直言って、私もたびたび方便の嘘をつく。例えば、私の修道士仲間の説教や料理を褒める時は、厳密な意味では、必ずしもいつも真実を言っているわけでない。タルムード（注・モーセが伝えたもう一つの律法とされる「口伝律法」を収めた文書群）にもあるように、罪のない嘘は、家庭の円満のために必要である。私たちには、誤解を招く真実の言葉（注・アタナシオスの例）と嘘の間には大した違いがあるようには思えないことがある。嘘をつくことが起こるのは私たちは、真実の言葉の神聖さが、人間の共同体の基盤であるとは深く感じていないからである。嘘は、私たちの自然な環境を汚す。嘘をつくと、汚染した川の中の魚のように、精神的に死ぬ。

一般の人びとの口癖と言えば、教会はセックスにこだわっているというのがある。実際には、キリスト教の伝統の大部分では、教会は嘘をつくことのほうに、もっとこだわってきている。ダンテの『神曲 地獄篇』では、九ある地獄のサークルの中で、上位のサークル―罰が最も軽い―は、自らの情熱に夢中になった人びとのグループである。彼らはよいことを望んだが、望み方が間違っていた。中位のサークルは、悪いこと、とくに暴力的なことを望んだグループである。しかし、地獄の凍りつくような中心部にいるのは、人間の真実の共同社会の基盤を損なった連中である。例えば、嘘をつく者、詐欺をする者、へつらう者、偽造する者、さらに、最悪のケースとして、裏切る者。マスメディアは、都合よく、教会がセックスにこだわっていると報道する。メディアは、教会が福音をいわば安全な小箱の中に鍵をかけて温存していると言い、それを都合のよい時に嘲笑の対象にする。確かに、第五章で述べたように、セクシャリティは、人間のアイデンティティの重要な部分であるが、伝統的なクリスチャンにとっては、嘘のほうがはるかに深刻である。それを慰めと考えるかどうか、人によってまちまちである。ハーバート・マッケイブは次のように言った。「キリスト教道徳が、人びとがベッドに行くかどうか、いつ行くべきかに主たる関心があると世間から思われている限り、そのために司教は絞首刑になることはないだろう。このような誤解にはうんざりする(16)」。

よく言われることだが、戦争で真っ先に犠牲になるのは、真実である。プロパガンダという事実の歪曲が行われるのみならず、戦争の暴力が、情報伝達の劣化を引き起こす。悪名高い事例は、ベトナム戦争での有名な声明「村を（共産主義者から）救うために、それを破壊することが必要になった」である。いわゆる「テロとの戦争」に勝利するチャンスを得るには、西洋社会を憎む人びとと真実を話し、真実を聞くことを学ぶことによって、コミュニケーションを築くべきである。もしそうしなければ、双方が、ますます深い不信感と相互破壊に陥るだろう。

キリスト教の証しの一部は、私たちが言葉を大事にすること、ことばの正確な意味に気を配ることに本質があるべきである。オーガスチンは、言葉のことを「意味の貴重なカップ」と言った(17)。しばしば、私たちの社会では、言葉が無責任に使われている。人を攻撃したり、おべっかを言ったりするために言葉が使われ、その結果、私たちが人間の共同体を固く結びつけるはずの道具を鈍化させる。『ギリアド』では、余命いくばくもない司祭が、彼の（名づけ）息子について語っている。

彼は、まるで言葉を、ある特定の行為が彼になされたかのように受け取る。他の人びととは違った方法で、言葉の「意味」に耳を傾け、解釈する。言葉が敵対的なのか、どのように敵対的なのかを判断する。また、言葉が自分を脅かすのか、傷つけるのかを判断する。そして、それを基準にして彼は反応する。もし誰かの発言の中に非難を読み取れば、まるでそれが彼を狙って銃を発射したかのように反応をする。まるで彼の耳を傷つけたかのように彼は振舞う。(18)

もし、私たちが、その意味と真実に頓着なしに言葉を弄するならば、文字通り、人を殺すことになるかもしれない。『ニューズウイーク』誌（二〇〇五年五月）に、グアンタナモ湾刑務所における「コーラン」の意図的冒瀆事件についてのストーリーが掲載された。そこでは、テロ活動の容疑者が尋問を受けていた。そのニュースに伴って世界中で起こった暴動で、少なくとも一五人が殺された。後に、『ニューズウイーク』は、ストーリーを撤回し、それが事実であるか確信がないと言った。

もし私たちが神のみ言葉を大切にするなら、すべての言葉が同様に考えられるべきである。何しろ、私たちは、言葉が人を傷つけたり、癒したりする力をもっていることを認識しているのだから。ビクトリア時代の料理読本の著者ビートン夫人も、言葉のもつパワーを知っていた。それが昂じて、「trousers（ズボン）」という語をどうしても使う気になれなかった。なぜなら、この語に潜む言外の意味が多分悩ましかったからであろう。彼女は、ズボンに替わって「言うをはばかること」（注・一九世紀のビクトリア女王時代は、「お上品な（genteel）伝統」が流行り、ズボン、下着、脚は性的なイメージがあると考えられた。ピアノの脚さえも覆ったほどであった）または「口にすべきでないもの」と書いた。従って、私たちは、クリスチャンであると見分けがつくように、言葉の正確な意味に留意し、時にはナイフのような切れ味があることに用心して、言葉を用いるべきである。ローワン・ウィリアムズは、次のように書いている。「もし、話し方によって、信仰ある人の見分けができたら、どうだろうか。例えば、陳腐な表現を使用しない、または人間性を貶める嘲笑をしない、または口先だけの慰めのことばを使わないことを基準にするのはどうだろうか[19]」。

司祭が聖書の朗読を終えた時、それにキスする。私たちの敬意は、私たちの日常の言葉にも及ぶべきである。サルマーン・ラシュディー（注・インドのボンベイ出身、イギリスの作家。反イスラム小説「悪魔の詩」などを執筆し、イランの元最高指導者ホメイニ師から死刑宣告を受けたことは日本でも有名である）は、「何も神聖ではないのか」という魅力的な記事の中で、次のように書いている。

私は、本とパンにキスをしながら大人になった。家では、誰かが本を落としたり、チャパティ、または、バターを塗った三角形の無発酵パン切れを落とすと、落ちたものを拾い上げるだけでなく、それにキスをしなければならなかった。それは、それを不器用でぞんざいに扱ったことに対する謝罪の意味があった。私は、他の子どもと同様に、不注意で不器用であった。従って、幼少期には、たくさんの食べ物と本にキスをした。インドの敬虔な家族には、聖典にキスをする役割の人がしばしばいたし、今でもいる。しかし、私たちは何にでもキスをした。辞書、図鑑、イーニッド・ブライトン（注・イギリスの児童文学作家）の小説、スーパーマンの漫画などにキスをした。電話帳を落とした時も、多分、それにキスをしていただろう。このようなことは、女の子にキスをする前の経験であった。実際、女の子にキスをした後は、パンや本にキスするわくわく感は少しなくなってしまったと、小説家が書くとすれば、その通りであろう。しかし、人は最初の愛――パンと本――を忘れないものである。パンは体のための食べ物であり、本は心のための食べ物である。この二つほど、私たちの敬意と愛に値するものはない[20]。

疑惑を越えて

疑惑のために分裂した私たちの社会において、キリスト教が果たせる貢献は、言葉に対する配慮だけではなく、言葉を誠実に使うことはどのような意味があるかについて独自の解釈を示すことでなければならない。私たちクリスチャンは、他の人びとと比べてみて、より誠実ではないかもしれないが、私たちは、独特で、かつ、興味深い方法で、誠意があることを願っている。誠実さとは、単に事実を報告するだけではない。アラスデア・マッキンタイアの主張では、「事実」は、男性用のかつらや望遠鏡と同じく、一七世紀になって使われるようになった[21]（注・facts（事実）は、一七世紀の「発明品」で、元々はラテン語 factum（行為、出来事）が語源であった）。社会に見られる信頼の危機の原因は、社会が、真理をほぼ完全に「啓蒙主義」の伝統の観点から解釈していることにある。「啓蒙主義」は素晴らしい実り多い伝統であり、このお陰で、現代の科学と多くの自由が生まれた。しかし、もしそれが真理を求める唯一の基準ならば、今日のような嘆かわしい事態になっているのも不思議ではない。今日では社会の中に「啓蒙主義」の伝統一つ一つを見極め、それに疑問を投じることは難しい。その原因は、「啓蒙主義」の伝統が私たちの言うことすべてを色づけしているからである。アラン・ド・ボトンが言うように、この支配的なイデオロギーは、「無色で、無臭のガスのように見えず[22]」、それは大気に満ち、私たちは、全く気づくことなく、常時、吸い込んでいる。

アラスデア・マッキンタイアは、次のように書いている。

一七世紀から以降、次のような考えが当たり前になった。中世の学者たちは自然界と人間の社会の事実の特徴について思い違いをしてきた。その原因は、自分たち自身と体験についてアリストテレス論的解釈を無理に適用してきたからであった。一方、我々現代人―一七世紀と一八世紀の現代人は―解釈とか理論をいっさい剝がし、事実と経験に、ありのままに向き合ってきた。まさに、このような態度をとったことにより、現代人は、自らの時代を「啓蒙時代」と呼び、それと対照的に、中世を「暗黒時代」と解釈した。アリストテレス理論のために不明瞭になったことを、現代人は、理解している(23)。

従って、啓蒙主義のもとでは、真理は、伝統を拒絶することによって、特に、キリスト教の教義を拒絶することによって求められる。このような風潮は、今でも広がっている。例えば、欧州憲法条約の序文は、直接にギリシアローマ時代から一足飛びに啓蒙時代への経過を述べている。社会が合理主義時代に向けて進んでいる中で、まるでキリスト教のヨーロッパの歴史の大部分が、常軌から逸脱している扱いを受けているようである。

「啓蒙主義」にとって、真実の目は、科学者的な冷静な目である。その目は、大衆が受け継いできた既成概念と偏見を冷ややかに、理性的に疑問視する。しかし、実際には、そんなに単純ではないことが判明した。人はものごとをありのままに見ていると、どうして確証できようか。頭で考えることと、社会の現実とのギャップをどのように橋渡しすることができるのか。目の前のあることが、実際には、自分が直観的に認識したことと一致していると、どうして確かめられようか。確かなものを求めている時は、すべてを疑わなければならない。疑り深く、懐疑的にならないといけない。このことは、バーナード・ウイリアムズの言葉に特徴的に表れている。「徹底して真実を得ることに専念すること、換言すれば、とにかく、ことごとく不信感をもつこと、騙されないように心構えをすること、外見を見抜き、その背後にある実際の構造や動機を調べることに熱意をもつことが必要である」[24]。ボルテールは、我々は、思考を隠すために言語をもっていると言った。私個人は、この「啓蒙主義」の伝統を無下に拒絶したくはない。私たちは、すべて「啓蒙主義」の子どもであり、それから多くの恩恵を受けている。しかし、それが、真理を求める主たる方法になれば、必然的に生まれてくる社会は、疑惑に満ち、疑り深く、不安定であり、社会的絆が崩れる。

真実の探求について、キリスト教の霊的特質は、「啓蒙主義」で育ってきた人びとを憤慨させるに違いない。なぜなら、それは、教義が基本になっているからである。「啓蒙主義」にとっては、真実の探求は、教義から解放されることから始まった。勿論、誰にも気づかれなかったことは、「啓蒙主義」も、やがて独自の教義をもってきたことである。かつてG・K・チェスタートンが述べたように、「世の中には、二種類の人しかいない。自分たちの生き方に影響を与えているドグマ（教義）があることを認識している人、一方、そのようなドグマを認識していない人である」[25]。彼の主張によれば、人間は、ドグマを作る動物である。「木はドグマをもたない。かぶらは、奇妙に心が広い」（注・かぶらは、無知な人に例えられている。彼らは、ドグマをもたないことは心が広いと考えている）。

「天地創造」から始めよう。聖トマス・アクィナスによれば、「天地創造」の原理は、ビッグバンが起こる前に起こったことについて語らない。私たちの信仰では、すべてのものは、今、神から存在を受けている。それ故に、私たちはそれを理解できる。それは神が造った世界であり、私たちは、神の創造物として、その世界で心安らかになることができる。神の世界は決して、異質で理解不能の場所ではない。アクィナスの中核的な直観について、コルネリウス・アーンスト修道士は次のように言う。神の世界は、「苦労することなくその正体を現し、開花し明るみに出る」[26]。世界は、神のみ言葉によって造られ、それ故に、理解することが可能である。また、ニコラス・ラッシュ（注・ローマカトリック神学者）も、世界は理解することができると主張する[27]。ものごとの意味は、私たちが恣意的に決めるものではない。勿論、私たちは間違ったり、誤解することがある。嘘をついたり、仮面をかぶることもある。それでも、真実は、間違いやごまかしよりも先立って存在している。魚が水中を泳ぐために造られたように、人間は、真実の中で栄えるように造られた。真実は、私たちの拠り所である。このような考えは、デカルトの洞察とは全く違っている。デカルトによれば、心は「機械の中の亡霊」であり（注・「機械」は身体を暗示し、「幽霊」は身体から切り離され彷徨《さまよ》う心を暗示する。詳細は二六九ページ参照）、必死になって現実と接触しようとしている。「啓蒙主義」にとって、大きな課題は、私たちはどんなものであれ、いかにしてその存在を確信することができるかであった。いかにして自分の考えを現実と関連づけるか、いかにして現実は、私たちが見ていると考えているものとはそれほど違っていないと知ることができるか。ほんとうにそれが実際に存在しているのか。このように、啓蒙主義では、疑問と不信から始まる。「天地創造」の原理は、私たちは決して幻想の中に住んでいるのではないという確信に根拠を与えてくれる。

トマスの考えでは、物事をありのままに見るためには、私たちは瞑想的態度をもたなければならない。瞑想とは、目前にあるもの──例えば、神のみ言葉、人、植物──に向けて、思考を静かに向けていくことである。それは、自分ではないものと静かに対面することである。決して、それを支配したり、所有したり、利用したりしようとするのではなく、それに思いを向けることである。換言すれば、相手の人の個性を認めることであり、決して、彼らを私たち独自の考え方に吸収しないことである。人は、自らの考えと心を引き伸ばし、見るものによって視野を広くするべきである。アクィナスは、アリストテレスの言葉「魂は、ある意味では、すべてのことである(28)」を気に入っていた。自分とは異質なものを理解することは、私たちの存在の幅を広げる。黙想することは、相手の人に向かって、包み隠さず、謙虚な姿勢を見せることである。シモーヌ・ベイユ（注・フランスの哲学者）は、次のように書いている。「真の天才とは、思考において、信じられないような謙虚さという美徳をもっていることである。それに尽きる(29)」。

他人に対してこのように静かで瞑想的な姿勢をもつことは、自己中心的考え──自分を基準にして、すべての事や人を見る──を打ち破るという厳しい鍛錬である。誠実であることは、単なる知的鍛錬ではない。それは、無私のトレーニングであり、世間を貪欲に牛耳ろうとする気持ちを捨てることである。これは、シエナのカタリナ（注・一四世紀のドミニコ会第三会員の在俗修道女）の霊的感覚にとって中核であった。ドミニコ会のスザンヌ・ノフクは、次のように書いている。

彼女は、我々の考え方や自己をこのように束縛している状態を、「自己中心主義の雲」または「身勝手な自己愛」と呼んでいる。この自己中心主義は、単に、第一人称代名詞を多用したり、人の注意を引こうとする自己中心癖だけではない。自分が中心にいる世界に住むこと、例えば、すべての決断が、自分の好き嫌いや損得に基づいて、衝動的になされる世界に住むことも自己中心主義である。それは、「私たちに有害になり、嗜好を損なう毒である。（中略）また、私たちの目をくらまし、そのために私たちは事実に気づいたり、認識することができない」。実際、自己中心主義のために、私たちは神と隣人を嫌悪感をもって見て、批判的に考えるようになり、その結果、事実に応じてではなく、自分の低俗で病的な感覚と意見を基準にして万事を判断をする。（中略）それは、私たちから完全には光明を奪うわけではなく、まだ少し明晰に思考する能力を残している。しかし、まだ、真実全体を見ているのではない[30]。

これには、冷静な思考と時間が必要である。私たちが直面している真実の危機の原因は、私たちの生活が忙しすぎて、お互いや物事を適切に見る時間がないことである。説明責任を果たすことに没頭する結果として、書式の記入、報告書の作成、統計の処理などに莫大な時間を費やすことになり、よく目を開いてじっくりと見る時間がない。ある日、ルートビヒ・ウィトゲンシュタイン（注・オーストリアの哲学者）は、哲学者たちはお互いどのように挨拶を交わすのかと尋ねられて、「急がずじっくりと時間をかけなよ」と答えた。従って、真実の探求という霊的特質は、私たちがペースを落とし、穏やかに、頭と心を引き伸ばすよう誘《いざな》うだろう。シモーヌ・ベイユは、次のように書いている。「我々は、最も貴重な賜物を得るには、それを探し求めていくのではなく、それを待つべきである。（中略）このような姿勢は、まず、注意深くなることを意味する。魂は、自らの中身を空にして、人間を、ありのままの姿で（真実性のある姿で）受け入れる(31)」。

従って、世の中を忠実に見るためには、謙虚で冷静な注意深さを身に付ける必要がある。そうすることによって―アクィナスによると―世間の良いところが見えるようになるだろう。神が万物の創造を終えられた時、それを見て、良しとされた。ファーガス・カー修道士は、次のように書いている。「トマス・アクィナスにとっては、世界は、彼の時代に広く教えられていたことに反して、ひとえに神の豊かな恵みの表れである。その恵みは自由に分かち合われ、自発的であり、『必要だから授かるのではなく』、ひとえに愛の表れである(32)」。「啓蒙主義」の誠実な目は、私心のない観察者の目であり、対象となるものを冷静に見る。それは、顕微鏡を通して見る科学者の目である。これは、世界を見る際に有効な方法である。もし、一七世紀の発展が起こらなかったら、今日、私たちは、とてつもなく困窮しているだろう。しかし、そうとは言え、もし、私たちが、顕微鏡を通してのみ、―まるで動物が解剖されるように―お互いを見るならば、お互いの善良さ（私たちの存在の中で最も深い真理）を見ることができないだろう。聖アウグスチヌスは、『告白』（注・自叙伝）の終わりの箇所で、次のように言っている。「あなたが示されているこれらの御業を見ていますと、それらはすべてがとても良いことが分かります。なぜならば、あなたは、それらを私たちの中に見ておられるからです。また、私たちに聖霊を授けてくださり、それによって、私たちはあなたの御業を見ることができ、その中におられるあなたを愛します[33]」。

次に紹介するストーリーは、私たちの信仰を分かち合っていない人びとに示すことができる人間の善良さの好例である。レイモンド・ガイタ（注・オーストラリア人の倫理哲学者）は、かつて、オーストラリアの精神病院に勤めていた。そこに勤務する精神科医のほとんどは、情け深く良心的な人たちであった。彼は、次のように書いている。

ある日、修道女が病棟に来た。中年の女性で、当初は、彼女の陽気さだけが印象的であった。ところが、いったん患者たちに話しかける時、彼女の振る舞いは何もかも―話し方、顔の表情、身体のこなし―は、立派な精神科医の振る舞いとは対照的であり、それが際立っていた。医者たちは、最善の努力をしているにもかかわらず、彼らは、上から目線で患者に（そう言う私もそうであった）対応していることを、彼女は自らの態度で示した。彼女は、患者が、治療にあたるスタッフとは対等の関係にあることを実践した。勿論、医者たちと私自身も、誠意をもって十分にそのことを表明してきたが、心底では対等の関係を信じていないことを、彼女が態度で明らかにした[34]。

彼女は、精神病患者の人間性を、人の目に見えるようにした。ガイタは「彼女の純粋の愛は、実践の中で、その真実性が証明されていた」と言った。また、彼の主張によれば、私たちがある人を愛すべき人物だと思うようになるのは、他の人びともそのように思っているのが分かるからである。「子どもたちが自分の兄弟姉妹を愛するようになるのは、自分たちが両親の愛に包まれているのを見ているからである」。刑務所の看守は、囚人が愛している人と一緒にいるところを見た後は、その囚人に対する態度を変えるという。これは、親切になるとか、人びとを好意的に見るというのではなく、物事をありのままに忠実に見ることの表れである。

聖書では、神の真理の反対は悪魔で、嘘の生みの親である。悪魔の嘘は、決して、真実を意図的に出し渋ることや、また判断ミスをすること（これらは政治家の口癖だが）に本質があるのではない。また、悪魔が些細な嘘をつくというのでもない。悪魔の虚偽性の本質は、神と、アダムとエバとの間に、疑いと不信の種を蒔くことにある。悪魔は二人が神を疑うように仕向ける。その名前サタンは、「告発者」を意味する。聖書では、大きな声が次のように言う。「我々の兄弟たちを告発する者が投げ落とされた」（黙示録一二10）。クリスチャンにとって、大罪は、人びとを冷酷に見ること、彼らの人間性の良いところに眼を閉じること、彼らが犯した過失を責めて苦しめることである。

私たちは、人びとを慈悲深く見ないと、正しく見れない。アイリス・マードック（注・アイルランド出身の英国の哲学者・作家・詩人）は、次のように書いている。「偉大な芸術家は、対象となる人びとを正義と情けの光の中で見る（彼らが、哀れむべき、馬鹿げている、嫌悪感を与える、邪悪であろうとも、そのような見方をする）。彼の視線は、外へ向けられ、これらの人びとの虚偽の総体から離れて、彼らがもつ驚異的な多様性の方へ向けられる。そのような見方は、愛から来るものである[35]」。愛は、注意深い。例えば、『ギリアッド』の司祭は、人びとの特異性、彼らの存在の事実によく目が行き届く。一方、憎しみは、人を現実から遠ざける。そのために、憎まれた人は、現実の人間ではなく脅威を与える全てのものの象徴になってしまう。『戦車の騎手』の中で、パトリック・ホワイト（注・オーストラリアの小説家）は、次のように言っている。ユダヤ人強制収容所の看守は、「囚人が侮辱的行為を受けているのを見て笑うことがあるが、全般的に言って、集合場所では、看守たちはユダヤ人の集団を何となく抽象的に、憎むことができる暗闇にいることを望んでいるように見えた[36]」。

ある日、ラビが学生たちに尋ねた。「君たちは、夜が終わって、夜明けになることがどのようにして分かるかね」。一人の学生が次のように答えた。「遠くに見える動物が、豹ではなくライオンだと分かる時です」。「いや、そうではない」とラビは言った。もう一人の学生が「木が、桃の木ではなく、イチジクの木だと分かる時です」と言った。ラビは言った。「いいや、そうではない。誰かを見て、女性であれ、男性であれ、その人が自分の兄弟姉妹であると分かる時だ。それが出来るようになるまでは、何時であろうとも、夜明けは遠いね[37]」。

従って、聖書の中での真実と虚偽との対立は、単に正確さ、つまり、実際の事情を描写するか否かのことではない（それは重要ではあるが）。もっと重要なことは、神のみ言葉（それは、私たちに存在を与え、栄えさせてくださる）と、告発者の言葉（それは私たちを傷つけ、けなし、みくびる）との対立である。チェスタートンは、「たった一つの罪しかない、それは緑の葉を灰色と呼ぶことである」と言った[38]。

マスメディアは、一八世紀の「啓蒙主義」の典型的な産物である。それは、真実を追い求め、偽善を暴き、失敗を非難する。多くの場合、私たちは、マスメディアの観点から、お互いを見ている。今日、自由なマスメディアが存在していることについて、神に感謝。ウォーターゲイト事件（注・一九七二年六月にワシントンD.C.の民主党本部で起きた盗聴侵入事件に始まった政治スキャンダル。盗聴、侵入、裁判、もみ消し、司法妨害、証拠隠滅などで、ニクソン大統領が弾劾され、辞任した）が明るみに出たことについても、神に感謝。カトリック教会での児童と少年への性的虐待がメディアによって暴かれたにもかかわらず、教会当局が責任ある対応をしなかったことは、苦痛であり恥ずかしい。しかし、メディアが教会の欠点を明らかにしてくれたことについても、神に感謝。そうでなければ、教会は自らの罪に立ち向かうことを強いられることはなかっただろう。メディアによる、アブグレイブ刑務所でのイラク兵士虐待の暴露について、神に感謝。メディアによる暴露がなかったら、このような人権侵害は終わっていなかったかもしれない。

しかしながら、非難と告発が、人びとがお互いを見る主たる方法になるならば、虚偽の状態に引き込まれてしまうだろう。時には、告発しなければならないことがあるが、他の人の善良さが最初に見えるまで、そのようなことはできない。善良な人でも悪いことをすることがある。このような不信に満ちた懐疑的社会では、「啓蒙主義」の限界から解放された、違った種類の報道が必要である。また、違った種類の政治議論―自分の政敵をこき下ろすことが目標ではなく、共通の善について互いに理解し合うこと―が必要とされている。

「天地創造」の原理は、世界が創造されたもの、すなわち、与えられたものであると認識することを教えている。私たちの目を開いて、存在が純粋に無償で与えられていることに気づくよう教えている。何物も、自ら存在する必要はない（注・存在は神から授かる）。一九四四年にカール・ポランニーは、『大転換―市場社会の形成と崩壊』を出版した。著者は、世界の見方の転換を述べている。転換は一七世紀に始まり、それは「商品虚構[39]」の誕生を引き起こした。この虚構では、すべてのもの―土地、労働、水、神によって造られたもの全て―の売買が可能になる。市場経済が、世界を見るフィルターを提供する。財産の所有が、人間の尊厳の基盤になる。財産の権利は、絶対的であり、何でも財産になる。すでに述べたように、私たち自身の体さえも所有されることになる。

ポランニーの著書の出版から六〇年経って、創造されたものの商品化が、急速に進んでいることが分かる。著者は、土地も商品化される筋書きを構想していた。二〇世紀の終わりまでに、多国籍企業が、「知的財産権」という名の下に、大地の産出力までも所有することを求めるとは、彼は夢想さえしなかっただろう。例えば、いくつかの企業が、種子の遺伝因子組み換え技術を買収している。ジェレミー・リフキン（注・アメリカの経済学者・社会学者）によれば、彼らは、「種子を少しだけ変えたり、個々の遺伝子の特徴を取り除いたり、または、新しい遺伝子を種子に埋め込み、その『発明品』に対する特許権を確保する。彼らの目標は、知的財産の形にして、地球上の種子資源のすべてを支配することである」(40)。ジンバブエの大統領が、白人の農業従事者の土地を強引に奪い取ったことに、私たちが憤りを感じるのは尤もなことである。それは、正義に対する罪である。もっと心穏やかでないことは、大地の産出力を私物化することである。それは、創造に対する罪である。

今日、社会は市場化し、私たちは何よりも真っ先に消費者になっている。そのような状況では、世界を別の観点から明瞭に見る方法を、どのように保ち続けることができるだろうか。一つの方法は、祈りを唱えることである。トマス・アクィナスにとっては、祈ることは、とりわけ、「お願いします」と「感謝します」を言うことである。私たちは、神に対して自分たちが求めていることをお願いし、それが授けられると感謝する。このように言うと、何だか子どもじみた生き方のように聞こえるかもしれない。だから、反対の意見として、自分のことは自分で対処すると言えるほどの大人になるべきではないかという声もあるだろう。ここで、私は、ある説教者のことを思い出す。彼は、朝になったが、それまで説教を準備する時間が全くなかった。そこで、創作のインスピレーションが授かることを願って、聖霊に祈らなければならなかった。しかし、もう午後には独力で説教原稿を作り上げていた。そして、もっといい原稿が書ければと思ったほどである。このようにトマスにとって、祈りとは、単に、既にあるものに気づくことであった。彼には、すべてが神から授かる賜物であった。自分が望むことを神に乞い、それを授かれば神に感謝することは、現実の世界に生きていることである。それは、私たちの目を開き、自らの存在が純粋に無償で与えられていることに気づくことである。「thank（感謝する）」の語源は「think（考える）」である。[41] 感謝することは、正しく考えることであり、祈りは、よく考えることを助ける。

トマスにとっては、何かが造られていると考えることは、決して単に目前にあるものを見るというだけではない。それは、将来、成長するように造られているものを見るということである。ドングリの実は、将来、樫の木になる潜在性を秘めている。もし馬を見分ける鑑識眼をもっているなら、仔馬をみて、それが将来どんな馬になる可能性があるかが分かる。神は、ものごとを造られる時、将来、それらが発展し、潜在能力を実現するようにされる。胎児を見ることは、未来の大人になる人間を見ることである。もし、このような観点から世界を見るならば、胎児は今、人間であるとして正しく定義できるか否かは大して重要ではない。私たちが中絶の道徳性を考えている時に、胎児がいつ人間になり始めるかは決定要因ではない。[42] 胎児とはいえ、私たちは、神が、将来に人間に発展させるために造られたものを見ている。人間を見ることは、神に向かうために造られている人を見ることに等しい。人間を造られたもの（単に進化の偶然の産物ではなく）として見ることは、私たちが思いつく以上の目的のために造られている存在を見ることに等しい。もし路上で物乞いをしている年老いた浮浪者を見て、彼が神の国の未来の住民であると見ないならば、それは彼を正しく見ているとは言えない。

私たちが神の計画の中で自分の望みが達成されるように造られていても、それは、今の時点で、自分がどのような人間であるかは、まだ完全には分からないということである。言い換えれば、私たちは、想像も及ばない存在の中で栄えるように造られている。神は、言葉では言い表せない存在である。人間であることはどのような意味であるかを、今でも、少しだけしか垣間見られない。聖ヨハネは言う。「愛する者たち、わたしたちは、今既に神の子ですが、自分がどのようになるかは、まだ示されていません。しかし、御子が現れるとき、御子と似た者となるということを知っています。なぜなら、そのとき御子をありのままに見るからです」（Iヨハネ三2）。

従って、もし私が人間を正しく表そうと思えば、目前に見えることだけを表すだけでは不十分である。今は、必ずしもすべて示されることができないもの、すなわち、言葉の端端にだけ垣間見れるものに向かって、私たちは思いを馳せている。真実を語ろうとする思いは、しばしば、詩の世界に私たちを駆り立てることがある。実際、トマス・アクィナスは、中世において最も優れた詩人の一人であった。また、シェイマス・ヒーニー（注・北アイルランド出身の詩人・作家）は、ディラン・トマスのある詩について、次のように描写している。詩は、「我々が何らかについて予知できる方向に向かっているという感覚」を与える。[43] ヒーニーは、続けて言う。「我々は詩を読む時、文学の分野に進み、ついには自分の世界に入り込む。詩の最高の利点は、ある特定のことを予見するに近い経験をさせてくれることである。既に我々がそれを思い起こしているように思える」[44]。この先見する内容は、後に記憶する内容となる。このような経緯は、ユーカリストの原動力を示唆している。なぜならば、ユーカリストも、思い起こすことであり――「わたしの記念としてこのように行いなさい」――また、言葉では表現できない未来を予見することでもある。

とは言っても、他の人びとは、キリスト教の教義を受け入れなければ、私たちが目指していることが分からないという意味ではない。実際、ガイタの目が開いたのは、精神病院の修道女の信仰を受け入れないままに、彼女の振る舞いを見たからである。彼女は、どのようにして患者に誠意をもって接するかを、日頃の実践によって彼に示した。数百万人のヒンズー教徒が、死を迎えている人たちに対してマザー・テレサが示した思いやりに感動した。彼らは、クリスチャンでなくても、死を迎えている人びとを新たに違った目で見ることができた。そして、他の宗教も、私たちが世界をよりよく見るように私たちの目を開かせるかもしれない。

私は、これまで、政治家、ジャーナリスト、タクシー運転士、会計士、ひいては司祭にとって誠実であるとは、キリスト教的な意味でどういうことだろうかについて述べてこなかった。その理由は、複雑な世界では、単一で単純なモデルはあり得ないからである。教会が努力しなければならないことは、人びとの考え方が刷新され、視界が明瞭になるような時間と場所を設けることである。不信と疑念の精神風土、メディアによる執拗な告発、消費優先の精神構造、これらすべてが、人びとに重くのしかかり、私たちの認識を歪めている。托鉢修道士として、トマスの真理追及は、規則正しい祈り、沈黙、勉学からなる日課の中に組み込まれていた。私たちには、余暇、沈黙、感謝のあるオアシスが必要であり、そのような環境の中で、文字通り正気に返り、自分の視界をはっきりさせることができる。そう言えば、聖書に放蕩息子の例がある。彼は、「我に帰り」、自分が誰であるかを思い起こした。自分は父の息子であることを再認識した。

引用文献

（1）Much of the material in this chapter derives from lectures given in Westminster Abbey.

（2）*The Nicomachean Ethics*, trans. H. Rackham, Harvard 1934, bk4, chapter 7.

（3）Quoted by Sissela Bok, *Lying: Moral Choice in Public and Private Life*, New York 1989, p.32.

（4）*Romulus My Father*, Melbourne 1998, p.148.

（5）Letter of 21 September 1758, *Collected Letters*, ed. Jack Lynch, Oxford 1904.

（6）*A Question of Trust: The BBC Reith Lectures* 2002, Cambridge 2002, p.73.

（7）*Liquid Modernity*, Cambridge 2000, p.70.

（8）Quoted by Sissela Bok, *op.cit.*, p.145.

（9）The survey was conducted by the Josephson Institute of Los Angeles.

（10）Cf. Denys Turner, *Faith Seeking*, London 2002, p.13.

（11）Rodney Stark, Eva Hamberg and Alan S. Miller, 'Exploring Spirituality and Unchurched Religion Religions in America, Sweden and Japan,' *Journal of Contemporary Religion*, Vo.20, No 1, 2005, p.19.

（12）Chesterton fans fight bitter battles as to when Chesterton said this and what were his exact words.

（13）Quoted by Paul McPartlan, 'The Same but Different: Living in Communion', in Bernard Hoose, ed., *Authority in the Roman Catholic Church: Theory and Practice*, Aldershot 2002, p.156.

(14) De Consensu Evangelistarum IV. 10.20, Laugingen 1473.

(15) 'L'Incroyant et les chrétiens: fragments d'une exposé fait au couvent des Dominicans de Latour-Maubourg en 1948' *Actuelles* 1, Paris 1965, p.372.

(16) *Law, Love and Language*, p.164.

(17) *Confessions* 1, Chapter 16.

(18) *Op.cit.*, Chapter 4, note 30, p.130.

(19) *Silence and Honey Cakes: The Wisdom of the Desert*, p.70.

(20) *Granta*, Issue 31, 1990, p.98f.

(21) *Whose Justice? Which Rationality?* , London 1988, p.357.

(22) *Status Anxiety*, London 2004, p.214.

(23) *After Virtue*, London 1981, p.78.

(24) *Truth and Truthfulness: An Essay in Genealogy*, Princeton 2002, p.1.

(25) 'The Mercy of Mr. Arnold Bennet', *Fancies vs. Fads*, London 1923.

(26) *Multiple Echo*, London 1979, p.8.

(27) 'Authors, Authority and Authorization', in Bernard Hoose, ed. *Authority in the Roman Catholic Church: Theory and Practice*, Aldershot 2002, p.59ff.

(28) E.g. *De Veritate*, art. 1, quoting *De Anima*, III, 8. 43lb 21.

(29) Quoted by Raimond Gaita, *A Common Humanity: Thinking About Love and Truth and Justice*, London 2000, p.224.

(30) Unpublished lecture by Suzanne Noffke OP, cf. Chapter 5, note 13.

(31) *Waiting on God*, trans. Emma Crauford, London 1959, p.169.

(32) Fergus Kerr OP, *After Aquinas: Versions of Thomism*, Oxford 2002, p.39.

(33) *Confessions* xiii.34.

(34) *Common Humanity*, p.18.

(35) *The Sovereignty of Good*, London 1985, p.66.

(36) London 1996, p.192.

(37) Sean D. *Sammon, Religious Life in America: A New Day Dawning*, New York 2002, p.95.

(38) *The Collected Poems of G.K. Chesterton*, London 1933, p.326.

(39) Boston 1957, p.73.

(40) *The Age of Access: How the Shift from Ownership to Access is Transforming Modern Life*, London 2000, p.66.

(41) John Ayto, *Bloomsbury Dictionary of Word Origins*, London 1990, p.526.

(42) St Thomas taught that ensoulment did not occur at conception, and though abortion was sinful prior to ensoulment, it was not homicide.

(43) *Redress of Poetry*, p.141.

(44) *Ibid.*, p.159.

第七章　私が存在するのは私たちが存在するからである

「ディオゲネトスへの手紙」は、クリスチャンについて次のように言っている。「彼らは、自分たち自身の国々に住んでいるが、滞在者としているだけである。市民としては、彼らは他の人びととあらゆるものを分かち合っているが、まるで外国人であるかのように、あらゆることに耐えている」。これは、新約聖書に時々見られるような言葉である。特に、「ペテロの手紙Ｉ」の場合は、そうである。この手紙は、「ポントス、ガラテヤ、カパドキア、アジア、ビティニアの各地に離散して仮住まいをしている選ばれた人たち」（一1）に宛てられている。また、次の引用からも明らかなように、ペテロが言っていることは、単に、彼らが本拠地から遠く離れて住んでいるというだけにとどまらない。「愛する人たち、あなたがたに勧めます。いわば旅人であり、仮住まいの身なのですから、魂に戦いを挑む肉の欲を避けなさい」。更には、「ヘブライ人への手紙」は、私たちの先祖が、「地上ではよそ者であり、仮住まいの者」（一一13）として生きたことを述べている。従って、クリスチャンであることで他の人びとと違っていることの一つは、私たちは、現世では必ずしも完全には心が安らいではいないということである。私たちは、ある意味では、仮住まいの身である。T・S・エリオットの詩『東方の三博士の旅』（注・キリスト降誕の際に贈り物を携えて来た）では、彼らは、イエスの誕生を見て、それぞれの国に戻るが、もはや、心の安らぎはない。

我々はそれぞれの生活に戻ってきた。それぞれの王国に戻ってきた。
だが昔のままの世界の中で、もはや安らぎは得られなかった。
各々の偶像を握りしめた異邦人に囲まれている。
私は次なる死を喜んで迎えるだろう。(1)

この詩は、何を意味するのだろうか。例えば、私たちは、旧世界のヨーロッパに戻ることを夢想しているイタリア人やポーランド人移民と似ているのだろうか。私たちは、以前とは違う場所にいるので、仮住まい感覚をもっているのだろうか。いや、必ずしもそうとは言えない。クリスチャンとして、自分たちは、神の国に行けば完全に安らぐであろうと信じている。しかし、その感覚は、例えば、イギリスに住んでいるオランダ人が、自分たちは本来ならオランダ王国にいるべきなのだと感じているのとは違う。神の国は、決して、人がいつの日か戻ることを願っている地球上のどこか遠くに隠された場所ではない。それは、キリストを通してすべての人間が結束するという意味である。「コロサイの信徒への手紙」では、

すべてのものよりも先におられ、すべてのものは御子によって支えられています。また、御

子は、その体である教会の頭です。御子は初めの者、死者の中から最初に生まれた方です。こうして、すべてのことにおいて、第一の者となられたのです。神は、御心のまま、満ちあふれるものを余すところなく、御子の内に宿らせ、その十字架の血によって平和を打ち立て、地にあるものであれ、天にあるものであれ、万物をただ御子によって、御自分と和解させられました（一17―20）。

キリストは、創造物すべてを、ご自身のもとに集められ結束させるお方である。従って、私たちの帰郷は、すべての人類に戻ることである。

この地球村では、多くの人が自分がどのような人間であるかを理解する方法の一つは、国籍の観点である。確かに、イギリス人であること、アイルランド人であること、ケニア人であること、インド人であることは素晴らしい。愛国心をもつこと、自分の国家、種族、民族集団の一員であると感じることは結構なことである。しかし、私たちクリスチャンにとって、このようなアイデンティティの指標は、私たちがどのような人間であるかを知るには、究極的にはその数が少なすぎると思われる。そのようなアイデンティティの指標は、人びとを一緒に集めるという意味では包括的であるが、他者を排除するという意味では排他的である。数世紀にわたって、イギリス人であるとかアイルランド人であるという大きな誇りと喜びは、自分たちは、それぞれ、フランス人ではないとかイギリス人ではないということであった。国民としてのアイデンティティは、単に国を愛することに基盤があるだけではなく、他人に対する恐怖心と敵意にも基盤がある。キリスト教の主張では、私たちが究極的に栄え、完全に自分自身になることができる唯一の共同体は、キリストを通して集まっているすべての人間社会である。クリスチャンが、ある意味で、仮住まいの者と言われる理由は、他人とは違う場所に属しているというよりも、むしろ、特定の場所ではなくあらゆる場所に遍在されているキリストのところで心が安らいでいるからであろう。トマス・マートン（注・アメリカのカトリック教会シトー会の修道司祭）がカトリック教徒になった時、次のように書いた。「今、私は、神の命と霊という引力の絶え間ない動きの中に入っている。その引力は、私たちを、神ご自身の無限の深遠さに向かって引きつける。神のやさしさは限りがない。神は、どこにでもおられ、その外周が見えない中心的存在であり、私を見つけて、その広大な深遠の中から私に声を掛けてくださった[2]」。神のもとでは、誰も端にいることはない。なぜならば、神の中心は広く、その外周がないからである。そのような神の広大さの中で、私たちは誰もが完全に心が安らぐことになるだろう。

このように、クリスチャンは、誰も排除されることのないホームを願っている（自分でそれを選ぶ以外は）。「第二バチカン公会議」では、教会が「秘跡」であると言われた。それは、「神との絆、及び、全人類の結束のしるしと媒介のことである[3]」。ラテン語の原典を英語に訳すると、教会は、人類の結束の「一つの」しるしのことであり、必ずしも唯一のしるしではない。また、神は、教会の中だけにおられるのではない。すべての秘跡が、キリストを通して人間の究極的な結束を指し示している。ハーバート・マッケイブ修道士の主張によると、例えば、「洗礼は、教会の所属会員になる秘跡ではない。それは、教会そのものの一員になることである。それは、人類の一員になる秘跡である」。洗礼は、私たちと他の人びとを分断するすべてのものに背を向けることを意味する。私たちが向かうのは、それぞれの小さいアイデンティティの狭い枠を超えたところである。私たちの両親は、神から私たちを賜物として受け取った後、多分、それとは気づかずに、私たちを他の人びとに捧げている。それ故に、純粋にナショナルチャーチという考えを、私は理解することができない。その考えには自己矛盾があるように思える。まるで、一国だけで競い合うオリンピックゲームのようなものである。教会は、人類が親類関係にあることを示するしであるべきである。それ故に、初期のクリスチャンはお互いを「兄弟」「姉妹」と呼び合ったのである。

自分のことを神の国の民であると考えることは、どのような意味になるのだろうか。それは、何だか曖昧で、血が通っていないように聞こえる。まるで、先述したジェリビ夫人の「望遠鏡的博愛」、つまり、彼女が何となくアフリカ人全般を愛しているという表現のように漠然としている。エリック・ホッファーは、自分の隣人を愛するよりも人間全般を愛する方が易しいと言った。エドマンド・バークは、ジャン・ジャック・ルソーのことを話題に挙げて、「彼は、人類仲間（kind）を愛していたが、自分の親戚（kindred）を嫌っていた」と言った(4)。次の二章では、キリストを通してすべての人類の一員になることは、どのような意味であるかを示唆するつもりである。そのようなアイデンティティは、私たちの人生をどのように特徴づけるだろうか。

リチャード・ロー[5]（注・フランシスコ会修道士）は、ストーリーには三つのレベルがあると述べている。先ず、「私のストーリー」があり、自分のことを語り、自分のアイデンティティ感覚を明らかにするストーリーである。二つ目は、「私たちのストーリー」であり、これは、グループ―例えば、種族、国家、ひいてはサッカーのクラブ―が、そのメンバーであることがどのような意味をもつかを探求するために自らのことを語るストーリーである。三つ目は、創造から神の王国にまで至り、神が造られた万物のための目的を語る「究極のストーリー」である。このように私たちには、三つの段階のアイデンティティがあり、具体的には、個人としてのアイデンティティ、特定の共同体の一員としてのアイデンティティ、神の国の民としてのアイデンティティである。以下では、上記の三つのストーリーを使って、これら三つのアイデンティティ間の関係を考察していくことにする。

「私たち」と言うことを学ぶこと

それから、イエスはたとえを話された。「ある金持ちの畑が豊作だった。金持ちは、『どうしよう。作物をしまっておく場所がない』と思い巡らしたが、やがて言った。『こうしよう。倉を壊して、もっと大きいのを建て、そこに穀物や財産をみなしまい、こう自分に言ってやるのだ。「さあ、これから先何年も生きて行くだけの蓄えができたぞ。ひと休みして、食べたり飲んだりして楽しめ」と。』しかし神は、『愚かな者よ、今夜、お前の命は取り上げられる。

お前が用意した物は、いったいだれのものになるのか』と言われた（ルカ一二16―20）。

このたとえ話は、まったく自分のことしか考えていない男に関するものである。彼が独り言で、（注・英文では）「私」「私の」を一二回も使っている。「あなた」と言う時も、依然として自分に対して話している。彼の頭の中には、他に誰も存在していない。突然、神の声が、「愚かな者よ」と言って、彼の自己陶酔的な心の監禁状態をこじ開ける。この声は、批判的で厳しく聞こえるかもしれないが、それは彼の心を解放しているとも考えられる。実際、神の判断には、いつもそういうことがある。神は、この金持ちの男の愚かな自己中心主義の壁を取り払われる。男は、その壁の穴を通り抜けて白日の下に出るか、または、孤独のまま内に留まっているか、どちらかを決断しなければならない。彼は、「私」中心的発想から脱して、どのようにして「私たち」と言えるかを学ぶことができるだろうか。自由とは、前章で見たように、聖カタリナが言う「自己中心主義の雲」から解放されることである。自己中心主義は、自分が世界の中心であるという幻想に個人を縛りつける。

このような自己中心主義から意識的に抜け出すことは容易ではない。それは、意識的に無意識の状態になろうとするようなことである。もし自然に感情のままに振る舞おうと固い決意をしていると、いつも堅苦しくぎこちなく見える。私は、これまでダンスに何度も失敗しているが、その原因は、自分を意識しないようにする中で、逆に意識してしまい、自分を音楽にゆだねることができないからである。イエスが示されるたとえ話がしばしば効果的なのは、私たちが、それにショックを受け、自分のことだけに気をとられている状態から脱することができるからである。律法の専門家が、イエスに「わたしの隣人とはだれですか」と尋ねる。イエスは、「善いサマリア人」の話をされる。サマリア人は、旅をしている時に、道路際に倒れている人に出くわす。その人は追いはぎに襲われていた。祭司やレビ人がやって来たが、彼は無視されたままであった。イエスは、律法の専門家に尋ねられる。「さて、あなたはこの三人の中で、だれが追いはぎに襲われた人の隣人になったと思うか」(ルカ一〇36)。律法の専門家は、自分を中心にした質問をしていたので、イエスは、彼に衝撃を与え、彼の世界の中心から脱出させる意図で、このたとえ話をされた。

このように、舞台の中心を放棄することは、屈辱的なことである。これまで、私たちは、キリスト教はどのような違いを引き起こすかについてほのかな徴候を察知しようとしてきた。キリスト教の初期の時代では、正解は、謙虚さであっただろう。しかし、謙虚さは、当時、異教徒のローマとギリシアからは軽蔑されていた。アリストテレスにとっては、それは悪徳であった。謙虚であることは、卑しく、軽蔑すべき、敬意に値しないことであった。キリスト教は、このような見解をどんでん返しして、謙虚さは典型的なキリスト教的美徳であり、一方、自惚れは最大の悪徳であると宣言した。

キリスト教的謙虚さは、決して、自分は卑しむべき虫けらのような存在であると感じることではなく、自らに対して適切な敬意の念を抱くことである。ジーン・ルイ・ブルーゲス修道士は、謙虚さは自尊心に代わるキリスト教的用語であると言い、「謙虚さがあるお陰で、私は心が安まり[6]」、現在の自分に満足している。それは、競争心からの解放であり、また、自分を他人と比較して優劣をつけたくなる衝動からの解放である。謙虚さは、自分ができることに対して適切な希望を抱かせ、自分ができもしないことを幻想することから私を解放する。ある日、バーミンガムの大司教ウィリアム・アラソーン（一九世紀の偉大なベネディクト会修道士）が、謙虚さについて何かよい本があるかと尋ねられた時、「一つだけある。私がそれを書いた[7]」と答えたという。

『地獄篇』の最初の章で、ダンテは、次のように告白する。「恐怖に押し潰されるあまり、私は高いところへ向かう望みを失った」。謙虚さは、私たちに勇気を取り戻させてくれる美徳であり、同時に、自分は何者であり、神の恵みがあればどのような人間になれるかを現実的に理解させてくれる。だから、高いところへ向かって出発しようと、彼は言う。『悪魔の手紙』の中の老悪魔スクリューテープは、真のキリスト教的謙虚さが、自分の目的（注・若いクリスチャンのイギリス人を誘惑し堕落させる計画）にとっていかに危険であるかをよく理解している。彼は、甥の見習い悪魔に次のように書いている（注・老悪魔は、イギリス人を騙して、自惚れをもたせ、堕落の道に追い込もうとしているがうまくいかず苛立っている。何とかして謙虚な気持ちを捨てさせようとしている）。

君は、あの男（注・本では「患者」と呼ばれている）から謙虚さの真の目的を隠さねばならん。

彼に、謙虚さとは無私無欲の徳であると思わせてはならん。謙虚さは、ある種の自己評価、つまり、自分自身の才能について低い評価であると思わせなければならない。(中略) 数千の人間どもが、これまで謙虚さについて、次のように考えるように慣らされてきた。美しい女性は、自分が醜いとか、頭のいい男は自分が愚か者だと信じるようにしてきた。(中略) この男は、自分が下手な建築家とか詩人であると考えようとしているが、むしろ、神は、彼が自分のことを勝れていると考え、その後は気にとめないよう望んでいる(8)。

ノエル・カワード(注・イギリス人の俳優・脚本家)は、友人に随分と久しぶりに会って言った。「僕たち二人のことを話す時間がないので、僕のことだけ話そうよ」。謙虚さとは、舞台の中心を占めたいという衝動から解放されていることであり、お互いの話し合いの中で役割を果たすが、それは必ずしも主役になるということではない。映画『恋するシェークスピア』では、最初のリハーサルの後、俳優たちがパブに出向き、興味深い新作『ロミオとジュリエット』について語り合うシーンがある。乳母役の女優は、子どものジュリエットの世話をするから、自分が主役であると言う。薬剤師役の俳優は、作品が薬剤師の話であるから、自分が主役であると言う。托鉢僧役のローレンスでさえも、托鉢僧一般に連想される謙虚さを忘れて、自分が作品の中心であるという。謙虚であることは、時には、端役、通行人役を演じることに満足することである。日常生活でも同様に、美徳は、自分が必ずしもスターではない現実の世界に住むことである。

過去二〇〇〇年間の大部分では、謙虚さは、中心的で解放的な徳目としてキリスト教で受け入れられてきた。いつまでもブラッド・ピットやグウィネス・パルトローのような主役である必要がないことは素晴らしいことである。しかし、一七世紀以来、謙虚さは、その存在価値が薄れ、認知されようと闘ってきている。少し単純化して言えば、デカルト以来、ヨーロッパ文明は、人間についてある特定の解釈をする傾向が続いている。すなわち、人間は単独の存在であり、自分が存在しているという確信は、自己認識に基盤があるという見方である。「我は思う。故に、我は存在する」とデカルトは言った。とは言え、最近では、「我は買い物をする。故に、我は存在する」と言う人もいるかもしれない。この場合の自己は、本質的には、自己認識のことである。私の自己認識こそが、私が何者であるかの確信の基盤になっている。これは、現代の西洋的な個人認識であり、自律的で単独的である。それは、「機械の中の亡霊」（注・第六章に既出）であり、不安定であり、（前章で見たように）懐疑的で、不信的である。それは、人間が相互に関係のない、独立した存在であるという解釈である。チャールズ・テイラー（注・カナダの政治哲学者）は、それを「点としての自己」と称した。(9) つまり、バラバラ状態の自己認識の点どうしが何とかお互いに接触しようとしている。そのような社会では、謙虚に振る舞うこと——自己中心主義から解放——を勧めることは、恐ろしいほどの精神的自殺行為のように思われる。それは、あたかも無私無欲の奈落に落ち込み、誰も自分をそこから救ってくれないような状況に思える。

かつて、ある男が、有名なラビ（ハシディズム派のレベ）に手紙を書いて、自分は深い不幸の中にあると言った。「私はレベ（注・世襲的ラビ）のお助けを乞いたい。私は、毎日、悲しく不安な気持ちで目を覚まします。私は集中できません。私は祈ることも難しいと感じます。私は戒律を守っています。しかし、私は精神的満足感を得ることができません。私はユダヤ教会に行っています。しかし、私は一人ぼっちの感じです。私の人生に何の意味があるのかと思い始めています。私はお助けが必要です」。レベは、男からの手紙の各文の最初の語に下線を引いて送り返した。それは、すべて同じ語の「私」である。[10] これが、孤独な現代の西洋人の不幸の原因である。

アフリカの文化を見ると、私たちは自分自身を違った目で見るべきであるという気になる。人間性について、アフリカにはただ一つの概念しかないと考えるのは短絡的であり、同様に、人間性について、ただ一つのヨーロッパ的、または、アジア的認識しかないと考えることも、短絡的である。しかし、本質的には、この問題は、ジョン・ムビイティ（注・ケニア人のキリスト教神学者、哲学者）が言った表現「私が存在するのは、私たちが存在するからである」に集約できる。[11] ズール語で言い換えると「人は、人びとがいるお陰によって人となる」である。人のアイデンティティは、決して単独で得られるものではない。それは、内省によっても、人間関係の繋がりから断絶することによっても、自分で自分のことだけを考えることによっても、見つかるものではない。アイデンティティは、自分の共同体―家族、氏族、種族、国家―の一員であることによって与えられる。私たちは、共同体の中に統合されることによって、自分の立場を受け入れ、自らの役割を果たすことによって、はじめて人となる。ディビッド・クーパー（注・南アフリカ生まれの精神科医）は、次のように書いている。「バントゥー言語体系に属するチチェワ語の話者の間では、公に紹介される前に死亡した幼児は、弔問や葬式なしで埋葬される。子どもが人となるのは、母親の元を離れて人前に現れる時であると確信する人たちもいるほどである。[12]クーパーは、イフィニャ・メンキティ（注・ナイジェリア人詩人、哲学者）を引用している。「人間性は、達成されるべきもの、すなわち、道義的に達成されるべきことであると見なされている。それ故に、まだ他の人びとと道義的な関係に入っていない幼児の身分は、疑いもなく、人のそれではない」。

このような共同体に基づくアイデンティティ感覚は、特有の危険をはらんでいる。それは、小さな村で大きくなった人にはよく知られていることである。人によっては、当然のこととされる認知が与えられないことがある。例えば、女性としての役割、または、特定の少数民族グループの一員としての役割が抑圧されるかもしれない。では、まだ生まれていない子どもの身分はどうなるのか。残念ながら、人間性に関するデカルト派の解釈は自己認識に基盤があるが故に、それは、胎児の人としての身分を認めない。

しかし、「私が存在するのは、私たちが存在するからである」という信念は、西洋の人びとに、もっと孤独でなく安定したアイデンティティ感覚を再発見するよう勧めている。聖大アントニオスは、アフリカに住んでいた砂漠の師父だけでなく、西洋の人びとの精神的な指導者としての先達の一人であったが、彼の言葉によると、「私たちの生と死は、隣人と共にある」。この言葉は、人間性は究極的には相互関係に基づくという理解に、私たちを引き戻す。これは、決して西洋の人びとにとって異質な考えではない。三位一体（一人の神と三つの位格）の秘跡、すなわち、真の相互関係を明確に表現するには苦労があったが、それによって、西洋社会は、人間であることはどういうことであるかについて、創造的で新しい理解に到達する一助になった。三位一体の位格を特徴づけるものは、神のチーム（創造主、救世主、聖別者）として、それぞれが違う別々の役割をもっているのではない。三つの位格は、相互関係にあり、互いに存在を与え合っている。西洋社会では、人間が相互の関係から成り立っているという理解が弱くなったが、ひょっとすれば、その原因は、三位一体の教義が私たち共通の意識の中心から外れてしまったことかもしれない。或いは、その逆のケースであったかもしれない。私たちが、人間性は相互の関係に基盤があると理解することを止めた時、三位一体の教義は、奇妙な天上の数字のように見え始めた（注・詳細は『なぜ教会にいくの』の第一幕冒頭を参照）。

では、私自身は、他人に飲み込まれず抑圧されることなく、共同体の中で、つまり、人間関係の中で、どのようにして自分のアイデンティティを見つければいいのか。共同体について語る時、つまり、「私たちのストーリー」を語る時、私個人のストーリーが入る余地が残されているのだろうか。共産主義とナチズムが例証したことは、もし個人が大勢の人に吸収されればどんな不幸が起こるかであった。このことを、違った次元の言葉で言い換えると、「私たちのストーリー」と「私のストーリー」との適切なバランスを、どのように保つかということである。かつての「冷たい戦争」は、急進的な個人主義と残虐な全体主義（ファシストであれ共産主義であれ）との闘いであった。前者は、現代の単独的な西洋人のストーリーを絶対化し、後者は、グループのストーリーを絶対化した。更に、個人の絶対化か、または、個人の根絶かのどちらかしかなかった。ところで、サッチャー首相は、「社会のようなものは存在しない。個人の男女と家族がいるだけである」と言った（注・インタビューでの発言。要点：人びとは、何か問題があると政府や社会に救済を求める。人はもっと個人主義的になるべきである）。

他の人びととの会話を通して、自分がどのような存在であるかを知る。クワメ・アンソニー・アッピア（注・イギリス人哲学者、小説家）は次のように書いている。

私が自分自身のアイデンティティを徐々に認識するようになってくるのは、幼児の時から始まって、他の人びとが私をどのような人物であるかを理解していくことと歩調を合わせて起こる。私たちは、この世に生まれてきて、（シェークスピアが優しく表現しているように）「乳母に抱かれて泣いたりおっぱいをもどしながら」育っていき、人間としての個性を身に付けていく。ただし、それには、必ず他の人びととの交流の中で個性を発展させる機会が必要である。アイデンティティが明瞭に表現されるのは、宗教、社会、学校、国の影響を受けて形成される様々な認識と実践を通してである。また、そのような認識と実践は、家族や、仲間、友人たちからの影響も受けている。(13)

私が自分のことが分かるのは、他の人と一緒にいる時である。私が、包括的な単一の「私たち」共同体に属することはあり得ない。ユニークな個性をもつ私は、あらゆる種類の共同体の一部である。例えば、家族、学校、趣味、スポーツに基づく共同体、更には、民族性、性的嗜好、年齢に基づく共同体がある。私たち各人は、様々な共同体を基盤とした、複数のアイデンティティをもっている。それを上手く使いこなしながら、確固たる全体的アイデンティティが生まれる。いつ、どちらのアイデンティティを優先させるか。フットボールをするために出かけるべきか、兄貴（弟）の誕生日パーティーに参加するべきか、聖体拝領に行くべきか。私のアイデンティティの輪郭は、違ったグループから求められる様々な要求について私が行う選択を通して、明らかになってくる。

例えば、ドミニコ会修道士になるとか、または、結婚するという vocation（注・神の導きによる行動）に入る場合、それは、すでに自分が関わっている諸々のグループ―地区のダーツクラブや政党―のほかに、新たに属するグループが一つ増えるという意味ではない。vocation は、私たちは他のすべてのアイデンティティ感覚を集約し始め、完全な道を目指すホームでなければならない。他のそれほど重要ではない所属関係とは違って、vocation においては、「私たち」の一部になることは―結婚や修道院での天職、専門職へ加入する場合―自己認識にとって基本的要件になる。

私が修道会に入った時、いつも「私たちドミニコ会修道士」と言うように教わった。例えば、私たちは、一二二一年にオックスフォードに辿りついた（私は、一九四五年生まれだが）と言う。また、私たちは、現在、エチオピアに大学を創設中である（まだイギリス人のドミニコ会修道士は関わっていないが）と言う。この修道会のメンバーであることは、私のストーリーが、私の希望し、予測したとおりには展開しないことを求めることがある。当時、多分、私は中国で宣教活動をし、後に、オックスフォードで教えるよう要請される（または、順序が反対）ことを望んでいたと思う。私は、修道会が決めた優先事項のために、私のものを犠牲にしなければならないことがある。これは、私が修道士仲間の一人であることを受け入れているという意味である。

チャールズ・ディケンズによる『ドムベイと息子』では、ドムベイは、後継ぎの息子について、次のように言う。「息子の前途には偶然性や疑いは何もない。生まれる前から、彼の生き方は、明瞭で準備周到で、顕著であった」[14]。ドミニコ修道会は、修道士のために計画を練り、私たちの仲間が望むことをするために私たちを遣わす。しかし、子どものドムベイと違って、私は、このような計画を巡って展開する会話に参加する。次のようなジョークがある。「神を笑わせたければ、神にその計画を知らせなさい」（注・ユダヤ人ジョーク。よく練った計画でも、思い通りにはいかないことがある。発想の原点は、神は、すでに我々各人のための計画をもっている）。私の仲間も同感であろう。しかし、私は、自分の人生のストーリーの唯一の主体者ではなく、全く予期しないことを受け入れなければならないこともある。しかし私は全く受身であるのではない。お互いどうしの会話を通してこそ、私たちのストーリーと私個人のストーリーが明瞭に述べられることになる。

もし仮に私が修道会の一員であることを、自分の計画に役立つと考えるとすれば、私はよい教育を受け、学者になる機会が与えられるだろう。だから、ドミニコ会修道士であることは、私には役立つ。そうなると、私はどこにも所属することがなくなるだろう。自分を仲間のために捧げることもなかっただろう。しかし、もし仮に私が自分を修道会というチェス盤の上をあちこち動かされるポーン（歩）のような存在と考えるならば、確固たる「私」はいないだろう。このようなことは、決して修道会と私との妥協の問題―時には私の思い通りになり、また時には私が引き下がる―というのではない。修道会は、私が栄え、自分が仲間の一人として、自分がどのような人間であるかを発見できて幸せになる共同社会である。もし仮に修道会が私たちの個性を踏みつけることがあれば、それは、もはや修道士仲間の共同体ではなくなり、ロボットの共同体になってしまう。更には、修道会の一員であることによって、私は、仲間の目には私がどのような人間に映っているのかも分かる。もし仮に私が自分は第二のトマス・アクィナスとか聡明な研究者であると錯覚していたら、私の仲間が私をそのような幻想から目覚めさせてくれるだろう。まさに私があるのは、私たちがいるお陰である。同時に、私たちがいるのは、私たち各個人がいるからである。

聖ドミニコの初期の生活は、『教会仲間の生活』という本に見られる。この本は、ドミニコ修道会の初期のメンバーたちの回想録を集めたものである。聖ドミニコの生涯を書くに際して、彼を中心的人物として描くことは適切と考えられなかったからである。彼の秀でた才能は、修道士が、真に「仲間たちの一員」として栄えることができる修道会を創設したことであった。

ヨハネによる福音書の第九章には、視覚障がい者の話がある。それは、どのように適切に「私」と言うかを学ぶ男の話である。この話は、以前に紹介した男がラビに宛てた手紙にあったような自己中心的ではなく、人間としての尊厳をもって「私」と言う話である。物語の冒頭で、弟子たちは、この男の話をするが、彼に話しかけない。イエスだけが話しかける。彼の目が見えるようになった時に、近所の人びとは、口々に「これは、座って物乞いをしていた人ではないか」とか「その人だ」とか「いや違う。似ているだけだ」と言うが、彼には話しかけない。ついに彼は「私がそうなのです」と言う。その後、彼はファリサイ派の人びとのところへ連れて行かれる。再び、彼らはこの男のことをあれこれ話すが、彼には話しかけない。彼らは、彼の両親を呼び出し、尋ねる。両親は彼のことを話すことを拒否し、次のように言う。「本人にお聞きください。もう大人ですから。自分のことは自分で話すでしょう」。そして、彼は自分のことを力強く話し始める。クライマックスとして、彼は、「主よ、私は信じます」と信仰の告白をする。これは、彼が自分自身の声を見つける話でもある。彼は、会話の流れに流される受動的な存在であることを止め、自ら人びとに話す主体になる。まさに、これは「彼の」ストーリーである。男は、グループの一人、イエスの弟子の一人になることによって、「私」と言い、自分のことを語るようになる。それだから、彼は「私たち」と言えるのであり、その逆も言える。「私」と「私たち」のどちらかが絶対的に優勢であるのではなく、相互補完している。

会話を介してこそ、私たちは、共同社会のストーリーと個人のストーリーを語る方法を見つける。そのような会話には、必然的に、当惑や抵抗を感じる時があるだろう。実際、他の人びとは、私が自分についてもっているイメージを受け入れないことがある。これは、個性のある人間になる苦しみである。ウオールター・デイビスは、次のように書いている。「個性は、決して、玉ねぎの層を芯が現れるまで剝がしていくことによって、発見するものではない。個性は努力して産み出す誠実さである[15]」。実際のティモシィ・ラドクリフはどのような人間だろうか。それは、決して私の心の隠れた中枢でもなく、私が内省することによって見つけなければならない深い秘密の内部にある特質でもない。自分がどのような人間であり、また、どのような人間になることを求められているかを知るのは、修道士仲間や友人と交流することによってである。彼らは、時には、私の能力を自分が思っている以上に評価してくれたり、或いは、その反対の評価をしていることが分かる。

会話の中で、自分の人格が耐えがたいほど拒絶されることが起こるかもしれない。例えば、もしある人が、女性であるが故に、または黒人、ゲイ、貧しいが故に、侮辱的な扱いを受けるかもしれない。その場合、私たちは、新しい会話の方法への転換、すなわち、当人が自らの立場を主張できるような異なった会話スタイルに進展していかなければならない。ローワン・ウィリアムズは次のように言う。「我々は競争なしで成長するわけではない。しかし、お互いを認め合わず、お互いを必要としない競争は、残酷で自滅的である[16]」。以前に述べた視覚障がいの男の話の中で、ファリサイ派の人びとは、頻繁に「我々」と言う。「我々は、神がモーセに語られたことは知っているが、我々はあの者がどこから来たのかは知らない」。イエスと視覚障がいの男性を排除するのは、共同体としてのアイデンティティ感覚の表れである。ファリサイ派の人びとは、「『お前は全く罪の中に生まれたのに、我々に教えようというのか』と言いかえし、彼を外に追い出した」。イエスの存在は、彼らの共同体に対する挑発である。彼らは、視覚障がいの男が「私」と言える共同体になるように、自分たちの本質を新たな目で見直すべきであると迫られている。換言すれば、彼らは、変革するべしと迫られている。これは、新しい会話の方法への転換を意味する。

教会は、私たちが—教区の中であれ、家庭であれ、地域社会であれ—会話することを学ぶ場所であるべきである。そうすることは、私たち各人が「私」といって自分のことを語る一助となる。なぜならば、会話の中で、「私たち」と言うことを学んだのだから。また、「私」と「私たち」の順序が反対になるケースもある。このような段階になると、私は、何かに属するという冒険をすることができる。現代のヨーロッパの人びとは、どこにも所属はしないが信仰をもっている。特に、若い人びとの特徴は、神に対する深い渇望をもっているが、彼らにいろいろと要求するいかなる制度—国家、教会、政党など—には不信感をもっている。所属することは、自分たちが大事にしている自律性に脅威を与えると、彼らは考えている。つまり「私たち」が、心もとない「私」を消滅させると疑っている。しかし、クリスチャンの共同体は、例の視覚障がいの男のように、私たちが、自信をもって「私」と言える場所であるべきである。

従って、聖職者が気をつけるべきことは、人びとに「向かって」話しかけたり、「共に」話すことよりも、どのようにして彼らのことを話題にするかである。実際、若者や、離婚者、同性愛者、女性、信徒のことが話題になる傾向がある。様々な意見が発せられ、時には、それが彼らに向けてなされることがある。しかし、会話に参加している人びととは違って、彼らの声が聞かれる機会が必ずしもあるとは限らない。教会は、神の無条件の歓迎の心遣いが具現化される場所であるべきである。すなわち、教会は、何人も、認知されるために闘う必要がない場所であるべきである。個性が伸び伸びと倫理的に成長するのは、（中略）何よりも自らを弁護する必要がない時や、よそよそしく思える環境にあっても、自分の立場を明確にしたり、自らを主張する必要がない時である。[17] 教会では、しばしば聖職者が会話を独占し、使用語彙や通用言葉を決めることがある。そうなると、教会の「私たち」は抑圧的になり、息詰まりそうになり、人びとは、いわば、呼吸するために闘わなければならなくなる。不慣れな言葉を使わない静かな声を聞くことができる静寂の時を作らなければならない。例えば、イエスが視覚障がいの男と話されている時は、弟子たちは静かにしている。そのような状況で、イエスは男が発言するようにされる。私たちも、他の人びとが発言するようにしなければならない。自分の言い分が誰にも聞かれていないと感じる人は、当然のことながら、少しいらいらした声を発するだろう。

私たちは、私たちに希望を与えるストーリーを生きている。つまり毎年、典礼を祝っている。これは、キリストの生誕を待っている降臨節から、イエスが遂に来られる年末にまで至る。本書では、これまでは、このストーリーのドラマティックな核心部にのみ集中してきた。すなわち、洗足木曜日から復活祭まで、エルサレムにおけるイエスの最後の日々を中心に話を進めてきた。一年の多くの時期は、「通常の期節」と呼ばれている。これは、やや退屈な表現であり、あたかも、一つの典礼から次の典礼まで、単に待っているだけのように聞こえる。つまり、「通常の期節」は、クリスマスと顕現の楽しい時期と復活祭前週のドラマの間の部分と、そして聖霊降臨祭と年末の部分を埋めるだけであると考えるだろう。

そのように考えるのは間違いである。「通常の期節」は、人間であることにとって基本的なことを祝う、すなわち、自分を超えたところに向けて造られていることを祝うものである。それは、キリスト教の目標を示すのに貢献している。私たちは、お互いを補完するために造られており、単独では栄えることができない。更に、私たちは、神の国に向かって行くために造られており、そこで最終的に、私たちは共に栄える。この章で考察してきたことは、まさに、私たちはどのようにお互いを補完するために造られているかであった。次の章では、あの絶対的な共同体、すなわち、誰一人として排除されることがない神の国に向かって、私たちはどのように造られて相互に関わり合っているかを見ることにする。

教会は、人が普通であること、つまり相互に関わり合っているという喜びを発見する共同体であるべきである。神は、シエナのカタリナに次のように言われる。「私は、すべての人がすべてのものを得るように人間を造ろうと思えば、そうすることができた。しかし、違った人に違ったものを与えるほうを選んだのは、彼らがお互いを必要とするためである」(18)。大司教たちは、別称で

「ordinary」（注・文字通りでは「普通の」という意味）と呼ばれるのは、彼らが退屈な存在であるからではなく、私たちがお互いに関わり合う方法を学ぶことができる共同体を育てる日常的な職務をもっているからである。一八世紀には、この語は、また、メッセージを配達する人（初期の郵便配達員の相当語）としても使われていた。彼らも、地域社会の交流には不可欠であった。「通常の期節」の典礼色は緑である。なぜならば、それは、私たちが共に栄えることを学ぶ季節であるからである。

私が居住する場所の道路の一〇〇ヤード先に、次のような掲示がある。「世界は、あなた方のような普通の人びとによって変えられる」。今、恥ずかしい思いで告白すると、私は、かつてこの表示の横を通る度に苛々していた。なぜ私が普通であると分かるのかと苛立った。ひょっとすれば、私は注目に値する人間であるかもしれないではないかという自負心があった。掲示は、私には上から目線のように思えた。世間には、自惚れからセレブ的人間になりたいと思う人びとがいるだろうが、教会は、そのような欲求を超えたところに私たちを集め、舞台で主役を演じたいという衝動から私たちを解放する共同体であるべきである。実際、教会では、私たちは普通である喜びを学ぶことができる。そうは言っても、退屈なとか、凡庸であるという意味の「普通である」ではなく、お互いに向き合い、生気を受けとるという普通のことをする意味である。

トマス・マートン（注・カトリック教会の厳律シトー会トラピスト会修道士）は、数年後に修道院を離れて、初めて地方の町を訪れた時、彼が出合った人びとの精神的美しさと善良さに深く感動した（注・『なぜ教会に行くの』にも引用されている個所。引用は、マートンが修道院で自らの心にある悪魔と闘い、自分と正直に向き合った苦行の後に日記に書いたことばである）。

人類の一員であることは素晴らしい運命である。人間は多くの愚行や、とんでもない間違いを犯すが、それにもかかわらず、神ご自身が、人類の一員になることを称賛された。人類の一員とは何と陳腐な表現だろう。そんな陳腐なことに気づくことは、突然、自分が宇宙の当たりのくじ引き券をもっていることに気づいたような感覚である。誰もが太陽のように輝いて歩いている。しかし、そのことを彼らに伝える方法がない。（中略）この町には見知らぬ人びとがいない。（中略）もし私たちが、いつの時も、お互いのありのままの姿を見ることができれば、どんなにすばらしいことか。そうすれば戦争、憎しみ、残忍性、貪欲はなくなるだろう。（中略）私たちは跪き、お互いを敬愛することだろう。（中略）天国の門はどこでも開かれている。[19]

教会は、普通であることの美点が明らかになる共同体であるべきである。なぜならば、神には中心となる場所はどこにもあり、周辺部はどこにもないので、きっと誰もが疎外されていると感じないだろう。

エルサレムへの道中、弟子たちは、自分たちのうち誰が最も偉いのかについて議論する。ゼベダイの子ヤコブとヨハネが前に進み出て、イエスに願う。「栄光をお受けになるとき、わたしどもの一人をあなたの右に、もう一人を左に座らせてください」（マルコ一〇37）。ヤコブとヨハネは、最高の仕事を得て、栄光に浴したいと思っており、自分たちは他と競争することから超越していたいと思っている。彼らは、普通の、「ありふれた」使徒になりたくない。しかし、イエスは、次のように言われる。「わたしの右や左にだれが座るかは、私の決めることではない。それは、定められた人びとに許されるのだ」（マルコ一〇40）。そして、実際、イエスが十字架につけられて地上から引き上げられる時、名誉の席にいるのは、私たちが名前さえも知らない二人の普通の盗賊である。

引用文献

（1） *The Complete Poems and Plays of T.S. Eliot*, London 1969, p.104.

（2） Monica Furlong, *Merton: A Biography*, London 1980, p.79. Merton is quoting Allan of Lille here.

（3） *Lumen Gentium* 1.1, *Vatican Council II*, ed. Austin Flannery OP, Dublin 1996, p.1.

（4） Quoted by Kwame Anthony Appiah, *The Ethics of Identity*, Princeton 2005, p.221.

（5） Richard Rohr and Joseph Martos, *The Great Themes of Scripture*, Cincinnati 1987.

（6） *Les idées heureuses*, Paris 1996, p.33.

（7） The Earl of Longford, *Humility*, London 1970, p.14.

（8） *Screwtape Letters*, p.72.

(9) *Sources of the Self*, Cambridge 1989, e.g. p.169.

(10) Jonathan Sacks, *Celebrating Life: Finding Happiness in Unexpected Places*, London 2000, p.47.

(11) David Cooper, 'I am because we are', *TLS*, 29 April 2005, p.5.

(12) *Ibid.*

(13) *Op.cit.*, p.20.

(14) *Dombey and Son*, Oxford 1991, p.139.

(15) *Inwardness and Existence: Subjectivity in/and Hegel, Heidegger, Marx and Freud*, Madison 1989, p.105, quoted by Rowan Williams, *On Christian Theology*, Oxford 2000, p.139.

(16) *On Christian Theology*, p.243.

(17) Rowan Williams, *ibid.*, p.250.

(18) Dialogue 7.

(19) Furlong, *op.cit.*, p.184.

第八章　神の国の民

前章では、個人的アイデンティティと、幾つかの共同体（家族、種族、国家）のメンバーとしてアイデンティティとの関係を見てきた。もしその共同体が健全ならば、個人的アイデンティティを抑圧することはないだろう。その場合は、「私が存在するのは、私たちが存在するからである」と言える。教会は、人が自信をもって話すことができる共同体であることによって、私たちが栄えることを助けるべきである。しかし、教会は、私たちが所属する地域のダーツ（注・手投げ矢）チームや国家に加えて、単にもう一つのおまけの共同体ではないことを主張している。教会は、キリストを通して人類の一致を表す秘跡である。しかし、それはどういう意味であろうか。

クリスチャンは、しばしば「連帯 solidarity」という語を使って、人間の共同体に所属している感覚を表現する。ヨハネ・パウロⅡ世は次のように言った。「市場がグローバル化すればするほど、それと釣り合いをとるためには、最も脆弱な立場にある人びとのニーズを優先する連帯の文化を育むことがますます必要となってくる(1)」。「連帯の文化」とはどのようなものだろうか。「solidarity」という語は、一九世紀初期のフランス語に語源があり、その意味は、イギリス人のような敵に対抗してフランス人が連帯することであった。それは、「彼ら」に対抗して「我々」という、排除に基づく連帯感であった。また、ファリサイ派の人びとの「我々」が、イエスと視覚障がいの男に対抗したケースがある。アラビア語には次の格言がある。「私は兄に対抗し、私と兄は従兄弟に対抗し、私の従兄弟と兄と私は世間に対抗する」。しかし、誰をも排除しない連帯感はあるだろうか。対抗することによって自分のアイデンティティを定義できる「他者」がいない場合は、どうなるだろうか。いったん憎む対象となる「他者」がなくなれば、人のアイデンティティ感覚は危うく感じられる。いったん共産主義が倒れてしまったら、西洋社会は、心配になって別の敵を探し始めた。

自らをカトリック教徒と呼ぶことは、神の国という普遍的な共同体に所属して、身分証明となるものを受けとることを意味する。それは、人を排除することに基づくアイデンティティを拒絶する。従って、もし私たちがカトリック教徒であることを表明する時、例えば、プロテスタントではないと言うと、ある種のパラドックスが起こる。どうすれば、誰をも排除しないアイデンティティをもつことができるだろうか。あるいは、そんなことをしようとするのは全く無意味なことだろうか。ベネディクト・アンダーソン（注・アメリカの政治学者）は、著書『想像の共同体』[2]の中でナショナリズムについて書いている。それによると、人は、あるイメージによって、国家のような大きなものに属しているという感覚をもっている。例えば、アメリカ人である感覚の発端は、アンクル サム（注・政治漫画などでは星を並べた模様のシルクハットをかぶり，赤と白の縞ズボンをはいた、あごひげのある長身の男の姿で表される）が、イギリスというライオンの尻尾をつまんで引いているという有名なイメージであった。では、イエスを通して結ばれた人の共同体の一員であることを、どのようなイメージで考えればいいのだろうか。黙示録は新しい天と新しい地について述べているが、全く新しい考えなので私たちはイメージがつかめない。

人によっては、人間全体との一体感を表すのに、比較的小さいアイデンティティをすべて排除することがあった。トルストイは、愛国主義を「馬鹿げており非道徳的」であるとして描写した。また、バージニア・ウルフ（注・イギリスの女性小説家）は、『三ギニー』の中で、「現実離れした忠誠心からの解放」について、次のように書いている。「そのようなものからの解放とは、まず最初に、愛国心のプライドを捨て去ることである。次いで、宗教的プライド、大学のプライド、学校のプライド、家族のプライド、性のプライド、そして、これらが生じる現実離れした忠誠心を捨てることである(3)」。このことが示唆していることは、人間という最大の共同体との連帯感を主張する唯一の方法は、より小さい他のグループ全てとの一体感を否定することである。仮の話だが、私個人は、人間の共同体との連帯感を理解するために、私の家族、国、恐らく、ドミニコ修道会との一体感を捨てるというケースも考えられるが、これは極端で、何もかもぶち壊すようである。もし私たちが、比較的小さなものへの忠誠心によって支えられることができなくても、人間全体との連帯感をもつことができるだろうか。例えば、心が安まる小さな家がなくても、地球村で心が安まることができるだろうか。

マイケル・イグナティエフ（注・カナダの政治学者、政治家）は、素晴らしい著作『他者の必要性』の中で、新しい用語を見つける必要性について書いている。「今日では、兄弟愛、帰属感、共同体のような語は、郷愁とユートピア的理想に満ちている。従って、これらの語は、現代社会において真の連帯感を育む指針としては、もはや役立たない。現代的生活が、市民としての連帯感を育む可能性をすべて変えてしまい、私たちの言葉は、山のような古いスーツケースを運搬しているポーターの足どりのように、よろけている(4)」。

そこで、私は、人間の共同体への帰属意識を表現する三つのことを提案する。まず最初は、人間の結束を歪めているすべてのことを拒絶することである。人びとの苦しみに立ち向かうことは、より深い人間としての近親意識を引き起こす。二つ目に、社会で崇拝されてはいるが、私たちが共に栄えることを徐々に蝕む間違った偶像—限りない欲望の高揚、私有財産の絶対視、金銭の神聖視—の正体を明らかにすることである。そのような偶像崇拝を拒絶することによって、私たちは、崇拝する真の神のもとで一体化することができる。最後の三つ目に、私たちクリスチャンは、人間の共同社会の結束は、共通の言葉に根差していることを信じている。そして究極的には、すべての人間が共に心が安らぐ言葉は、キリストの言葉、すなわち、神の包容力あるみ言葉である。私たちは、単に福音書だけでなく、面識のない人びとにも心配りをして自らの心を、み言葉に向けて開く。

彼らは人間ではないのですか

私たちが神の秘められた御業に近づく一つの方法は、虚像を崩すことである。このような方法は、神学上では、「否定論法」（注・「神は〜ではない」という否定表現で神を語る方法）と呼ばれる。私たちは、神ではないものを見つけることによって、神の秘跡に徐々に近づく。神は何であり、どのような存在であるかは見えないかもしれないが、神は、決して、強大な権力をもっている存在――例えば、宇宙の統治者、万物の最高執行責任者CEO――ではないことが分かる。同様にして、人間共同体の一員であるという感覚を得るには、その感覚と矛盾することに反対することである。卑劣な非人間性や苦しみを経験すれば、直ちに、お互いに連帯感をもつことの重要性をいっそう深く意識するようになる。キリスト教の信仰は、神が唯一の存在であるように、人類が集められて結束すると主張している。しかし、それはどのような結束であろうか。ジンギス・カーンは、一神教に訴えて、彼が帝国に押しつける専制的結束を正当化した。「天には一つの神だけがおり、地上には一つの主、神の子であるジンギス・カーンがいる」。しかし、彼の帝国は、神が人類を一つに結束するように計画されたことが最も見事に実現した例であると誰もが同意したわけではないだろう。私たちが人間の連帯感を理解し始める一つの方法は、その連帯感が欠如していることを痛切に感じる時である。

例えば、スペイン人の征服者が、イスパニョーラ島の先住民に遭遇したケースを考えてみよう。

ロジャー・ラストン（注・神学者、人権運動推進者）によれば、「現代は、人権の時代である。その先駆けとなったと考えられている出来事は、コロンブスの最初の上陸から一九年後、一五一一年一二月の第二日曜日に起こった。礼拝がイスパニョーラ島（現在のドミニカ共和国）(5)の急ごしらえの教会で行われた。コロンブスの後、間もなくして到着していたドミニコ修道会の托鉢修道士たちは、先住民の残酷な奴隷化に深くショックを受けた。そして、修道士たちは、アントニオ・デ・モンテシノスが、日曜日の説教の中で、スペイン人征服者に彼らの罪を突きつけて挑もうとしていることに同意した。彼は、キリストの声を代表して話していると主張した。

この声は、あなたたちすべてが、神から見て許しがたい大罪を犯していると言っています。また、このような罪のない人びとに対する残酷性と圧制のために、あなたたちは、これからも罪の中で生き、死ぬだろうとも言っています。教えてください。一体、あなたたちはどのような権限、どのような正義があって、これらインディオの人びとをこのように残酷でおぞましい奴隷状態にしているのですか。どんな権威があって、自分たちの土地で穏やかに平和に暮らしてきたこれらの人びとに対して、あのような忌まわしい戦いをしかけたのですか。あなたたちは、未曽有の死と破壊でもって、非常に多くの人びとを滅ぼしてきたのです。彼らは人間ではないのですか。彼らは、理性的な魂をもっているではないですか。あなたたちは、自分自身を愛するように、彼らを愛するべきではないですか。あなたたちは、こんなことが分からないのですか。事態を把握できないのですか[6]（注・この引用は『なぜ教会に行くの』にもある。著者によれば、スペイン人征服者たちは、キリストにあっては、自分たちがこれら先住民の人びとと近親関係にあることの意味を理解できなかった）。

説教者モンテシノスは、スペイン人征服者が、これらの先住民をいかに不当に扱っているかを理解していないことにたいそう驚いている。しかし、これらの修道士たちが事態を理解した理由は、多分、スペイン人たちに人間性が欠如していたからであろう。このような理解がきっかけになり、人間は誰もが奪うことができない権利をもっていることをあらためて理解するという目覚ましい発見になった。それは、クリスチャンであるか否かとは無関係である。スペイン人移住者たちが、インディオの人びとの人権を理解していないというおぞましい事態が原因となって、修道士たちも初めてそのことが理解できた。このことは、例えて言えば、私たちが内臓のことを認識するのは、それが痛み始める時である。

同様にして、二つの世界大戦の大量殺戮は、一九四八年の国際連合の創設と、世界人権宣言に至った。西洋文明の大失態は、私たちが人間の共同体のメンバーであることの意味をあらたに感じさせることになった。もう二度と、あのような愚かなことは御免だ。領土を求める血なまぐさい戦いというナンセンスは、国家が国境を変えるために戦争に走る愚行であった。私たちは、今でも、ホロコーストの問題に取り組んでいる。やっと二〇〇五年になって、命を奪われた人びとの追悼記念館が、ベルリンの中央に建てられた。人びとが生活している都市の中央に死者を追悼する寒々とした厳粛な記念館がある。それは、人類がお互いに兄弟姉妹であることの意味を新たに考えさせられる。私たちの連帯感は、決して再びこのような不幸を許さない。

二〇〇四年のクリスマス直後に起こったインド洋津波（注・スマトラ沖地震に伴う）では、私たちが犠牲者の人びとと繋がっているという認識が非常に高まった。それは、単に、死んだ人の数が多いことが理由ではない。実際、もっと多くの人が、ダールフール（注・スーダン西部）紛争で死んだ。あの時の津波は、信じられない速度で押し寄せ、不意に人びとを巻き込んだのである。津波は、直ちに、私たちが未知の危険に晒されやすいことの象徴になった。津波により、私たちの注意は広範囲の不安定感に向けられた。何しろ、壊滅状態がインドネシアからアフリカの東海岸まで広がり、遠く離れた人びとを共通の災害に巻き込んだのである。それは、熱帯の楽園、私たち西洋人が訪問を夢想する場所に住んでいる人びとを襲った。この場合は、楽園が破壊した。世界中から訪れていた人びとが亡くなり、世界規模の援助が寄せられた。慈善団体が恐れたことは、このような援助のために、他の目的のための資金が減少するかもしれないことであった。例えば、アフリカへの支援が被害を受けるのではないかという恐れがあった。実際には、そのようなことにはなっていない。多くの慈善団体で分かったことは、津波の結果、逆に、他の目的への支援が増えたということであった。津波によって、私たちは、お互いに繋がっていることを一層深く認識するようになった。

私たちの先祖が最初アフリカを離れた時に始まった地球規模の変化の過程は、新しい次元に達した。私たちは、即時コミュニケーションの世界に生きている。地球の反対側にいる人たちと簡単にチャットができる。今朝、カイロにいるイスラム教徒の友人とジンバブエのドミニコ修道女からeーメールがあった。フランシス・フクヤマは、『歴史の終焉』（第一章を参照）という本を書いた。そしてリチャード・オブライエン（注・イギリスの経済学者）は、『地理の終焉』[7]（注・新しい工学や規制緩和により、最早、地理的条件が金融において重要でないことを論じている）を書いた。これらは、私にとって素晴らしい喜びの源であり、私たちの終末論の期待を予想するような内容である。イエスがサマリアの女性に会った時、神を礼拝する場所は、彼らの山でもなければエルサレムでもないと言われ、将来、「霊と真理をもって」父を礼拝する時が来ることを約束される。キリスト教は、様々な神殿崇拝の宗教から私たちを解放し、三位一体の命へ招く。「神の国では、中央があらゆるところにあり、周辺はどこにもない[8]」。そういう意味では、サイバースペースは、キリスト教の約束が少し実現したもののように見えるかもしれない。

しかし、実際にはそうではない。そのことを知るためには、私たちの社会の裏側を考えればよい。社会は、麻薬取引（利益は石油の利益を超えている）と犯罪組織（それは世界を支配するようになるかもしれない）によってつながっている。マヌエル・カステル（注・スペインの社会学者）によれば、「問題は、我々の社会が犯罪組織を排除することができるか否かではなく、むしろ、逆に犯罪組織が、我々の経済や制度、日常生活の大部分を最終的に支配するか否かの問題である[9]」。恐らく、ロシアでは犯罪者が勢力を伸ばしているかもしれない。

地球上の貧しい人びとが、あちこちで犯罪経済に吸い込まれている。「彼らは、犯罪的、軍事的、政治的エリート集団から食いものにされ、第一次産物、石油、鉱物、安い熟練技術、身体、身体の一部分、麻薬、異国情緒と恐怖の幻想を世界に供給する。代わって、彼らが供給されるものは、武器、タバコ、アルコール、余剰の食糧、そして支援である。このような事態は、絶対にあってはならない。私たちは、こんな状態を許してはならない(10)」。映画『恵み溢れるマリア』は、アメリカとコロンビアの共同制作である。それは、生活のために、コロンビアからアメリカへ麻薬の運び屋になる一七歳のマリアの話である。彼女は、コカインの詰まったコンドームを呑み込まされる。もしそれが胃の中で破れたら、彼女は死ぬ。もし捕まれば、投獄されるであろう。もし麻薬を運ぶことができなければ、殺されるであろう。彼女の仲間の一人が病気になると、ニューヨークの麻薬業者が、彼女の命よりも価値がある麻薬を取り戻すために、彼女の腹を引き裂く。しかし、マリアにとっては、このような生き方は、彼女自身と生まれてくる子どものための自由と安全を得る唯一の方法である。

そのような世界では、教会としては、彼らと人間性を分かち合っていることを示すために、どのようなしるしを提供すればよいのだろうか。まず最初に、人間の苦しみを和らげる施策を講ずる必要性を主張することができる。人間すべてが一つになるとはどのような意味であるかは、私たちには分からないかもしれないが、少なくとも人間性を徐々に蝕むものに反対することはできる。二〇〇五年五月に、英国の一五〇〇人の宗教関係者が集まり、「貧困を過去のものにする」運動を支持して、議会でロビー活動を行った。すべての人類の六分の一が極貧の生活をしている。また、英国の宗教関係者の六分の一が抗議に参加した。約二万人が、毎日、貧困のために死ぬ。こんなことはあってはならない。七〇年前、世界大恐慌の時、西ヨーロッパとアメリカ合衆国で、ほぼ同率の人びとが極貧の生活をしていた。これはやむを得ないと言う人が多くいた。彼らは、イエスの言葉を引用した。「貧しい人びとはいつもあなた方と一緒にいる」。イエスは、きっと、この言葉が間違って解釈されていることを度々嘆かれるであろう。しかし、このような極貧は、事実上、西洋からはなくなった。人びとは、そうならないだろうと言っていたが、実際、そうなっている。

二〇年前、アジアの人びとの半分以上が極貧であった。今日、インドと中国の経済は栄えている。極貧の率は一五パーセントにまで下がっている。しかし、その間に、極貧のアフリカでは、事実上、倍増している。勿論、こんなことはあってはならない。クリスチャンの最初の義務は、今、我々の同胞に起きていること、すなわち、彼らの苦しみについて認識をもち続けること、二つには、このような事態は看過されるべきでなく、あってはならないと主張することである。[11] 教会は、地球上で最も世界規模の組織である。どこで苦しみがあろうとも、そこには教会がある。アフリカにおけるすべての医療の四分の一以上が、ローマカトリック教会だけで行われている。キリストの体の一部として、私たちは、世界の遠隔地の人びとの苦しみを、単に統計上の数字として考えてはいけない。これらの人びとは、私たちの同胞である。聖書には「同胞に助けを惜しまないこと」（イザヤ書五八7）とある。

しかし、実際に現地に行き、自分の目で実情を見ていないと、彼らとお互いに繋がっているという感覚を維持するのは難しい。頭だけでは統計を理解できない。統計は膨大過ぎて、私たちは実情を想像できない。毎日、二万人が死んでいることを、とても想像できない。飢えで膨れた腹をした子どもたちが、食べ物を求めて空の器を差し出している写真を次から次と見ていると、私たちに免疫ができてしまう。私たちは、いわば「同情疲労」になり、同情の気持ちが徐々に低下し、顔を背ける。問題の大きさの故に、絶望的になり後ろめたく感じる。私たちの想像力が人間どうしの繋がりによって刺激を受けるようにするには、ほかにどのような方法があるだろうか。

「あなたには、わたしをおいて他に神があってはならない」

神は、イスラエルの人びとをエジプトでの奴隷の身分から解放し、自由をもって礼拝するようにされた。彼らの解放の土台となったものは、偶像崇拝を捨てたことであった。十戒の最初は「わたしは主、あなたの神、あなたをエジプトの国、奴隷の家から導き出した神である。あなたには、わたしをおいてほかに神があってはならない」（出エジプト二〇2f）とある。聖書では、主たる戦いは、不信心に対抗するよりも偶像崇拝に対抗することである。一人の真の神に属することを通して、イスラエルの人びとは、お互いどうし一緒になることができる。私たちは、人類の結束と貧しい人びとの苦しみについて切迫感を持ち続けることはできないかもしれないが、この地球村を歪める偶像の正体を明らかにし、それを崇拝することを拒否できる。そのような偶像は三つある。それらは、限りなく欲望を高めること、私有財産を絶対化すること、金銭を神格化することである。欲望、私有財産、金銭そのものには何も悪いところがない。それらは正真正銘の財である。しかし、私たちの社会の中で見られるように、もしそれらが絶対的なものと見なされるならば、それらは偶像になり、それらを崇拝することは、人類の家族を破壊することになる。それらは、おぞましい「三悪」であり反宗教的である。

最初に、限りなく欲望を高めるという偶像崇拝を採りあげよう。それは、先ほど挙げた三つの偶像の父とも言うべきものである。トマス・アクィナスにとって、四つの基本的美徳の一つは、節制であった。これは、あまり心躍るような徳には思えないが、平安と幸福、つまり、バランスのある生活にとって必要である。節制が基本的な美徳である理由は、それが、生きていくのに基本的なこと―食事、飲み物、セックスに対する欲求―に影響するからである。これらは、満足感を与える欲望である。しかし、もしそれらに対する欲望が度を越すと、私たちの生存を脅かすだろう。既に述べたように、初期の時代のドミニコ会修道士たちは、ぶどう酒を飲むことが好きであった。詩編一〇四には、神は「人の心を喜ばせるために」私たちにぶどう酒をくださったとある。それは健康にとってもよい。しかし、ぶどう酒への欲求に限りがなくなれば、健康と幸福感が破壊されるであろう。同じことが、食事とセックスについても言える。節制によって、私たちは欲望を満足させることに快感をもち続けることができる。私たちが食事、飲酒、セックスを楽しむことができるのは、欲望が度を越さず、それに溺れていないからである。

節制は、人間が栄える一助になる。ただし、それには、自分の体の状態に応じて、自分の欲望を健康的な程度にまで高める必要がある。大食漢とは、自分の欲望と実際の体との関係を無視した人のことである。トマスは、決して、生物的モーターを動かすために、最小限の身体的欲望を満足させるだけで十分であるとは言っていない。実際、ぶどう酒を楽しむこと、その味を純粋に楽しむだけのためにそれを飲むことはいいことである。欲望を満足させる楽しさをじっくりと味わうためには、節制を働かせて、目まぐるしい生活の中で小休止することは必要である。マーガレット・アトキンズは、節制とチョコレートに関する素晴らしい記事を書いている。「私たちは、ゆっくりと時間をかけ、黙々と楽しんでいること（例えば、ベルギーチョコを食べていること）に、注意を払い節制することは滅多にない[12]」。節制は、欲望の暴挙を戒める。なぜならば、破滅的になりかねないからである。中世での地獄の描写では、悪魔（サタン）が大きな口をもち、とろんとした目つきで、次から次に何もかも呑み込んでいる姿をしている。悪魔自身も、このような発作的な暴食を全く楽しんでいない。

市場経済は、グローバリゼーションの主たる動力であるが、その誕生は、欲望が節制という中庸の精神から独立したことと一致する。その結果、欲望は限りなく奨励された。一七一四年、バーナード・デ・マンデビル（注・オランダ生まれのイギリスの精神科医で思想家）が『蜂の寓話』を出版した。[13] この本は、このような新世界の特徴を表していた。彼の主張によれば、人びとができるだけ多くを欲求すれば、経済は栄えるというものであった。強い欲求が好ましいとされるのは、それが消費を増加させ、市場を発展させるからである。この本には、欲望は抑えられるべきではないとある。「個人の悪徳は、公益になる」とか「贅沢は百万人の貧しい人びとに職を与え、おぞましい虚栄がさらに百万人の職を生んだ」とある。従って、富裕層は積極的な公的義務を負っていた。それは不節制に金を使うことであった。それによって、経済は成長し続け、貧しい人びとが恩恵を受ける。このような現象は、「おこぼれ効果」と呼ばれるが、実際には、そのような効果はない。

消費社会は、限りない欲望を奨励する。その典型的な中毒は、買い物である。欲望は、私たちの身体的ニーズから乖離している。それは、体から切り離され、体の欲求とは関係がない。消費主義は欲求を継続させ、決してそれを満足させることなく、常時、もっと多くのことを必要とさせる。満足感は、決して充たされることはないか、または、一時的に充たされるだけである。広告は、自分の意識に存在しなかった新しい欲望を引き起こすので、私たちの消費は終わることはない。消費主義は、消費者をつくる。ジグムント・バウマンの主張によれば、必要なものを満足させることから端を発して、欲望を促進することが続いており、今では、第三段階に達している。それは、いっそう現実の世界とは関係がなくなり、私たちのすべての願いを満足させようとする幻想の世界である。バウマンは、次のように言う。

今や、欲望が捨てられる時期にきている。すでにその有効性が終わった。欲望は、消費中毒を現在の状態にしてきたが、もはや先導することはできない。消費需要をその供給と同じ水準に保つには、もっと強力で、もっと多様な刺激が必要である。欲望に代わって、大いに必要とされているのは「願望」である。願望は、快楽原則（注・人間が快楽を求めること、すなわち生理的、心理的な必要を満たそうとすること）を完全に解放し、逆に「現実原則」（注・ひたすら快楽を求めるのではなく、現実の生活に則して、欲求をあきらめること）という障壁を徹底的に排除する。例えて言えば、自然にガス化した物質が、ついに、それを閉じ込めていた容器から解き放たれた。(14)

これから、消費主義の文化が、いかに究極的には破壊的であるかを見てみよう。消費主義は、欲望を私たちの身体的ニーズから切り離し、それを勝手に飛躍させ、私たち自身から遠く引き離し、最終的には、欲望を幻想という非現実に向かわせる。消費主義は、肉体的欲求を満足させることを推奨するけれども、究極的には、反身体的である。節制は私たちを現実に引き戻す、すなわち、身体的存在として本来の私たちに引き戻す。貞節は、その一部である。節制することによって、私たちは、世間では必要であると言われている消費財を批判的に見て、「しかし、自分は本当にこれが欲しいのか。なぜ欲しいのか」と自問するようになる。マーガレット・アトキンズを再度引用すると、「広告は、商品とその本来の目的との関連を絶つことを目標にする。例えば、車はもはや通勤に必要なものではなくなり、むしろ、若くてセクシーな女性の注意を引いたり、レースで砂漠を横断したり、自分の仲間を羨ましくさせる目的になっている。現実とのつながりを絶つことが、企業組織にとって極めて重要である。なぜならば、そうすることが、消費者を絶えず搾取する唯一の方法であるからである。このような組織に対する防御策は、絶えず自問することである。『この消費財は実際には何のためなのか』」。クリスチャンは、絶えず疑問を抱いている人である。不節制な社会は、単に個人の生活のみならず、人間の社会と地球を破壊する。限りなく無節操な暴飲暴食は、他の人びとの最小限のニーズに敬意を示さないだけでなく、地球を食い荒らす。不節制な社会は、上記で挙げた三悪徳の中の第二番目のもの、共通の利益よりも私有財産を絶対化することにつながる。

トマス・アクィナスが住んでいた社会（注・一三世紀中世ヨーロッパ）は、経済的には、現代の社会よりもはるかに単純であったが、彼は私たちに有益な先見の明を示している。彼の知見は、私たちの妄信的な既成概念を批判的に見る一助となるだろう。彼は、私的財産という概念を擁護しているが、それを絶対的な権利としてではなく、有効性の観点からそれを擁護している。もし人が個人的に保管責任のあるものをもっておれば、それを大事にするであろう。ロジャー・ラストンは、一九七〇年代に、アムステルダムで始まった共有自転車制度の例を引き合いに出している。「その趣旨は、ある場所で自転車に乗り、目的地まで乗っていき、そこで誰かほかの人が利用できるように、自転車を置いておくというものであった。しかし、数週間経つと、錆びたフレームとパンクしたタイヤが都市の公共の場所に散在していた[15]」。

しかし、アクィナスの考えでは、私有財産の権利は、自分の所有するものを自由勝手に扱ってよいというのではなく、最終的には共通の利益のために役立てることである。「人は何かを所有する時には、それを自分だけではなく、共通のものとして所有し、それを必要としている人に譲るように心がけるべきである[16]」。従って、個人的に所有するものがあることは、共通の利益のために役立つ。貧しい人が何かを緊急に必要とし、一方、金持ちの人がそれを余剰的にもっている場合、前者は、後者の財を利用する権利がある。なぜならば、神の造られたものは、万人のためにあるからである。従って、私有財産は、「絶対的な」権利ではなく、条件付きの所有権であるという認識が必要である。アクィナスは、聖アンブローズを引用している。「あなたがもっているパンは空腹の人のためである。あなたが仕舞い込んでいる服は裸の人のためである。あなたが蓄えている金銭は、貧しい人を自由にするためのものである」。聖大バシレイオス（注・四世紀の神学者）は、必要以上の財をもっている金持ちの人を、劇場の座席を全部買い占め、他の人に演劇を見させない人に例えている。すべての人間は、造られたものを利用する権利がある。もし誰かが他の人から財を盗んでも、それが命を保つためならば、それは窃盗ではない。「なぜならば、自らの命をつなぐために取るものは、その緊急の必要性のために自分自身のものであるからである[17]」。

従って、私有物は、公共の利益に役立つ限りでは、結構なことである。再びラストンを引用すると、「財に対する個人の所有権は、共通の利益よりも下位にあり、重要度では二次的なものである。個人によって所有されているものは、いつでも公共の利益のために、いわば信託されているようなものである。神の摂理という観点では、私的所有物の目的は、地球上の財が、それを必要としている人に慈愛の気持ちを通して分け与えられることである」[18]。ここで言う慈愛は、寛大さではなく、正義である。

市場経済の発展は、私的所有権に関する解釈が、変化したことを意味した。私的所有権は、貧しい人がどんなに苦しんでいようとも、徐々に、誰も奪うことができない権利になっていった。ひとつの決定的な例は、チューダー朝（注・一四八五〜一六〇三までの王朝）のイギリスに起こった事件、共有地を私有地にする囲い込み（注・領主および富農層が、農民〈小作人〉から取り上げた畑や、共有地だった野原を柵で囲い込んで、羊を飼うための牧場に転換したことをいう）であった。「囲い込みは、富める階級が貧しい階級に対して起こした革命を、自分たちに都合よく命名した表現である。領主と貴族が社会秩序を破壊し、古い法と慣習を、時には武力で、しばしば圧制と脅迫によって、破壊していった。彼らは、文字通り、貧しい人びとから共有地利用の権利を奪い、貧しい人びとが慣習によって長年にわたり自分たちや後継者の所有であると思ってきた家々を取り壊していった」[19]。富裕階級の飽くなき欲望は、共通の利益によって制約を受けることはなかった。

私有財産についての中世的解釈を、今日の複雑な地球規模の経済に押しつけようとするのは愚かなことである。しかし、明確なことは、私たちは、私有財産と共通の利益との関係について、適切な理解力を失ってしまっているということである。まさに狂気の事態は、四〇〇人の最も富裕なアメリカ人たちが、年間で六七〇億ドルもの収入があり、一方、ボスワナ、ナイジェリア、セネガル、ウガンダの一億六千百万の住民の総収入は五九〇億ドルしかないことである[20]。毎年、八〇〇万の人びとが貧困の故に死に、一方、信じられないほど豊かな人びとがいることは、神への冒瀆である。こんな事態になっているのは、私有財産の権利を神格化してきたからである。このような偶像崇拝が、私たちの世界を苦しめている。イアン・リンデン（注・カトリック国際関係研究所の前所長）は、次のように書いている。「私的財産に対する疑いようもない権利、及び、節度なき財政的富が、現代の倫理的ジレンマの核心にあるという結論から逃れることはできない。そのような状態が『自然である』とか、市場経済には必要という考えは抑制されるべきであり、私的財産権を、元来の中世的な制限の発想に戻し、事足りる分を所有する権利と再定義されなければならない[21]」。

私的財産権の拡張的解釈のうちで最も心配なことの一つは、知的財産権という概念が発達してきたことである。第六章で、私は、その概念が大地の産出力にまで適用されていることに言及した。私有財産と共通の利益との最も劇的な対立は、ＨＩＶ陽性の人を治療する抗レトロウイルス剤の特許に関するものである[22]。サハラ砂漠より南の地域にいる数百万の人びとにとって、この薬はとてつもなく高額である。それを入手できないことは、国家全体の将来の存続を危うくしてきた。それなのに、アメリカ政府は、アメリカの製薬会社の特許権の擁護のために闘った。それが数千万の人びとを死に追いやるにもかかわらず。私たちが作る偶像が人間の血液を犠牲にする例として、これほど醜悪なことがあるだろうか。イアン・リンデンの言葉を借りると、それは「特許不道徳行為」であった。二〇〇一年、ドーハで開催された世界貿易機構の会議で、アフリカの国々と彼らの同盟団体であるＮＧＯが、彼らの存続のために闘った。アメリカからの大きな抵抗にもかかわらず、合衆国にいるアフリカ系アメリカ人やＡＩＤ活動家たちによる運動のお陰で、部分的には勝利した。

飽くことなき欲望と私的財産権の絶対化は、この偶像崇拝の三位一体（父、子、聖霊のパロディ表現）の第三番目の要素を生み出す。それは、金銭それ自体が目的であるという考えである。ジグムント・バウマンの主張によれば(23)、私たちの社会は、深い変革の過程にある。私たちは、フォードド・モーターを典型例とする古いタイプの資本主義から移行しつつある。実際、それは、通例、フォード主義と呼ばれる。これは、重工業製品―車、スチール、船舶など―を工業センターで生産することに基盤があった。貧しい人びとが、職を求めてこれらのセンター（ベルファスト、マンチェスター、リリー、ピッツバーグ）に来た。製品は、これらの工業センターから世界中に輸出された。これが示唆することは、資本と労働が、強く相互に結びついていたということであった。両者は激しく対立したが、例えて言えば、仲が悪い年配夫婦のように、付かず離れずのままであった。労働者は給料を必要とし、工場は熟練し安定した労働力を必要とした。フォードが、従業員の給料を倍増した時、その目的は、従業員を工場に引き留めておくことであった。金銭と労働力が、相互依存の関係にあった。しかし、現在は、私たちは新しい世界に入りつつある。バウマンは、それを「流動的現代性」と呼んでいる。そして、世界中のウェブサイトで飛び交っているのは、重量のある製品というよりも、むしろ、標示、記号、情報、ロゴ、ブランド名である。とりわけ、遮られることなく移動しているのは、金銭である。もし労働者が、賃金の引き上げを要求し、落ち着かなくなれば、金銭が動く。政府の中心的な役割は、金銭の自由な流通に役立ち、その流れの障害となるものを壊し、一方、労働側が止めどもなく金銭を追い求めてくるのを阻止する境界線を作ることである。バウマンは、次のように言う。「短い雇用が永続的なものにとって代わる。今では、人はレモンジュースを得るためにレモンの木を植えない(24)」。金銭はもっと流動的になり、土地とか建物のような実体のあるものとの繋がりが減っている。それは、まるで神を真似るかのように、自由に移動し遍在する。

聖トマス・アクィナスは、自分に敵対する人を愚か者と呼んだり、糾弾することは滅多になかった。彼は、人間の理性に敬意をもっていた。自分と意見を異にする人びとの考え方に対してさえも敬意を払った。ただ、一つ例外があった。すべては金次第だと信じている人を、彼は愚か者であると主張した(25)。これは、現代社会が陥ってしまっている愚行である。「愚かな者よ」と神が言われた金持ちの男は、自分の穀物のために新しい倉を建てようとした(注・ルカ一二17―20)。金がものを言う。金銭そのものは、神のごとく、純粋な存在である。何事も金銭に換算でき、逆も真なりである。金銭は純粋に柔軟性があり、そのような観点に立つと何事も理解できる。金銭は非物質的になりつつあり、以前のような金塊の交換価値の関係から離れていっている。ジェレミー・リフキン（ワシントンにある「経済動向研究所」の所長）の主張によると、「このような新しいサイバースペース経済においては、金銭はますます非物質的になっている。毎日、一・九兆米ドル以上の金額が、ニューヨークの電子ネットワーク上で交換されている」。

従って、金銭は、すべてのものの目的であり、人間の努力の究極のゴールであり、絶対的な要求をもった普遍的象徴であり、究極の基準点である。しかし、クリスチャンとして、私たちはそれに盲従することを拒絶しなければならない。換言すれば、金銭は何のためにあるのかを問わなければならない。トマスによれば、公正な人は、適切な額の金銭を請求する。貪欲な人は、いつもそれ以上を請求する。マーガレット・アトキンズによれば、「トマスは、なぜこのようなことが起こるのかと問う。それは人びとが金銭について単純な間違いをし、その目的は、単に、何か他のものを得るための一つの手段にすぎないことを忘れるからである。いったん金銭を手段ではなく目的そのものとして扱うと、それを求める額に制限がなくなる。守銭奴になるのに手っ取り早い方法は、『なぜ』という質問を忘れることである」[26]。これからもどんどん疑問をもち続けよう。金銭の支配に直面した時は、「しかし、なぜ」と尋ねよう。なぜ金銭の絶対的な要求に屈するのか。なぜ金銀からできた偶像に従うのか。金銭は、人類に奉仕するために存在するのか、あるいは、私たちが、その奴隷になるのか。シェークスピアの作品『アテネのタイモン』の中で、タイモンは、金銭について次のように言う。

このキンピカの奴隷めは
宗教を信じる者を結束させたり離反させたり、呪われた者を祝福し、
老いたハンセン病患者を崇拝させ、
泥棒を立身させて、元老院なみの爵位や名誉を与える
とんでもない奴だよ[27]

み言葉の賜物

これまで「否定論法」を通して、人間の親近関係を把握しようとしてきた。実際、スペイン人征服者による先住民への残酷な行為や、二〇〇四年のクリスマスの津波などの苦しみを想像上でも経験することを通して、人間の連帯感をより深く感じるようになれることを見てきた。クリスチャンは、また、人間への連帯感を示すために、貧困の撲滅を目指して奉仕することができる。私たちは、市場の偶像崇拝を拒絶しなければならない。なぜならば、偶像崇拝は、この地球村の広範囲な不平等を正当化し、それはしようがないと諦めさせるように思えるからである。それに対抗して、私たちが人類という家族全体の構成メンバーであることを理解できる、より積極的な方法はあるだろうか。

以前、バージニア・ウルフの言葉「現実離れした忠誠心からの解放」を紹介した。彼女の信念によれば、私たちは、家族や大学、国家に属することから派生する小さいアイデンティティに執

着することから解放されるべきである。すべての人類を受け入れる唯一の方法は、誰にも特権を与えないことである。自分は、諸々の小さなアイデンティティに執着することを超越することを通してのみ、人間の共同社会の一員になることができるという主張である。しかし、こんなことを言うのは、冷淡で、血が通っていないように聞こえる。トマス・アクィナスは、私たちが自分に最も近い人を、誰よりも深く愛すべきことを認めている。つまり、私たちが人びとに示す愛には序列がある。例えば、自分が会ったことがない女性よりも、自分の母を愛するのは自然なことである。しかし、神の恵みによって、私たちの心は更に開かれ、家族への愛という狭い愛から、友人や知らない人びとへの愛にまで広がる。J・S・ハルデーン（注・イギリスの生理学者）は、次のようなジョークを言った。「自分は二人の兄弟のために命を捧げてもいいが、従兄弟のためならば八人が必要だ」。

チャールズ・ド・ゴールは、三六五種類のチーズがある国を治めることが難しいと愚痴を言った（ただし、この数に誤差がある）。不味いチーズを沢山作っていた国はあろうが、フランスが素晴らしいのは、クーロンヌロショワーズ（注・山羊チーズ）から青カビチーズまで多くの素晴らしい個性のあるチーズがあるからである。私たちが求める普遍性は、個性を殺すのではなく、それを評価し、輝かせることである。

私たちは、ただ一般的に漠然と人間を愛するのではない。再度、思い起こすと、『ギリアッド』の中の牧師の言葉があった。「父さんが神に存分に感謝しきれないことは、神が世間から（勿論、母さんは例外だが）隠してこられた素晴らしい輝きが、君の素敵にも普通の顔の中に示されていることだ[28]」。神は、ただ一般的に私たちのことを喜ばれているのではなく、それぞれの個性をもった私たちのことを喜ばれている。エドモンド・バークは、次のように書いている。「まず、小さいほうのグループに愛着をもつ、つまり、社会で自分が属する小さい集団を愛することは、広い範囲に及ぶ人類愛を示すことの第一原理（いわば、萌芽《ほうが》）である。それは、人間関係という環の中の第一のリンクであり、それによって、私たちは、国や人類に対する愛に向かって前進していく[29]」。

正義は、トマス・アクィナスによれば、人びとに、当然の権利であるものを提供することである。しかし、これは、彼らの最小限の権利とは言えない。それは、単にホモサピエンスという抽象的な人びとのための抽象的な正義のことである。私たちは、友人が栄えるためには具体的にどのようなものを必要としているかを知って、彼らにそれを提供する。このように、適切な正義とは、人びとが栄えることを望む時に、私たちが、何を彼らに与えればよいかを認識していることである。リア王は、自らの王たる威厳によって自分に与えられているものすべてを剝奪される。彼が必要とするものは、生物として生きながらえるものだけになる。それ以上に彼は何が必要か（注・反語。それで十分だと敵は考える）。彼は怒って叫ぶ。「必要なんて勝手に言うな[30]」。マイケル・イグナティエフ（注・カナダの政治学者）は、次のように主張する。「リアを『素裸の哀れな、二本脚の動物』（注・第三幕四場）と見なし、必要なものだけを与えることは、彼の尊厳を傷つけている。（中略）人びとを同等に扱うことは、彼らがそれぞれの人間性に相応しく受けとるべきものがある。

あることを否定している。もし我々が抽象的に他人を見れば、彼の個人的・個性的な人間性を見ることはないだろう。その結果、物語に出てくる狼のように、何もかもいっさい呑み込んでしまうことになるだろう。公正さとは、他の人の特異な尊厳を見極め、彼らの美しさに喜びを感じ、彼らのニーズを直観的に理解する想像力のことである。

友情は、お互いの違いに喜びを感じることを教える。科学者たちは、長年にわたり、人種間の様々な違いの理由について議論してきた。なぜ、アフリカ人、アジア人、白人、他の人種は違って見えるのか。違いによっては、明らかに環境的優位さがある。例えば、肌の色がそうである。しかし、他の違いでは、美意識の違いの問題であると信じられることが多くなっている。性的嗜好による様々な違いもある(31)。違ったグループが、何が美しいかについて違った考えをもっていた。そして、それを基にパートナーを選んできた。私たちがお互いに違って見えるのは、人間には、美について幅広い概念が備わっているからである。従って、友情を身に付けることは、他の形体の美を理解するようになることを含んでいる。ここで告白するが、私は世界中を旅行する時、どこにいようとも、いつも人びとの類まれな美しさに驚き、次の大陸に移動するまでは、彼らが世界中で最も美しいと思う。

ニコラス・ラッシュは、次のように言った。「もし仮に、我々と神との関係の真髄と中核を表す簡単な表現を見つけることを求められれば、それは、我々は神との友情を育むことができたということになるだろう。そのような関係では、従属と搾取、支配、暴力、無関心はあり得ない(32)」。

人間同士の連帯感は、すべての障壁を越えた友情が実現することである。しかし、次のような疑問が起こるかもしれない。一つの村全体を包み込む友情を想像するだけでも十分に難しいのに、人類全体が友情で共に結ばれることを考えることには、どんな意味があるのだろうか。私が言いたいことは、決して、すべての人びとに対して心地よく好意的な感情を抱くということではない。要点は、友情に反するすべてのマイナス因子―中傷、侮辱、暴力―が排除され浄化された言葉を話す習慣を、私たちが身に付けるべきだということである。神のみ言葉が受肉した存在であるキリストは、私たちが身に付けなければならない神の友情の言葉を代表されている。

『法、愛、言葉』の中でのハーバート・マッケイブの主張によると、人類の結束は、他の種の動物の結束とは全く違っている。猫と犬には生物学的結束が見られるが、それは、交配ができることを意味する。人間も、お互いに性的に交わるので、そのような結束がある。しかし、私たちは言葉を使う動物である。その意味は、もっと深い結束をすることが求められているということである。人間の結束は、互いに話し合うことができる能力に基盤がある。言葉は、新しい種類の親しい交わりに発展する糸口である。

猫どうしは、共通の意味の世界をもっており、それは猫の特性によって決められている。例えば、ネズミを食べ物と見なし、人の膝を快適なベッドと見なす。猫は猫の世界に住み、その世界は、猫の生物的特性によって定められている。一方、人間は、身体によって運命的に定められているとは単純には言えない世界に住んでいる。人間は、新しい話し方をすることができ、それは、私たちのものの見方を変え、新しい人間関係の可能性を開く。「我々は、自らが発明する手段で――言葉で――意思疎通ができる。他の動物の意思疎通の手段は、遺伝的に決められている」[33]。人間は、人間であることの意味を変えられるが、猫は、いつまでも猫のままである。社会における様々な変化を振り返る時、次の二つのことが分かる。一つには、私たちの言語的創造力が、時々、新しく更に深い共存のあり方をいろいろと発見してきた。二つ目に、私たちは、時々、幻想の世界にまで飛躍し、それが人間の共同体を蝕むこともあった。しばしば、両方が部分的に見られる。

私が今日話す英語は、四〇年前の祖父の英語とは全く違う。英語は進化してきた。それは、人間であることはどのような意味があるかについて、以前とは少し違う解釈を表している。一般に、言語（言葉）は、価値観を伝える。すなわち、人間関係に関する理解、生きること、愛すること、死ぬことはどのような意味であるかを伝える。現代の英語は、大幅に民主化し、すべての人類の平等について、以前よりも深い感覚をもっている。例えば、社会的上下関係の言葉はなくなった。四〇年前、英語はあらゆる種類の階級偏見の言葉や、女性や外国人についての差別的言葉が際立っていた。英語は、今や、四〇年前だったら想像できなかったほど豊かになっている。世界中で、人びとは英語を拡大し、新しい比喩語と更に豊かな語彙を加えている。同時に、英語は消費主義と金銭崇拝の傷も負っている。また、現代の偶像によって歪められている。英語は、地球語になることによって拡張したと言ってもいいだろう。インドやアフリカ、カリブ海、南北アメリカの人びとが、絶えず英語の可能性を拡大している。しかし、英語は、また、地球規模の文化によって束縛されている。多文化になることによって豊かになったが、市場の文化によって貧弱になっている。

私たち人間としての召命は、互いに結束するための新しく更に深い生き方を探し続けることである。換言すれば、それは新しい対話方法を探ることである。私たちは、もっと親しい交わりを結ぶ能力をもつべきである。倫理は、より意味のある人間関係の発展に関することである。人間の創造性は限りなく、世界について最終的な見方はあり得ない。私たちは、自分たちが創造した言葉を超えて、まだそれを表現する言葉が存在しないのでおぼろげにしか見えない未来に思いを馳せている。それ故に、すべての言葉は、まだ暫定的な状態にある。あるいは、少なくとも、後から振り返ってみて、暫定的な状態であったことが分かる。(34)

従って、人間の連帯感は、不平等を克服する以上のことを意味する。それは、共通の意味の世界を創造することである。これは、単に誰もが同じ言葉―例えば、英語―を話すだけでは達成されないだろう。同一の言語を話すことは、確かに言語的な結束を生むけれども、文化的砂漠も生む。私たちが求められていることは、さらに深い次元で、私たちがお互いの存在を分かち合い、神によって意図され造られた人間の共同体になることである。そのような共同体では、私たちは、誰にも支配されない状態で互いに話すことができ、誰に対しても軽蔑の目を向けず、純粋の親しい交わりがある。

そのような世界は、馬鹿げたユートピアのように聞こえるかもしれないが、マッケイブによれば、そのような新しい交わりは、イエス・キリストのことである。彼は、神のみ言葉が具現化した方であり、その中にあって、私たちはお互いに一つになり、完全に人間らしくなる。従って、人間の連帯意識は、不平等と闘うことによって、苦労して築くものである。しかし、それは、キリストを通して私たちが神と交わるという賜物に対して神に感謝する方法でもあり、そのような交わりは、私たちの想像力を超越したものである。マッケイブは、次のように言っている。「イエスについて基本的なことが二つある。その一つは、イエスは、ヤハウェ（注・旧約聖書にある神の名前。日本語ではエホバ）のみ言葉である。すなわち、神のことを自らで表現する言葉である。他は、イエスは、人間の歴史を意味する存在である。（中略）イエスは、神のみ言葉であり、人間であることに意味を与える。つまり、イエスがおられるからこそ、人間であることに意義がある」(35)。イエス・キリストは、人間が互いに浴びせるあらゆる暴力や、あらゆる意思疎通の断絶、あらゆる憎悪を、自らその身に担ってくださった。それが彼の命を奪った。しかし、主は、み言葉を甦らされ、墓の沈黙を破られた。復活は、それを破壊しようとしていたすべての勢力に対して、生きる意味が勝利をおさめたことである。また、それは、私たちをお互いから引き離すすべてのものに対して、交わりが勝利したことである。復活された主は、弟子たちの前に現れ、「あなたがたに平和があるように」と言われる。

ハンバーガーを食べることと、ユーカリストを分かち合うことの違いについて考えてみよう。社会学者たちは、ハンバーガーの聖体的消費を話題にしている。これは、人びとがハンバーガーを食べることが、あたかも、地球的規模の聖体拝領に参加しているかのように見なすことである。ピーター・バーガー（注・アメリカの社会学者・神学者）は、次のように書いている。「フロイトの説を言い換えると、時には、ハンバーガーは単にハンバーガーであることもあるが、他の場合には、ハンバーガーの消費が、特にマクドナルド店の金色の看板の下で起こると、人びとが地球的現代性に参加して（実際に、または、想像上で）いることのしるしである」[36]。ハンバーガーを食べるだけでも、教会の儀式のすべての典礼的意義をもっているかもしれない。例えば、立ったままで食べるという行為がある。当初、日本人は、素手で、立ったままで何かを食べる習慣に――日本的な食事の仕方に反していたが――、興味を持った。また、ハンバーガーを食べることは、現代のグローバル市場における交流のしるしである。ユーカリストと同じくそこでは素晴らしい人との繋がりがあり、初めて人と出合う機会がある。しかし、数百万の人びとの文化的貧困性と数百万の人びとの貧困も伴っている。

ユーカリストを分かち合うことは、キリストを通して、純粋な交わりという典礼を分かち合うことであり、そこではイエスの死と復活の中で、あらゆる暴力とライバル意識もなくなるだろう。一九九三年、私はルワンダの首都キガリの教会で、「諸聖人の日」（注・すべての聖人と殉教者を記念する日）の祝典に参加した。人びとは不安げに教会にやって来た。なぜならば数十万の人びとが内戦中に教会の中で死んでいたからであった。しかし、この祝典では、双方の少数民族のグループが安全に少々おどおどして会うことができた。修道士仲間は、兵士による修道院攻撃の被害から立ち直りつつあった。それに先立って再び、私たちはすべてを失ってしまっていた。また、死の恐怖にも直面してきた。修道女たちは、ビアンバから追い出され、敵どうしの軍隊の間で数週間、板挟みになった。その間、爆弾が彼女たちの頭上を飛び交っていた。誰もが、言葉では表現できない悲しみにくれていた。修道士仲間だけでも、約五〇〇人の家族のメンバーを失っていた。私が参加したユーカリストは、想像を絶するように思えるほどの平和のしるしであった。私たちの後ろの壁には、十字架の近くにいるマリアとドミニコの輝かしいモザイクの絵があった。このように私たちを一堂に集め、結束させてくださるのは十字架上で死に、復活された主である。イエスは、人間がお互いに浴びせかける暴力を自らその身に担ってくださり、死から復活された。

キリスト以外に、純粋な交わりを育くむ普遍的な言葉は存在しない。私たちは、キリストそのものであるみ言葉を話す方法をまだ十分には知らない。私たちはそれぞれ違った言葉を話し、そのことに喜びを感じ、それを守るために闘う。それはそれで妥当なことである。一方では、キリストのみ言葉を、私たちの言葉の中に浸透させることによって、それを浄化する（注・軽蔑や偏見などがない）こともできる。福音は、見知らぬ人びとと語り合い、友情を発展させる話し方を見つけるように私たちに促している。私たちは、あらゆる方法で言葉を浄化するべきである。このことは、見知らぬ人びとが、自分のことをどのように語っているかに注意を払うようにしなければならないことを意味する。すべての言葉は、交流の手段であるのみならず、敵対の手段でもある。それは、他の人を受け入れるが、排除もする。また、言葉は、仲間と一緒にいることへの喜びを表明するが、知らない人びとを拒絶もする。更には、自分たちのことを説明するために、自分たちとは違う人を引き合いに出す。例えば、一八世紀では、イギリス人であることは、カトリック教徒では「ない」ことであった。一九世紀では、それはフランス人では「ない」ことだった（注・フランス人と自分たちを峻別した）。二〇世紀には、それはドイツ人では「ない」ことだった。私たちは、見知らぬ人びとと出合うことによって、彼らについて語る方法を変え、また、自分たちについての認識を変えることができる。それは、私たちの言葉から軽蔑を払拭して、それを浄化し、徐々にキリストの心の広さに向かわせる。

クワメ・アンソニー・アッピア（注・アフリカ系アメリカ人の哲学者、小説家）によれば、私たちは、他の人びとのストーリーを理解できるから、コスモポリタン、即ち、世界市民になれる。一方では、私たち誰もが狭い文化的監獄に閉じ込められているので、見知らぬ人びとを理解できないと感じているという思い込みがある。これは、とんでもない誤解であり、全く事実ではない。私は、ホーマーや、ガブリエル・ガルシア・マルケス（注・コロンビアの作家。一九八二年にノーベル文学賞受賞）、紫式部（世界最初の小説家）を読み、他の世界に入ることができる。私は彼らが語るストーリーに浸る。アッピアは、次のように言う。「ストーリー（例えば、小説や映画のような現代的な芸術形式のみならず叙事詩も）を理解するには、話の筋を追い、ある世界を想像する能力をもつことが肝心である。実際、このようなことを積極的にやろうとする人があちこちにいることが分かる」(37)。作者が、違う世界を描けば描くほど、それだけストーリーが興味深くなる。私は、トルストイ、イザベル・アレンデが好きである。その理由は、それぞれが非常にロシア的、チリ的雰囲気があるからである。彼らの異質性は、障壁ではなく、歓迎すべきことである。

クリスチャンとして、私は、想像力を働かせて、他の宗教の伝統のストーリーに入ることができる。私は、イスラム教やユダヤ教などにおける神との遭遇の話を読んで、彼らのストーリーの中に入ることができる。それらは、神について教えてくれるだけではなく、キリストについても教えてくれる。もしキリストが本当に友情の言葉であり、その中で人類が和解すると私が信じているならば、是非とも他の宗教の弟子になって、キリストが示す普遍的友情について、彼らはどのような新しい言葉でそれを表現しているかを学びたいと思う。宗教間の対話は、決して、単に平和のために隣人に対して愛想よく振る舞うという問題だけではなく、それは、まさにクリスチャンとして、私の宗教的探求の一部となるべきである。イスラム教徒の友人は、私の考えを開き、語彙を広げてくれる。それによって、私はキリストに近づくことができる。神は、キリストを通して、すべてのものをご自分に向けて和解させておられる。従って、宗教間の対話は、決して、何か漠然とした中途半端な（世界のあらゆる宗教の断片を織り交ぜた）普遍的霊性を発展させることではない。私は、イスラム教信徒たちが自分たちの宗教について語るのを聞いている時、彼らの強い信念、その宗教の特異性、私たちとの違いに心を動かされたいと思う。なぜならば、このようなことが、私を伸ばしてくれるからである。以上のような宗教間の対話と対極にあるのは、霊的な一般性について当たり障りのない意見交換をするだけで、自分の深い信念を冷凍室に入れ、本音を表現しようとしない対話である。そんな対話は時間の無駄である。

前章は、三つのレベルの語り――「私のストーリー」「私たちのストーリー」、「究極のストーリー」――で始まった。人間共同体のストーリーを話すことができる時には、既に神の国に到着してしまっていて、お互いが完全に一つになっている。従って、今は、その話を完全には語れない。クリスチャンとして、私たちは、その共同体のストーリーが、聖体拝領を通してキリストの命、死、復活のストーリーの中で与えられると信じている。毎年の教会暦において、そのストーリーを再演する。それは、私たちが神を通して到達できる究極の友情のしるしである。今は、将来に来たるべきことのしるしがあるだけである。まだ、ロードマップはない。次に何が起こるかについて部外秘の情報をもっていない。しかし、私たちは、徐々にではあるが究極のストーリーに向かって進むことができる。神のみ言葉の広大さを具現化するような話し方を始めることによって、それに向けて準備をすることができる。例えば、友情を育めるように、自分のことを語ったり、お互いに話し合う方法を身につける。男性は、女性がどのように自らのことを語るかを傾聴しなければならない。メアリー・デイリー（注・フェミニスト哲学者）は、女性を代表して、不満を述べた。「私たちは、自らをどのように呼ぶかの権限が奪われてしまっている[38]」。私たちは、文字通りの外国人や隣の家に住む面識のない人に耳を傾けなければならない。異性愛の人は、同性愛の人が語るストーリーを傾聴しなければならない。クリスチャンも、また、ユダヤ教徒や仏教徒のストーリーを傾聴しなければならない。

かつて国民国家が強大であった世界では、教会の役割は、人びとを、国家主義を超えて、地球的規模のアイデンティティに召集することであった。なぜならば、当時は、教会が唯一の地球的制度であったからである。そのような召集は、支配的であった強国に対する反文化的な（注・既成の価値観に抵抗する）挑戦であった。しかし、今日の新しい地球村では、国民国家は以前よりもはるかに弱くなり、また、地球規模の—あるいは、少なくとも国際的な—多くの組織が拡散している。そのような状況では、多分、教会の役割は変化するだろう。様々なものを蝕む消費文化は、地球上の隅々まで広がり、違いを取り去り、同種の製品にはより多くの選択肢を提供している。そうなれば、教会は、小さくて消滅の危機にあるものを大切にすることによって再び反文化的にならなければならないだろう。ニコラス・ボイルは、次のように書いている。「大規模な変化の過程で犠牲になった人びとのささやかなストーリー、すなわち、新しく大きな世界が締め出したり、無視しているストーリーは、ささやかながら、詳細なエピソードで満ちている。新世界は、それらを浅薄でとりとめないものと見くびるだろうが、それらは、様々な教区で語られることになるであろう」(39)。

以上のことから、教会に求められていることは、いろいろな意味で、人間の結束のしるしになることである。実際、教会は、歴代の教皇から、多くの人びとを困窮状態にしている不平等の構造に反対するように呼びかけてきた。また、教会は、現在、地球村を支配している偽りの偶像崇拝—飽くことなき欲望、私有財産と金銭の絶対化—を拒絶しなければならない。しかし、恐らく、私たちにとって最大の課題は、自分たちとは異質な人について話す時の言葉を浄化し偏見を取り除くことである。そうすることによって、私たちの言葉が広げられ、神のみ言葉が示す広大さと受容性に近づくことができる。そうすれば、どこにも中央点や周辺部が存在せず、誰もが疎外されることがない神の秘跡が、少し垣間見れるであろう。

引用文献

（1）Homily for the Workers' Jubilee, 2001.

（2）*Imagined Communities: Reflections on the Origins and Spread of Nationalism*, London 1983.

（3）New York 1938, p.80, quoted by Appiah, *op.cit.*, p.222.

（4）*The Needs of Strangers*, London 1984, p.138.

（5）*Human Rights and the Image of God*, London 2004, p.66.

（6）*Ibid.*, p.67.

（7）*Global Financial Integration: The End of Geography*, London 1992, quoted in Z. Bauman, *Globalization: the Human Consequences*, London 1998, p.12.

（8）Chapter 7, note 2.

（9）*End of the Millenium*, Oxford 1998, p.354.

（10）Ian Linden, *A New Map of the World*, London 2003, p.51.

（11）Cf. Jeffrey Sacks, *The End of Poverty: How We Can Make it Happen in Our Lifetime*, New York 2005.

（12）'Temperateness, Justice and Chocolate', *Priest and People*, October 2003, p.382.

(13) E.B. Kaye, *The Fable of the Bees or Private Vices, Public Benefits, 2 vols With a Commentary Critical, Historical, and Explanatory*, Indianapolis 1988.

(14) *Op.cit.*, p.75

(15) *Op.cit.*, p.50

(16) *ST* II.II.66.2.

(17) *Ibid.*, ad 7.

(18) *Op.cit.*, p.51

(19) Karl Polanyi, *The Great Transformation: The Political and Economic Origins of Our Time*, Boston 1944, p.35.

(20) Sacks, *op.cit.*, p.305.

(21) *Op.cit.*, p.152.

(22) Cf. Ian Linden, *op.cit.*, pp.135-8.

(23) *Op.cit.*, pp.54ff.

(24) *Op.cit.*, p.122.

(25) *ST* I.II.2.1 ad 1.

(26) *Op.cit.*, p.382.

(27) IV, iii.

(28) Cf. note 105.

(29) Quoted by Appiah, *op.cit.*, p.241.

(30) II.4, cf. Michael Ignatieff, *op.,cit.*

(31) Jeremy A. Coyne, 'Legends of Linnaeus', reviewing Vincent Sarich and Frank Miele, *Race: The Reality of Human Differences in the Times Literary Supplement*, 25 February 2005.

(32) *The Beginning and the End of Religion*, Cambridge 1996, p.212.

(33) p.77.

(34) McCabe, *Law, Love and Language*, p.90

(35) p.126f.

(36) Ed. Peter L. Berger and Samuel P. Huntington, *Many Globalizations: Cultural Diversity in the Contemporary World*, Oxford 2002, p.7.

(37) *Op.cit.*, p.258.

(38) Quoted by Mary Catherine Hilkert OP, *Naming Grace: The Preaching and the Sacramental Imagination*, New York 1997, p.178.

(39) Nicholas Boyle, *Who Are We Now? Christian Humanism and the Global Market from Hegel to Heaney*, Edinburgh 1998, p.92.

第九章　ルーツショック

キリスト教は、今日、重症である。なぜならば、クリスチャンの間の分裂のみならず教会の間でも分裂が存在し、そのために、教会は、未来に予測されている人間の結束のしるしになれないからである。ここでは、私はクリスチャンの間の分裂については述べない。それは、各キリスト教会の間の対話の問題である。私は、クリスチャンどうしの対話について特別の見識をもっていない。従って、次の二つの章では、いかにしてカトリック教会内の分裂を癒すべきかについて見ていきたいと思う。そして、願わくば、私が述べることが他の教会のメンバーにも反響を呼ぶことがあればいいいと思う。

最近、私は、ある友人と彼の伴侶と子どもと夕食を共にする機会があった。彼は、二〇年ばかり前に司祭職を辞めた。食事中、彼は教皇を厳しく非難した。バチカンやオプスデイ（注・ローマカトリック教会の組織の一つ）そして諸々の懸案事項について不平を言った。その後、彼と二人になってコーヒーを飲んでいる時、彼が嘆いたことは、教会を愛する気持ちを子どもに伝えることができなかったということだった。なぜ、このようなことが起こるのか。教会は、多くの国において分裂している。例えば、オーストリア、オランダ、ラテンアメリカの一部、とりわけ、アメリカ合衆国がそのような状態にある。分裂の一つの徴候は、自分たちとは違う見解をもっているカトリック教徒に対する怒りが教会内で蔓延していることである。そのような怒りに満ちた教会の中では、とても若者たちは、心が休まる場所を見つけることはできないだろう。信徒どうしが互いを非難することにエネルギーを注いでいる教会に、誰も引きつけられないだろう。すでに述べたように、怒りは、時には、効果的であることもある。実際、聖アウグスチヌスが主張したように、怒りは、希望がもつ美しい娘の一人である（注・第四章に既出）。しかし、怒りは、単に破壊的であることもある。

このような分裂は、教会の本質と明らかに矛盾している。なぜならば、その本質は、神の国のしるしとなるように、神の民を引きつけ、一致させることにあるからである。若いアメリカ人神学者クリストファー・ラディは、次のように書いている。「教会は、もはや、分裂に耽ったり、それを傍観している余裕はない。（中略）分裂は、真の意味で、福音を普及させる教会の能力を圧殺してしまっている」(1)。そこで、次の二章では、どうすればこれらの分裂から決別し、教会を神の民のための広いホームにすることができるかについて考察したいと思う。

まず最初に、是非ともこの分裂の本質を簡単に検討しておかなければならない。通例では、分裂は、左派と右派、自由主義派と保守派、進歩派と伝統主義派の間に見られる。しかし、このような言い方は、部分的にしか正しくない。なぜならば、一つには、西洋社会、いや、ますます頻繁に、地球全体が分裂によって深く特徴づけられているからである。二つ目には、私たちがそのような社会の一員であるので、それがクリスチャンが教会内の分裂をどのように見るかに影響を与えるからである。しかし、このような二分法的な見方は、私たちの信仰に深く反するものである。私たちは、そのような見解を超越するように求められている。

左派と右派の分裂は、啓蒙主義運動にそのルーツがある。当時の思想家は、自らが啓発されたと考えた。その理由は、自分たちがこれまでの伝統から解放され、特に、教会の数々の伝統から解放されたからであった。理性の太陽が輝く時代が始まった。古い教義は捨て去られた。教会は、しばしばこのような侮辱に応酬した。それは、進歩とそのおぞましい徴候―民主主義、良心の自由、個人主義―に対抗して、自らの立場を主張することであった。教会対自由主義は、一九世紀の代表的戦いであった。その結果、教会はこれまで、敵対する側が定めた考え―教会独自の伝統には異質であったけれども―を受け入れてきた。そのために、教会は、必然的に敗北することを余儀なくされ、二〇世紀になって、前世紀に採用してきた反自由主義的立場の多くを撤回しなければならなくなった。教会が失敗した原因は、他の人びとが教会に対して張り付けてきた見解に対して異議を唱えずに、敵対側の示したメンタルマップ（注・心理学用語「あるべき姿」の意味）を受け入れてしまったことだった。

教会の内部には、リベラル派のカトリック信徒と保守派のカトリック信徒の間に緊張関係があるかもしれない。その理由として、私たちの社会では、大半の人びとは、どちらか一方に属するからである。私たちは、自分たちの文化の様々の要因によって分かれている。しかし、それは分裂の核心部ではあり得ない。なぜならば、カトリック信徒にとっては、私たちの信仰は、次に示すように、そのような分裂を超越したものであるからである。聖パウロは、多分、最も創造的なクリスチャン思想家であった。しかし、彼は、自分は受け継いできた伝統を伝えているだけであると考えていた。「わたしがキリストに倣う者であるように、あなたがたもこのわたしに倣う者となりなさい」(Iコリント一一2)。クリスチャンであることは、私たちの先人たちから引き継いでいる、福音を受けとることである。クリスチャンにとって、伝統は、斬新さと活力の継続的な源である。昔からの知恵は、私たちを刷新させる。人が「伝統」と言う場合、大抵、数十年前に教わったことを言っている。しかし、刷新は、伝統のとてつもない多様性に戻ることによって起こる。それは、ちょうど、「第二バチカン公会議」が、部分的には「トリエント公会議」(注・マルチン・ルターと他のプロテスタントの改革派の教えを調査、非難するために一五四五年から一五六三年にトリエントで召集されたローマ・カトリック教会の三回にわたる会議)以前の時代に戻ること、すなわち、キリスト教の初期の時代の聖書と伝統に戻ることと同じである。

では、現在、教会を分断している状況をどのように表現すればいいのだろうか。またそれは、なぜ人びとを怒らせているのだろうか。公平で客観的な説明をすることは難しい。なぜならば、私も含めて誰もが、このトラブルに巻き込まれているからである。誰一人として完全には公平になれない。しかし、私たちは、状況を描写する際に、誰もがそれを承認し、だいたい「その通り」と言えるようにしなければならない。教会について語る時、あたかも「善玉」と「悪玉」がいるような話し方をするべきではない。これは預言的な課題である。過去においてしばしば、教会の中にいる預言者が、教会当局に対抗し、彼らの欠点を非難してきた。従って、預言は、他の人びとの間違いを非難すると解釈されることが多かった。今日の預言的な課題は、疑いもなく、分裂の向こうにある、前進する道筋を見つけることである。私たちは、疎遠の状態から脱し参集しなければならない。ただし、参集することは危険である。なぜならばどちらの側の過激派の人びとからも、体面を汚したとか、大義の純粋性を裏切ったとして非難されるからである。

最初の課題は、教会を分裂させている「当事者」を呼ぶ名称を見つけることである。すでに私が示唆したように、進歩派に対して伝統派、または、リベラル派に対して保守派という観点で考えることは役立たない。これら二つの当事者は、また、オーガスチン派とトマス派と呼ばれてきている。しかし、それも、また、問題の核心を掴んでいないと思う。何しろ、ドミニコ修道会は、「聖アウグスチヌスの規則」を信じており、また、聖トマス・アクィナスの説も大切に思っている。これら二つの神学は、西洋のキリスト教の中の最も偉大な神学であり、上記の派のどちらかに単に歩調を合わせるには、理論が複雑すぎる。従来から言われているが、問題の対立は、「相関的」神学か「啓示的」神学かという理論の違いである。しかし、そのような表現が現れたら、読者は次の章まで飛ばしたくなるであろう。

いかなる用語を使おうとも、それは異議を引き起こし、対話が始まる前にそれをぶち壊す危険性がある。しかし、ここでは、議論を是非とも始めなければならない。そこで、私は、躊躇しながらも、「神の国」派のカトリック信徒と「共同体」派のカトリック信徒について話をすることにする。カトリック教徒の中には、教会を、主として神の国に向けて巡礼の途上にある「神の民」だと考える人びとがいたり、または、自分たちを主として教会という制度のメンバー、すなわち、信徒の共同体と考える人びとがいる。私たちの大部分は、ある程度、両方の見解をもっているが、教会の解釈について、むしろどちらか一方に、賛同する傾向が強い。私の主張では、ローマカトリック信徒として、私たちは両方のアイデンティティが必要であり、両方の間の対比関係は、有益であり動的である。

一九六三年、「第二バチカン公会議」の第二セッションの際、カール・ラーナー（イエズス会）、エドワード・スヒレベークス（ドミニコ会）、ハンス・キュング（教区司祭）が集まった。その目的は、「公会議」の課題を進展させる定期刊行誌を創刊する計画を練ることであった。[2] その刊行誌は、『コンシリウム』と呼ばれた。その結果、「公会議」が現代性を受け入れることに励まされた神学者たちが再集結した。最初の刊行は一九六五年であった。その中心となった教義は、「受肉」であった。即ち神は、イエス・キリストを通して、人類全体を受け入れられた。人びとが敬愛したキリストは、人間の間の隔たりを取り去り、ハンセン病の人に触れ、異邦人に手を差し伸べ、私たちを神の民として集められた。これは、外向きの神学で、聖霊のしるしがすべての人間の中で働いていると解釈した。スヒレベークスは、しばしば、「私たちの最も人間的な神」について著述した。このような人びとは、教皇ヨハネ二三世が教会の窓を大きく開き、新鮮な空気を入れることを願っていることが分かり喜んだカトリック信徒であった（注・「神の国」派）。この伝統において、神学的信憑性のテストとなるのは、それが経験的な根拠があることと、それが解放的であることであった。解放なくして啓示はないというものであった。そのような風潮の中で発展したのは、あらゆる種類の解放の神学（例えば、ラテンアメリカの貧しい人びとのための選択の自由権）や、フェミニスト神学（とりわけアメリカ合衆国における）、アジアにおける文化受容（注・教会の教えが、非キリスト教文化から受容されること）の神学であった。このような神学伝統の雰囲気が、私がオックスフォードとパリで学生の時にあった。何もかもが可能であるように見えた。私たちは、いつも街に出て、ベトナム戦争や、核兵器、人種差別、不法移民の虐待に反対してデモに参加していた。活発な時代であった。

一方では、「共同体」派のカトリック信徒がいる。彼らも、機関誌『コミュニオ』をもっている。最初の刊行は一九七四年であった。当時、「公会議」の後、教会はどこへ向かっていくのだろうかという不安が表面化し始めていた。機関誌の冒頭の論説は、誌の起源が一九七〇年の「国際神学委員会」での会議に遡ると述べた。委員会のメンバーの中には、「教会の内的な命である親しい交わりの感覚を伝えるような機関誌が是非とも必要であると感じた」人たちがいた(3)。それこそが委員会の関心の本質であった。この刊行誌は、グル（注・指導者）としてハンス・ウルス・フォン・バルタサル（注・スイスのカトリック教会の司祭で神学者）の指導を仰いだ。執筆者の多くが―例えば、ヨゼフ・ラッツィンガーやアンリ・ドゥ・リュバックなど―以前にライバル誌『コンシリウム』に論文を発表していた。ラッツィンガーは、一九六八年にテュービンゲン（注・ドイツ南部の都市）で起こった学生の暴動にショックを受けていた。彼は、それまでに「公会議」が多大なる熱意をもって受け入れてきた現代性に信頼を置いていたが、暴動は、その信頼を揺さぶった。「共同体」派の『コミュニオ』は、私たちの信仰を宣言するに際し、主義を貫くべきであると主張した。『コミュニオ』の支持者の信念として、自分たちが主張する信仰の真理と美しさには、人びとを引きつける権威があるというものであった。もし「神の国」派のように現代性の言葉を余りにも無批判に受け入れると、私たちは自らのアイデンティティを失い、跡形もなく吸収されるかもしれない。中心となる教義は、キリストの受肉というよりも、むしろキリストの十字架上での死であった。私たちは、共同体として、主が処刑されたという不名誉に敢えて耐えなければならない。教会の命の核心には、神への崇拝と賛美がある。以上が、「共同体」派の主張であった。

もし今日の若いカトリックの信徒の集まりに行けば、しばしば、彼らがグループになって静かで敬虔な気持ちを捧げているシーンが見られるだろう。彼らは三つ目の派である。多くの若者は、明確なクリスチャン、または、カトリック信徒のアイデンティティが全くないままに成長している。そのために、彼らは教会が強調する見識に共感している。例えば、先祖から受け継いだ無形の遺産、標準的な話し方や祈り方、伝統的な献身の仕方について、教会は一定の態度を表明している。彼らは、これらに共鳴している。彼らの主張によると私たちは、自らの信仰を世間の風潮に同化させてはいけない。私たちは、自らの信仰について際立っていることを強調することを恐れてはいけない。そうでないと、私たちは消えてしまうだろう。このような若者は、これまで「アイデンティティカトリック信徒」とも呼ばれてきている。

「神の国」派と「共同体」派は、非常に曖昧なラベルであるが、二つの基本的傾向を表している。私たちの中には、どちらにもある要素に賛同する人たちがいるだろう。事実、私がそうである。一方の教理は、十字架をその中心に置き、他方は、受肉を中心に置いている。また、一方は、真理を、人びとを引きつけるスローガンであると考え、他方は、真理を、解放をもたらすスローガンであると考える。一方は、崇拝と頌栄を重視し、他方は、実践と経験を重視する。一方は、キリストを、共同体に人びとを集められる存在として考え、他方は、キリストを、すべての障壁を壊す存在として考える。一方の教理は、教会があるところには、キリストがいると主張する。他方の教理は、キリストがいるところには教会があるべきであると主張する。ジョン・マクダデード（注・イエズス会の司祭）の言葉によれば、貧しい人びとが苦しんでいるところでは、教会（及び、その教理）も苦しまなければならない[4]」（注・「一方」は「共同体」派を、「他方」は「神の国」派を指す）。

重要なことは、一部の「神の国」派が間違って感じているように、これは、決して、「公会議」に忠実な人びとと、「公会議」前の教会に戻るべきだと考える人びととの対立ではない。「公会議」の前にあった状態に復帰することは、今では考えられないし、あの当時の教会のことを覚えている人たちは、それを望まないだろう。対立は、「公会議」とその課題をいかに前進させるかについて、二つの異なった解釈の間で起こっている。同じく重要なことは、一部の「共同体」派が間違って感じているように、このような分裂は、決して、伝統に忠実な人びとと、現代社会に妥協することを望む人びととの間で起こっているのでもない。どちらかを誇張することは、誠意がなく、少なくとも無知である。

では、私たちは、どうすればそのような分裂を癒し、キリストを通しての人類の結束を表す、もっとよい証人になることができるのだろうか。私の提案としては、先ず第一歩は、それぞれの派の神学的展望の背後には、私たちが一緒になれるホーム（注・心の拠り所）に対する願望があることを認識することである。しかし、どちらの陣営も、ホームから心理的放浪をしていることについて異なった認識をもっている。それを克服するには、相手側がどのようなホームの構築を願っているかを認識するべきである。自分たちと考えを異にする人たちも、私たちと同じように、喪失感に苦しんでいることを認識するべきである。ここで言う、ホームからの心理的放浪は、私が前章で述べた放浪と同じではない。あれは、神の国からの放浪のことであった。ここで言う放浪は、心の拠り所としての教会を失ったという、もっと直接的な感覚である。

類似した話をしよう。第五章でミンディ・トンプソン・フリラブの作品『ルーツショック』に言及した。それは、黒人のアメリカ人の居住区の取り壊しに関することであった。最近では都市計画が、数千の黒人のアメリカ人地域社会を破壊し、数百万の人びとを離散させた。高速道路が黒人の居住区を横断しそれを分断した。数区画の住宅が、再開発のために取り壊され、居住地域全体が消えた。小さな商店が消え、温かみのないスーパーマーケットにとって代わられた。アイルランド系、ポーランド系、イタリア系の地域社会も、同じように、家庭のみならず、心の拠り所、どこか所属するところを失った。

このことは、トンプソン・フリラブが「ルーツショック」と呼ぶものを生み出す。

ルーツショックは、人の情緒的体系の全部、または、その一部が破壊したことに対する悪夢のような反応である。（中略）ルーツショックは信頼を蝕み、自分の愛する人がいなくなる不安を高め、人間関係を不安にし、社会的、情緒的、金銭的資源を破壊し、あらゆる種類のストレス関係の病気（ふさぎこみから心臓発作まで）の危険性を高める。ルーツショックは、人を慢性的に気難しくさせ、自分の世界が急に奪われている、とわめきちらすこともある。ホームとは、暗闇の中にあっても安心であると感じるところである。[5]

著者は、ピッツバーグにある取り壊される前のヒル地区について素晴らしい記述をしている。「あらゆる種類の交流を通してヒル地区が存続することが可能になり、誰もが衣食住が足り、適切に振る舞うようになった。路上にたむろする少年たちは年上の人から助言を受け、ダンサーや音楽家たちは、少年たちに芸のことを教え、ポン引きの男たちは即座に金を儲ける方法を教えた。堅気の男たちは、彼らに真面目に生きることを促した。『たとえ俺たちがそれをやっているのを見かけても、君たちはそれをしてはいけないぞ[6]』」。居住区域は、単に、人が一緒に住む場所だけではなかった。そこは、知恵を伝えるところ、争いの解決方法、違いに対処する方法を知る場所でもあった。著者は次のように書いている。「彼らの生き方は時間と共に進化し、問題解決に対するそれぞれの努力が、問題解決に資する集合的な記憶と集合的基盤の一部になる」(7)。

都市再開発は、すべてのものを一掃し、人びとを孤独にし、また、精神的流浪状態にした。世代や意見が異なる人びとが混じり合い、知り合いになった共同体が、消えてなくなった。人びとは、離散し、共に時間を過ごす人びとを探さなければならなかった。結果的に、新しく出来た友人たちは、自分と似ている傾向があった。ジグムント・バウマンは、現代社会の移動性が、私たちを、同じ考え方の人びとの共同社会に向かわせていることについて述べている。「リスクの多い複雑な生活から退いて、同質性のある避難所に入りたいと思う衝動」がある(8)。伝統的な共同社会の消滅と共に、私たちは、心が不安定になり、心配性になってしまった。そのために、自分たちと同じ考え方をする人びとを求める。古い住環境では、人びとは肩を触れ合い、自分たちと全く違う人びとと妥協点を見出すために駆け引きをしてきた。彼らと長い間一緒に暮らすので、そのような駆け引きを回避することはできなかった。しかし、共同社会が崩壊すると、アイデンティティが新たに作られる。容易に所属する場所がない時には、自分がどのような人間であるかを発見しなければならない。そこで、「アイデンティティ戦略」が生まれる。私は、この例をウガンダで見てきた。共同社会が崩壊するまでは、ウガンダの人びとは、自分がフツ族に属するのか、ツチ族に属するのか知らなかった。その後、彼らは急いでどちらかを選ばなければならなかった。

そのような状況では、浄化によって共同社会を強化したくなる誘惑がある。リチャード・セネット（注・アメリカの社会学者）は、次のように書いている。

共同社会の理想的イメージは、主義・主張の対立や違和感を伝える可能性のあるものはすべて浄化され排除されていて、その中に「我々」が住んでいる、というものである。このように、共同社会の連帯感という迷信のもとでは、いわばお決まりの浄化行為が起こる。（中略）共同社会の中でこのような迷信が共有されていることについて、特に際立っていることがある。それは、人びとが、「我々は同じであるから」、連帯感があり一体化しているという気になっていることである。この「我々」という意識は、お互いが似通っていたいという願望を表明し、お互いを更に深く見つめ合う必要性があることを避ける方法である。(9)

このような浄化の精神構造は、極端になると、少数派の排除という形をとることがある。しばしば起こることは、同調しない人びとを追放することである。そのような人は、共同社会に潜む第五列（注・裏切り者）であり、その純粋性を壊し、結束を弱めると見なされる。

私の主張は、教会においても同じく、私たち誰もがルーツショックに苦しんでいるということである。このことが怒りを生み、同じ考えをする人びとと一緒にいることによって共通のアイデンティティを見つけようとする模索を引き起こした。「第二バチカン公会議」は、現代性を受け入れた。教会は、現代性の中にホームを作ろうと努力した。しかし、そのような努力をするのに不運なタイミングを選んだ。このことについては、「神の国」派と「共同体」派の双方が同意している。ジョージ・ウェイジェル（注・アメリカの小説家、社会活動家）――「共同体」派の立場をとると考えられる――は、次のように書いている。「確かに、『第二公会議』は、世界に向けて窓を開いた。しかし、そのタイミングは、ちょうど現代性が、いわば『有毒ガスが立ち込める暗いトンネルに突入した』時であった[10]」。興味深いことには、ドミニコ修道会のエドワード・スヒレベークス――確実に「神の国」派――も、次のように書いている。「二世紀に及ぶ抵抗の後、カトリックが現代社会を受け入れた時は、現代社会が自らを疑い始めていた時であった[11]」。私の主張は、大部分のカトリック信徒は、ホームとなる場所の喪失、すなわち、ルーツショックに悩んでいるということである。それは、「神の国」陣営か、「共同体」陣営かとは関係がない。そして、神の民のために、より大きなホームを再構築するには、他の陣営の人びとが感じている喪失感を理解するべきである。また、教会を私たち共通のホームとして立て直すにも、お互いが相手の陣営の喪失感を理解する想像力をもち、共に連帯意識を感じることができる共同体を建てるために働かなければならない。

「共同体」派の機関誌『コミュニオ』の最初の数ページは、ホームの復活を、その編集方針の中心に据えている。ここで、その発刊の動機となった願い「教会の内的な命である親しい交わりの感覚を伝えるような機関誌の必要性」を思い起こしてみよう。「バチカン公会議」の後に起こった多くのことは、いわば、教会による都市再開発的な行為であると感じられた。実際、私たちの居住区を破壊したと見られた。「神の国」派の『コンシリウム』に記事を発表した神学者たちは、まるで共同体を縦断する高速道路を貫通させ、小さな商店や愛すべき制度の数々を取り壊すにも匹敵するようなことをやったと見られた。修道士は、伝統的な服装を脱いだ。教会は上下にひっくり返った。古い聖歌と礼拝が消え去った。私は、ある若い修道士のことを思い出す。今は立派になっている人物である。当時、彼は、修練士の宿舎にある教会の台座から古い像を手当たり次第に叩き落とすことを大いに楽しんでいた。

同時に、市民生活の破壊、家族の崩壊、十代少女の妊娠件数の増加、麻薬の蔓延、都市中央部での貧困の増加、社会の世俗化などが起こった。教会と社会の両方で「ホーム」が崩壊するという二重の出来事があった。従って、いわば教会というホームを修復し、建て直したいという強い欲求があったことは理解できる。このことは、カトリックとしてアイデンティティのしるしを取り戻すことを意味した。現代性を受け入れたために、自分たちの文化、考え方、生き方を失ってしまう代わりに、私たちはカトリックとして妥当な神学的教えを主張する必要があった。例えば、カトリック的な考え方、祈り方、話し方、破壊の脅威に耐えられるアイデンティティの指標を主張する必要があった。それは、私たちのルーツと再び繋がる時であった。例えば、アフロ系アメリカ人はアフリカの伝統遺産を求め、アイリッシュアメリカンは彼らの両親が継承してこなかったゲール語を学び、カトリック信徒はベネディクション（祝祷）と伝統的な知恵に戻っていった。

当然のことながら、このような取り組みは、「公会議」より以前の教会を知らず、失われたホームを夢想していた若い人びとを引きつけている。多くのイギリス人が、伝統的なイギリスの村―パブや中世の教会、牧草地のあるところ―に住むことを夢見ている。多額の金を払ってまで、コッツウォルズ地方の家を求める。彼らは、牛の見分けもできないだろうが、彼らの夢は、牧歌的なホーム、すなわち、失われた「楽園」への帰還を求める人間の欲求を彷彿とさせる。しかし、「共同体」派のカトリック信徒を、単に回顧主義と見るならば、それは間違っているだろう。例えば、ハンス・ウルス・フォン・バルタサルとアンリ・ドゥ・リュバックは、極めて独創的な神学者であった。また、「共同体」派の伝統に同調する「新運動」に参加する多くの人も、非常に革新的で、信徒が自らの信仰を生きる新しい方法を探っている。

この期間中に、「神の国」派も、同じようにルーツショックを受けていた。「公会議」に見られた仲間意識を強く感じることは終わっていた。「公会議」の当初のメンバーは離散していた。今では、すべてが以前に戻ろうとしているように思えた。天国に向かう「神の民」の巡礼は、停止してしまった。バチカンは、再び、権力を取り戻すように思えた。教会は、私たちが夢想したホームに変化していなかった。「共同体」派のカトリック信徒の場合と同じく、市民社会にも類似したルーツショックがあった。一九六〇年代のユートピア的な夢は、実現されていなかった。私たちは、貧困のない公正で平等な世界には向かっていなかった。失望感を特に痛感したのは、ラテンアメリカの解放運動に携わっていた神学者たちであった。キューバは、結局、彼らの憧れてきた楽園ではなかった。資本主義が繁栄し、貧富の差が深まった。社会主義の夢も、結局は、悪夢になった。一九八九年にはベルリンの壁が崩壊した。毛沢東による大量殺りくと「文化大革命」の愚かな蛮行のことも知った。

「神の国」派と「共同体」派という二つの陣営は、ルーツショック、すなわち、疎外感と流浪の感覚を体験した。どちらの陣営も自らが反体制文化的な立場にあると認識していた。「共同体」派にとって、「神の国」派が、現代的自由主義と相対主義に陥っているように見えたので、自分たちがそのような主義が引き起こす破壊的文化に抵抗していると考えていた。それに対して、「神の国」派は、「共同体」派が、危険な原理主義と社会的習慣に陥っていると信じていたので、自分たちが、それに抵抗していると考えていた。双方がもっと想像力を働かしていたならば、ひょっとしたら、他方をよく見て、お互いが鏡像であることに気づき、その結果、お互いを理解し、そして共感をもったかもしれない。

ジグムント・バウマンが述べたように、今日では、宗教共同体という概念が、アイデンティティによって置き換えられている。かつては、カトリック信徒は、他のカトリックの人よりも、同じ考えのプロテスタントの人と一緒にいる時のほうが、より心が落ち着くと感じることがよくあった。「共同体」派は、福音伝道的プロテスタントと、驚くほど、そりが合うと感じた。リベラルなカトリックの人は、リベラルなプロテスタントの人とそりが合うと感じた。しかし、ますます左派と右派とに対極化していく今日の社会では、政党所属がアイデンティティ感覚にとって重要であると感じる傾向がますます高まっていた。恋愛・結婚相談所では、最初の質問は、「どちらの政党を支持しているか」であった。従って、カトリックの人は、自分が進歩主義的か伝統主義的かのどちらか、リベラルか保守的かのどちらかを考え始めた。このような名称は、本来なら、非カトリック的なものである。いったん教会という複雑な生態系が崩れると、換言すれば、私たちの文化的環境が破壊すると、他の人びとが、私たちクリスチャンについて、とやかく言い始める。だから、私はリベラル派と保守派のどちらであるかを尋ねられることが大嫌いである。それは、的外れな質問である。例えて言えば、男性に向かって「いつ奥さんに暴力を振るうことを止めましたか」という前提条件があるような質問である〈注・trick question〈ひっかけ質問〉暴力を振るったことが前提になっている〉。

多くのカトリック信徒が、ルーツショックという怒りを抱いている。ここで思い出すのは、トンプソン・フリラブの言葉である。「ルーツショックは、人を慢性的に気難しくさせ、自分の世界が急に奪われている、とわめきちらすことを引き起こす」。このような怒りは、世界中のいくらかの地域でのカトリック信徒の集いでも見られる。そのような怒りを他の陣営の人に浴びせる。相手に向かって、教会のホームを壊しておきながら、その再建をしようとしないと、責め立てる。

著書『ルーツショック』の終わりごろに、フリラブの見事な文章がある。「私たちはホームから追いやられたが、誰も未だ安全な場所に着いていていない。私たちは、暗中模索の状態で、このまま進んでいくことを選ぶかもしれないが、他の道も選択できる。例えば、私たちという共同体の中に、夢の到着点を実現することができると認識することもできる。ほら、鐘が鳴っている。それは、私たちのために鳴っている。家路につく時間だと鳴っている」[12]。その鐘は、私たちカトリック信徒のためにも、鳴っている。では、どうすればお互いのもとへ帰ることができるだろうか。

アングリカンコミュニオン（注・英国国教会派）も、今、深い傷で悩んでいる。二〇〇五年二月に、アングリカン系の教会の三八人の大主教の会議が開かれ、互いの分裂を癒そうとした。特に審議に上がったのは、同性愛を公言している聖職者の叙任であった。彼らが直面している更に深刻な問題は、カトリックの私たちと全く同じものであった。すなわち、どのようにして結束を支えていくかであった。カンタベリー大主教ローワン・ウィリアムズは、会議の最後の夕べの祈りで、次のように説教した。

このように友愛の中に集っている私たちに求められているのは何でしょうか。何よりも先に私たちが認識するべきことは、平和をもたらされたのはキリストであるということです。換言すれば、私たちは、心配してはいけないということです。このような助言は、どの教会にとっても初めから希望のないように聞こえるかもしれません。現在のアングリカンコミュニオンにとっても同じことです。しかし、それは、キリストが私たちに言われていることばです。彼は平和をもたらされ、私たちの命は、彼がなさったことに基盤があります。それ以外にはありません。私たちは、平和をもたらし、世界と教会における平和の証しとなろうと努力しています。その際に、心配してじたばたしたり、自暴自棄的な行動に走ったり、拙速に今、事態を整理し決着を図ることに情熱を傾けるべきではありません。そんなことが、私たちの努力の特徴になってはいけません。キリストは、十字架の血をもって平和を実現されました。そして、今、私たちは、彼が為されたことの恩恵に十分浸りながら生きています。私たちは、キリストの祈りと犠牲によって、私たちの中央に、地と天との間に、立ち上げられている火の柱を見て（注・出エジプト記一三21―22。それが行先を照らす）、勇気づけられます。(13)

再び、「最後の晩餐」に戻ることにする。これは、これまでの考察の多くを導いてきたしるしであり、イエスが新しい契約を示される時である。では、教会の中の私たちのホームについて何と言われているだろうか。「最後の晩餐」は、どのようにして、すべての人びとが、自分の忠義・忠誠心のいかんにかかわらず、心が休まるホームのしるしとなるのであろうか。

以下は、マルコの話である。

一同が食事をしているとき、イエスはパンを取り、賛美の祈りを唱えて、それを裂き、弟子たちに与えて言われた。「取りなさい。これはわたしの体である」。また、杯を取り、感謝の祈りを唱えて、彼らにお渡しになった。彼らは皆その杯から飲んだ。そして、イエスは言われた。「これは、多くの人のために流されるわたしの血、契約の血である。はっきり言っておおく。神の国で新たに飲むその日まで、ぶどうの実から作ったものを飲むことはもう決してあるまい」（マルコ一四22―25）。

パンとカップに関して微妙な違いが肝心である。パンは弟子だけに与えられる。カップも彼らに与えられるが、「多数の人びと」のために注がれる。それは、神の国までイエスによって再び飲まれることはないだろう。パンは、二階にいる小さな共同体に与えられる。彼の弟子たちはそれを一緒に分かち合う。カップは、多数というもっと大きな共同体のほうに向けられている。それは、私たちのユーカリストの祈りでは、多分もっと正確に「すべての人びと」と訳されている。それは、すべての人びとが招かれる神の国に向けられている。マタイにも、パンとカップについて全く同じ対比的な話がある。ルカでは、二つのカップがある。最初のカップは、神の国を言及している。ヨハネでは、勿論、最後の晩に新しい契約が始まる話はないが、同じような対比的な内容が見られる。一つは、イエスの弟子たちの内輪のグループの集まりの話である。イエスは、もはや彼らを従者ではなく友人と呼ばれている。それは、親密な交わりの時である。そして最後にイエスは祈られる。「また、彼らのためだけでなく、彼らの言葉によってわたしを信じる人びとのためにも、お願いします。父よ、あなたがわたしの内におられ、わたしがあなたの内にいるように、すべての人を一つにしてください。彼らもわたしたちの内にいるようにしてください」（ヨハネ一七20）。二つ目に、それより以前に、イエスはもっと広い共同体のことに言及されていた。「わたしには、この囲いに入っていないほかの羊もいる。その羊をも導かなければならない。その羊もわたしの声を聞き分ける」（ヨハネ一〇16）。

従って、新しい契約を祝うことは、私たちのホームを授かることであり、そこには、二つの内容が対比関係になっている。一方では、イエスが、自らの弟子—今では彼の親密な友人—を集め、親しい関係に結束されることであり、他方では、イエスが、神の国の豊さに与かるために、すべての人びとに手を差し伸べておられることである。パンは、「あなたがたのために」であり、一方、カップは、「あなたがたとみんなのために」という対比がある。この対比的関係は、「最後の晩餐」とすべてのユーカリストの本質的な部分である。私が示唆したいのは、「共同体」派の傾向は、イエスが最初にされたこと、すなわち、パンを聖別することを優先する。イエスは、教会を建てられ、私たちすべてを聖壇の周りに集められ、親密に結束させられる。これは、「共同体」派の『コミュニオ』の初版で言われていたように、教会の内的な命である親しい交わりである。これは、私たちのホームである。

それに対して、「神の国」派は、イエスが二番目にされたこと—カップの聖別—を優先している。それは、すべての人びとが招かれて結束する神の国の豊かさのほうを目指している。それは、すべての障壁を取り去り、ハンセン病患者に触れ、サマリアの人びとに手を差し伸べ、法を破り、障壁を超えるキリストを暗示している。言い換えると、それは、外に目を向けている教会、すなわち、聖霊がこの世で働いているしるしを求めている人間すべてに、目を向けている教会を暗示している。そのようなビジョンの教会になるためには、貧しい人びとの解放と正義のための戦いに取り組むことが重要である。ユーカリストに対して、カトリックで通常使う用語は、「ミサ」である。その語源は、ラテン語のユーカリストの最後の表現「イテ・ミサ・エスト（Ite, missa est）」である。礼拝書編集者たちは、この語の起源、または、翻訳について意見が一致していない（そもそも、彼らは、同意することが多くない）。この語には、何か女性的な性質のものを遣わすという含蓄がある。遣わされるのは、それなのか、彼女なのか。トマスの示唆によれば、神によって私たちに送られ、私たちから神に戻されるのは、いけにえである。この解釈は独創的な考えであるが、珍しいことに今回は、説得力に欠ける[14]。その起源が何であれ、新しい契約の秘跡の名前「ミサ」が最後に遣わされることに由来していることは意義深い。なぜならば、私たちが共に集うのは、後に遣わされるためである。

上記に述べた対比関係が、「最後の晩餐」と教会の命の欠かせない原動力となっている。当初からそのような対比がある。恐らく、少なくとも、最初の頃には、ペテロとパウロとの対立があった。それまで、ペテロは、元々はユダヤ系であった共同社会に属するようにイエスから求められていた。イエスは、時折、異邦人に手を差し伸べておられたかもしれないが、内なるグループである使徒たちは、誰もがユダヤ人であった。彼らは、最初は、イスラエルの家の失われた羊（注・マタイ一五24）のところに遣わされた。イエスは、共同体をそのように理解されていた。それは、初期の弟子たちの多くにとっては想像もできない考えで、疑問をもったことだろう。しかし、教会が設立されるや否や、パウロが異教徒に手を差し伸べており、それは、教会のアイデンティティの核心部を破壊するように見えた。

教会は、このような変革をどのようにして生き抜き、しかもイエスが亡くなる日の晩に創立された共同体のままであり続けることができたのだろうか。更には、教会は、分かち合われたパンのみならず、ぶどう酒が注がれたカップに、どのようにして忠実であることができたのだろうか。「最後の晩餐」には、遠心力と求心力が働いていた。その平衡が保たれることによって、一方では、教会が単なるユダヤ教の一派になることを避け、他方では、その創設者との連続性を保つことができた。私たちの想像を絶するのは、当時がどれほど激動的であり、しかも創造的であったかである。それは、いわば、教会の思春期のドラマであった。そして、どのような思春期もそうであるように、素晴らしいことと、悲惨なこととが入り混じっていた。例えば、ペテロとパウロは、アンティオキアで対立し衝突したが、共にローマで死んだ（注・ガラテヤ二11―14）。彼らは、ローマ教会の司教管区の創設者であった。教会が繁栄した理由は、辛うじてではあるが、あの活気ある対比関係を守ったからである。

前章で、イスパニョーラ島の土着の人びとの苦しみが、人権についての認識を新たに呼び起こしたことを見てきた。バルトロメ・デ・ラス・カサスとフランシスコ・デ・ビトリアの主張によれば、この島の住民は、クリスチャンであろうとなかろうと、いわば、誰も奪うことができない人権をもっていた。また、住民の中には、メキシコの先住民アステカ人のように、クリスチャンには道徳的に嫌悪感を与えるような行為をしてきた人びともいたが、彼らにも誰も奪うことができない人権があった。彼らは、人間であり、神の姿に似せて造られたが故にこれらの人権があった。しかし、福音をこれまで聞いたことのない異邦人との出合いは、教会の自己認識に疑問を投じた。それは、教会がヨーロッパ人のものという認識、すなわち、古いクリスチャン世界の終焉の発端となった。これらの異邦人をクリスチャンとして受け入れることは、教会はどのような共同体であるかについての私たちの認識に疑問を投げかけた。これは、今でも、私たちが依然として経験しているドラマである。なぜならば、教会は、歴史上初めて、真にグローバル化しつつあり、実際、生存する制度の中で、真に最もグローバル化しているからである。「ドミニコ修道会総協議会」には現在一四人の修道士がいる。私が総長（注・一九九二〜二〇〇一）であった時、一時は、一四の国籍と五大陸からの出身者がいたことがあった。私たちが神の国の広大な世界に徐々に近づく中で求められることは、教会の死と再生、換言すれば、旧態依然のヨーロッパ中心主義的アイデンティティの放棄である。しかし、同じ共同体のままでありながら、―イエスが亡くなる前に二階の部屋の食卓の周りに集められた小グループの弟子たちの後継者として―私たちはどのようにしてこれを達成できるであろうか。

次に述べることは、ローマカトリック教会であることの核心にある原動力である。きっと、他のキリスト教会にも、同じような対比関係が、自分たちの生活の核心にあることが分かるだろう。ローマカトリックのローマの部分について言えば、それはある特定の共同体であることである。

私たちは、ある特定の伝統の後継者、いやむしろ、様々な伝統の網である。私たちは、話し方や考え方、祈り方、運営の仕方、生き方、死に方を受け継いできた。私たちは、ローマの教皇庁との親しい交わりによって、このような特定の共同体として共に繋がっている。しかし私たちは、また、カトリックでもある。私たちは、普遍性（注・catholic は「普遍的な」「幅広い」などの意味がある）を目指しており、人間の文化と知恵の、想像を絶する多様性を受け入れたいと思っている。言い換えれば、私たちが我慢ならないことは、閉鎖的、融通性のない、固定化しているように思えるアイデンティティである。私たちは、神の国に向かう途上にあり、そこで私たちのアイデンティティの秘跡がキリストの中に隠されていることを発見するだろう。このように私たちのアイデンティティは、すでに分かっている部分と隠されている部分がある。この対比関係は、ヨハネの手紙Ｉにも現れる。「愛する者たち、わたしたちは、今すでに神の子ですが、自分がどのようになるかは、まだ示されていません。しかし、御子が現れるとき、御子に似たものとなることを知っています。なぜなら、そのとき御子をありのままに見るからです」（Ｉヨハネ三２ｆ）。

従って、私たちにとっての課題は、そのような対比関係を活発に、また、生き生きと保つことである。もし私たちが単にローマカトリックのローマの部分に固執すれば、単なる教派になり、自分たちだけの私的な言葉を話す、内向きのグループになるだろう。換言すれば、私たちは、「砦教会」になり、自らのアイデンティティには確信があっても、閉ざされた状態になるだろう。そうなれば、私たちは、もう神の国のしるしにはならないだろう。また、弟子たちが、あたかもエルサレムに定住し、世界に向けて福音を伝えることを拒絶するかのように見えるであろう。実際、教会にありがちなように、初期のクリスチャンは、まさにそのようなことをしようとした。しかし彼らに対する迫害が、神の摂理によって、エルサレムにある彼らの共同体を壊し、彼らを帝国のあちらこちらに離散させた。サウロ（注・彼は、熱心なユダヤ教徒であった時、キリスト教徒を迫害する側についていた）は、家々を訪ねてクリスチャンを探し出していた。それは、クリスチャンを逃亡させ、サウロが粉砕しようとしたキリスト教を拡散することを促進した。もし私たちも、内向き志向になり、擁壁に囲まれた小さな「砦教会」の中に引き籠るならば、きっと、神がそれを崩されるであろう。

しかし、私たちが単に「カトリック的」（注・普遍的）であることに固執して、伝承してきた考え方と話し方をもった共同体の特異性のルーツを失うならば、単に漠然とした運動になりかねないだろう。そうなれば、イエスに従う人びとは、定まっていない方向に向けて無秩序にとぼとぼ歩いているだけになるだろう。そのような教会は、信頼に値する神の国のしるしにはならないだろう。要するに、教会が神の国のしるしになれる条件として、確固たるアイデンティティをもつ「私たち」であると同時に、いつも「すべての人びと」に手を差し伸べている「私たち」になることに尽きる。

「神の国」派であろうと「共同体」派であろうと、どちらにも勝利はあり得ない。もしそんなことになれば、それは教会自体の敗北になってしまうだろう。私たちの課題は、これまで述べた幾つかの対比関係を活発に、かつ、生き生きとした状態に保つよう努力することである。具体的には、カップとパンとの関係、人びとを集め親しい交わりを結ぶことと、すべての人びとに手を差し伸べることとの関係、すでに分かっているアイデンティティと、未知のアイデンティティとの対比関係であった。このようなことは、教会の呼吸―空気を吸い込み、排出すること―である。救済のストーリーは、私たちの中に存在されている神の呼吸のリズムによって、どのように人間性が生き生きと保たれるかに関わることである。神は、土に命の息を吹き入れられて、アダムに命を与えられた。キリストは十字架上で最後の息を出され、アダムとエバの過ちを贖われた。イースターの日曜日、イエスは、二階の部屋にいた弟子たちの前に現れ、言われた。「あなたがたに平和があるように。父がわたしをお遣わしになったように、わたしもあなたがたを遣わす」。そう言ってから、彼らに息を吹きかけて言われた。「聖霊を受けなさい」（ヨハネ二〇21 f.）。これは、旧約聖書のギリシャ語訳である『七十人訳聖書』中のアダムの創造を反映している。私たちの肺は、充たされたり空になったりする連続である。神は、私たちの血液に酸素を吹き込まれる。

教皇ヨハネ・パウロⅡ世は、教会は、両方の肺―東洋と西洋の肺―で再び呼吸することを学ばなければならないとしばしば主張した。まさに、私たちはそうしなければならない。また、私たちは、どのようにして深く呼吸し、教会の血液に酸素を供給するかを学ばなければならない。私たちが必要としているのは、「共同体」派のカトリックが息を吹き込み、「神の国」派が息を排出することがあってこそ、はじめて、私たちの肺は正常に機能し、キリストの体がいつまでも生き続けることである。この両者の活動は、競争、ライバル関係にあるとさえ思えるかもしれない。一方が、他方を否定するように思えるかもしれない。実際には、そうではない。なぜならば、息を吹き込み息を排出するリズムがあってこそ、私たちは生きているからである。教会の中にある様々な緊張─対比関係─は、これまで私たちの呼吸を止めることはなかった。とは言え、そのために、「キリストの体」(注・教会)が、時々、喘息に罹ることもある。どうすれば、再び、楽に呼吸できるようになれるだろうか。それが、次の章のテーマである。

引用文献

(1) Private letter.
(2) Hans Küng, *My Struggle for Freedom*, London 2003, p.386ff.
(3) Spring 1974, p.4.
(4) J McDade SJ, 'Theology in the Post-Conciliar Era' in *Modern Catholicism: Vatican II and After*, ed. Adrian Hastings, London 1991, p.442.
(5) *Op.cit.*, p.11.
(6) *Ibid.*, p.32.
(7) *Ibid.*
(8) *Op.cit.*, p.179.
(9) 'The Myth of Purified Community', *The Uses of Disorder; Personal Identity and the City Style*, London 1996, p.36ff., quoted in Bauman *op.cit.*

(10) Christopher J. Ruddy, 'Tomorrow's Catholics', in *The Christian Century*, 25 January 2003, pp.24-32.

(11) David Tracy, 'The Uneasy Alliance Reconceived: Catholic Theological Method, Modernity and Post-modernity', in *Theological Studies*, September 1989, 50/3.

(12) *Ibid.*, p.239.

(13) From the website of the Archbishop of Canterbury.

(14) *ST* III 83.4. ad 9.

第一〇章　パンダから学ぶ（注・原義は「パンダの繁殖」）

私たちは、キリストの体の傷をどのように癒せばいいのだろうか。ユーカリストは、人びとを集めパンを分かち合う共同体にし、神の国の豊かさを求めることを目指す。では、再び、そのリズムと共に呼吸するにはどうすればよいのだろうか。ローワン・ウィリアムズは、アングリカンコミュニオンの大主教の会議での説教の中で、次のように述べた。

サンクチュアリーという語があります。一般的に使われるこの語の意味には二つあります。そうです、一つは、神殿という意味です。もう一つの意味は、避難所とか、最近非常に多用される語として、保護施設です。これは、ホームを必要としているが、それが見つからない人びとのための場所です。従って、神によって造られるサンクチュアリーは、生きた神殿であり、閉鎖的な神殿ではありません。それは、いつもドアが開かれていて、神がおられ、神の平和が、何かの結果を生む神殿です。このようなことを考えると、どのように深い変革が私たちに求められているのでしょうか。何と早急に私たちは取越し苦労をしていることでしょう。何の得ることがあるのでしょうか。これでは、まるでキリストが亡くなり復活されていないかのようではありませんか。私たちは、何とぎこちなくお互い一緒に座り、祈り、賛美をしていることでしょう。何と簡単に私たちのドアを閉ざしていることでしょう。しかし、みなさん、私たちは祭司の王国になるように求められています。そして、世の人びとが招かれ、目で見て、変革することができるような、聖別された神殿になるように求められています。

大主教は、このホーム（教会）の再建には深い変革が必要であると主張している。この章で私が考察したいと思うことは、分裂を癒すためには、教会内での話し合いのありかたを変革するべきであるということである。言葉は、命を与え、死をもたらし、傷つけ、癒す。初めにみ言葉があった。み言葉は肉となって、私たちの間に宿った。キリスト教的価値観と生き方の核心にも、言葉の使用がある。神は、アダムに動物の命名を任された。このことは、神による創造という御業に与かること、即ち、ものごとに存在を与える言葉を話すことである。このことは、人間の様々な行動の中で最も道徳的に責任の重いものの一つである。エミリー・ディキンソン（注・一九世紀のアメリカの詩人）は、次の詩を書いている。

もし人間が、自らの口が

発するメッセージの力を
想像できるならば、
その責任感の重さで怯んでしまうだろう。(1)

私たちが話さない言葉、すなわち、教会を痛めている沈黙から始めよう。なぜお互いが胸襟を開いて対話をしないのだろうか。この沈黙は、最初から私たちを特徴づけていた。例えば、アダムとエバが罪を犯したあと、神が二人を探しに来られる時、彼らは、話したくないという理由で、隠れる。また、すでに見てきたように、墓場での婦人たちの沈黙もある。教会の中の沈黙は、一七世紀の三十年戦争（注・ドイツを中心としてカトリック派とプロテスタント派の諸侯が対立した宗教戦争）の後、さらに強まった。

クリスチャン同士が未曽有の残酷さで対立した戦争の恐ろしさは想像を絶する。キリストの体（注・教会）を引き裂いたことから生じたのは、さらに深い沈黙であった。もはや、キリスト教会どうしの間で、また、キリスト教会の内部でも話し合われるものがなくなった。新しい独断的な考え方が起こった。実際、中世の教会におけるよりも対話が少なくなった。中世の教会では、どんな不条理なことでも提案される自由があった。スティーブン・トゥールミン（南カロライナ大学）は、次のように主張している。

それから以降、つまずく者（異端者）には情け容赦がなかった。神学的方針は、いっそう厳密になり、要求度が高くなった。教理について分析する対話の機会も減少した。歴史上初めて、プロテスタントの異端者に対抗して結束を固め、カトリック教会を守る必要性があった。そのために、主要な教理を見直すことを棚上げした。たとえ、最も同情的で確信をもった信徒でさえも、それを見直すことはなかった。教理（注・doctrine）と独断論（注・dogma）との区別が、「トリエント公会議」によって定められた。プロテスタントの宗教改革に対抗してカトリック教会内で起こった教会改革運動（注・一六〜七世紀）は、独断的であった。一方、宗教改革前のキリスト教（例えば、アクィナスのキリスト教）は、そのように呼ばれたことがなかっただろう。(2)

従って、一七世紀のキリスト教世界の重症状態は、教会内で議論をする気概を弱めるに至った。教会が決めた方針に従うこと、敵に対抗するために独断的な立場を守り抜くことが必要であった。疑義を唱える者、疑問を抱く者は、共通の大義名分を破壊しているとされた。彼らは、第五列、すなわち、敵側の者であり、隠れプロテスタントと見なされた。トゥールミンによると、プロテスタント教会側にも、同じような独断的見解が見られた。従って、このような事態は、カトリック特有のものではなかった。それは、単に、近代化の始まりを示すものであった。それには、プラス面もある。実は、私個人の場合、カトリック教会の中の分裂を超えて前に踏み出す道を模索していた時に、あの非常に辛い時期にカトリック教会から分裂していた教会の長、カンタベリー大主教の言葉に、二回、示唆を求めたことがある。

私たちは、未だ対話のない沈黙の世界から脱していない。「カトリック共通基盤プロジェクト」（注・教会にある分裂を和らげるために一九九六年に設立された）の創設宣言「カトリックへの召命」には次のような反省を求める文がある。「教会内の全範囲にわたって、何か提案をしようとすると、それは、いわば、イデオロギーのリトマス試験紙でテストされる。諸々の意見、会報、指導者の発言は、すでに存在している陣営と歩調を合わせるように求められ、彼らの期待から逸脱すると、警戒心で見られる[3]」。ヨーロッパにおけるキリスト教徒の共通のホームが破壊されているが故に、私たちは、何世紀も前に、一種のアイデンティティ戦略の時代に陥ってしまった。従って、私たちは、「バチカン公会議」より以前の教会についてあまり楽観的なイメージを述べるのは正しくない。このような締め付けは、いっそう強化されてきた。受け入れられるためには、私たちは妥当なことを言わなければならない。従って、「彼女の考えは健全か」と問われる。「共同体」派は、「彼の心は柔軟であるか」と問うであろうし、「神の国」派は、「彼は我々の仲間であるか」と問うであろう（注・これらの質問は、イデオロギーのリトマス試験紙の例である）。私は、オーガスチンのテキストからの一節を思い出す。「天の雲は、雷鳴となって世界の隅々まで響き渡り、神の家が今造られていることを伝えている。しかし、これらの井の中の蛙ごとき連中は『俺たちだけがクリスチャンだ』とほざいておる[4]」（注・初期キリスト教の指導者オーガスチン〈三五四—四三〇〉は、当時の北アフリカのカルタゴの分立キリスト教徒のことを非難している）。

「第二回バチカン公会議」は、このような沈黙を破ろうとした。教皇ヨハネ二三世は、「公会議」が独断的な会議ではなく、パストラル的な会議になることを望んだという。教皇は、ある提案文書には一七センチの厚みの非難文書があるとコメントした。教皇自身は、たった一つだけ、非難しようがない発言をしたという。ドミニコ修道会の本部サンタサビーナ聖堂にある総長のテラスを訪問していた時、教皇は言った。「これはローマで最高の view（注・「景色」と「見解」という二重の意味がある）だね。それは、まさに非難のしどころがない」。しかし、「公会議」は多くのことに言及せず、または、少なくとも未解決のままにした。多分、「公会議」を閉会しようとするには、それはやむを得ないことだったのだろう。しかし、それ以来、私たちは、「公会議」が言及しなかった問題に悩まされ続けている。

沈黙は、一九六八年に深まった。それは、教皇パウロ六世の「回勅」（注・ローマ教皇が全世界または特定国の司教、信徒に宛てたカトリック教会の指針を示す公的書簡）に対する反応であった。それに反対した司祭たちの声は封じ込められた。数百万の信徒は、自衛のために沈黙することを選んだ。自分たちの人生について語ることが封印される分野があった。告解室においてすらもそうであった。お互い同士で話し合うことさえも少し後退した。口に出して言うことと、沈黙の中で思うこととの間に断絶があった。他の諸々の問題―例えば、女性の聖職叙任―も論外であると公言された。ただし、そのようなことは、逆に、いっそう論議を引き起こすことになった。

ここで重要な視点は、このような沈黙が単にカトリック、または、キリスト教の問題に限られたことではなく、ルーツショックというおぞましい体験、ホーム（心の拠り所）がない危機意識を長年にわたって抱えてきた世界に特徴的なことであるということである。今日、同じ思いを共有する人びとと一緒になって共同体を作ろうとする衝動があちこちで見られる。その一例として、政治的公正（注・人種、性などに関して差別的表現をしない）という考え方が広まった。これは実に難しい疑問を投げかけるが、ここではそれを考察する時間がない。最近、私が仰天したことがある。ハーバード大学の学長のスピーチに対する憤慨の声が報告された。多分、イギリスの新聞では正確に報道されなかったのかもしれないし、または、学長は、実際に失言したのかもしれない。しかし私が読んだ記事によると、学長は、男性と女性とは違った分野で優秀さを発揮するかもしれない、違った知的能力をもつ傾向にあると示唆した。しかし、そのような仮説は、男女間のいかなる不平等にも賛同しているようには思えなかったけれども、大学においてさえも口にすることが許されない。しばしば話題にすることが禁止されている。その理由は、話し合われる内容自体にあるのではなく、その内容がどのように曲解されるかもしれないとか、全く受け入れがたい立場を支持するために、その内容がどのように悪用されるかもしれないという危惧のためである。しばしば、政治的公正の課題は、発言の内容ではなく、「意図しなくても送られてしまいかねないメッセージ」である。「間違ったシグナル」を発してはいけない。このようなことは、人間の知性を深く疑っていることを暗示すると共に、かつ、言葉を、ものごとを理解するために使う微妙な道具ではなく、印象操作のためのキャッチフレーズという観点から捉えていることを暗示している。

勿論、言ってはいけないこともある。人の信用を傷つけたり、いかなるグループ―女性、少数派民族の共同体、貧困者など―の基本的尊厳を否定したり、ホロコーストのようなおぞましい出来事があったことを否定する発言は、許されるべきではない。何を言っても許されるというわけではない。しかし、教会は、発言が自由な場所になるべきである。特に、私たちが、敢えてアイデアを提案したり、仮説をテストしたり、厄介で評判のよくない真実を主張し、裸の王様にその事実を伝えたり、実は、私たち自身も服を着ていないことを人から教わる場所になるべきである。私たちが、神の子として伸び伸びとした自由さをもって、何かを実験したり、間違いをしたり、真理を探ることができてこそ、神の秘跡に近づくことができる。これまで何度も見てきたように、クリスチャンは、他の人びとが質問をし続けることを止めても、それを続ける存在であるべきである。

沈黙する理由は、思慮分別のせいかもしれない。それは、旧約聖書では賢者の特徴の一つであった。「主よ、わたしの口に見張りを置き、唇の戸を守ってください」（詩編一四一3）。言葉には大きな力があるので、私たちは、言葉には慎重にならなければならない。しかし、沈黙は、死のしるしし、墓場の沈黙、命のことばを消すしるしにもなりかねない。「主を賛美するのは死者ではない、沈黙の国へ去った人びとではない」（詩編一一五17）。私たちは、神のみ言葉が、イースターの朝に、墓の沈黙を破った復活を信じている。それだから、私たちは勇気をもって語らなければならない。

では、どのように語るべきか。語ることと聞くことの霊的意味は何であろうか。それは、私たちとは違った考え方をもち、違った感じ方をもち、違った世界に住む人びとに出合うことに伴う自己抑制と喜びを意味する。私たち各人が今日あるのは、違うものとの出合いのお陰である。たとえば、私たちは、男と女という違いの出合いが結実して生まれた存在である。フランス人政治家が言ったように、「みんながそれぞれ違っていることに万歳」。違いは、豊穣と新しい生命の源である。ある時、私は、修道会がベニン（注・ナイジェリア）で経営する有機農園を訪ねた。農園を設立したナイジェリア人修道士のザンブージョは、飼育している豚は、私のような太った白いヨークシャー豚と、彼のような小型の黒いアフリカの豚という違う種の交配であると冗談まじりの説明をした。

現代生活が不毛に思える状態の一端は、私たちが違いを怖れて、自分たちに似たものの方へ避難するからである。ホーム、すなわち、ルーツの破壊のために、私たちは、自分とは違う人びととの接触に神経質になる。しかし、勇気をもって彼らと接触しなければ、何も結実しない、子どもが生まれない。西洋社会で出生率が低下しているのは、全くの偶然だろうか。耐えることがもっと辛い違いは、自分たちに身近な人、自分たちの仲間との間に食い違いが見られるケースである。面識のない人の奇妙な考えは許容できるが、それが兄弟にある場合には、我慢できないだろう。ある神学者――「共同体」派の考えをもつ人――が、次のように私に告白した。彼にとって、「リベラル」派の見解に対処する方法は、彼らが仲間のカトリック信徒ではないと装うことしかない。教会も、違った考えの人びとと、冒険的で刺激的な出合いをしてこそ、子ども（成果）が生まれるだろう。

敵対する人に対応しなければならない時、典型的な現代的手法は、裁判にかけることである。双方で合意がなければ、法が決める。言葉は、敵対関係を生む。どちらか一方しか勝利しない。教会においても、人びとは、しばしば敵対関係に打って出ることがあるが、その場合、実りある結果は生まれない。イギリス人で著名なリベラル派のカトリックであるジョン・コーンウェルは、『冬の教皇：教皇ヨハネ・パウロ二世の任期の暗黒部』という本を書き、教皇を批判した。アンドルー・グリーリー（注・アメリカ人のローマカトリック司祭、社会学者ジャーナリスト）は、『ロンドン タブレット』誌に書評を載せ、「コーンウェルは、現在の教皇行政に対して訴訟を起こすために、弁護士による強力な訴訟趣意書を準備した」と書き[5]、また、「神の国」派の「コンシリウム」の創始者の一員であったハンス・キュングの後期のいくつかの本は、どれも、他の見解に全く耳を傾けない印象を与えることが多く、「相手側」の見解を侮辱することばで描写している。これは、相手側と真剣に意見交換することを避ける方法である。しかし、教会の他の陣営にいる多くの人びとも、同じように相手を批判する。彼らは、人びとの意見のあら探しをし、不健全な意見をもつ人びとを攻撃し、彼らを異端として宣告する。ジョン・アレンは、これを「タリバン的カトリシズム[6]」と呼んでいる。イブ・コンガールは、「教会改革の第一条件は、カリタス、即ち、公平で感情に流されない愛であり、また、他人の良い点だけを見ようとすることである」と言った。(7)それは、単に心の問題ではなく、知性の問題である。即ち、自分たちと違う人びとを理解するために知性を使うことである。また、それは、親しい交わりを生み出すような話し方と聞き方をすることである。

二〇〇四年の夏、私は、クラクフ（注・ポーランド南部にある都市）で開かれた修道会の総会に参加した。説教に関する文書が、多くの熱のこもった話し合いを引き起こした。説教は、まさにドミニコ会がとても気にかけているトピックである。議論のために提案された文書は、次のことを主張した。「我々は、謙虚さを学ぶべきである、すなわち、他人の経験から生まれた知恵と言葉に対して謙虚であるべきである。我々は、説教者として与えることよりも、受けとることの方が多い。聖ドミニコのように、我々は物乞いする存在であり、神から、また、他の人びとからの言葉を黙って待っている」。これは、説得力のある声明であった。しかし、総会に出席していた修道士仲間の中には、激しく反論した人びともいた。彼らは、私たちは、福音と教会の教義を公表しなければならないと主張した。私たちには、人びとに提供できる教えがあると言った。これは、「神の国」派と「共同体」派との典型的な衝突の例であった。勿論、私たちは教義を修正し、何とか穏便なコンセンサスに向けて前進した。

後になって振り返り、もっと時間があったら、私たちはさらにもっと多くのことが達成できたのではないかと思った。これは、違った見解の衝突であったが、時間の余裕があったら、もっと実り多い結果になったかもしれない。これが意味することは、単に妥協点を交渉するだけではなく、そもそも最初になぜ意見が合わないのかを理解する必要があるということである。このことは、単に他の信徒仲間の言葉を聞くだけではなく、彼らの経験を理解する必要があるということになるだろう。説教について、彼らが私たちとは違った考え方をするのは、どのような人生のストーリーが背後にあるからだろうか。彼らの中には、イスラム教との長期に亘る対話の経験から、つまり、他の宗教を信じる人びとと友情を築こうとして不断の謙虚な忍耐をしてきた経験から、発言する人がいた。また、全く違った体験から発言する人もいた。例えば、迫害にもかかわらず、信仰にすがり、共産主義のもとで生きながらえるために苦労した経験や投獄の脅迫にもかかわらず、勇敢に自分たちの信仰を固く守った経験から話す人もいた。そのような違った経験のあるドミニコ会修道士たちが、説教することの意義について違った解釈を表明するのは、当然のことである。私たちは、単にお互いの言葉を聞くだけでなく、それらの言葉の源流である背景を理解しなければならない。生のままの提案を聞いた時、当初は、私たちは反対するかもしれない。しかし、提案者の人生のストーリーを聞けば、彼がなぜ異論を述べるのかを理解するのに必要な想像力を働かせることができるかもしれない。また、そのようなストーリーのある状況では、彼が述べる異論は筋が通っている理由も理解できるかもしれない。

ルートビヒ・ウィトゲンシュタインは、「単語の意味は、言葉の中での用法により決まる」(8)と書いている。相手の人が、この語をどのような意味で使っているのか。これを知るには時間と注意が必要である。当人の生活の中でその語が果たしている役割を知らなければならない。その使い方が私には意外なものならば、その事情、当人がどのような意味で使っているかを理解しなければならない。これと関連して、私が身をもって体験した逸話がある。ある日、ローマに着いた時、私はアメリカ人のドミニコ会修道士に書類を手渡して、それについて彼のコメントを求めた。彼は、「quite good」と答えた。私は傷ついた。イギリス人には、その表現は、「rather bad」かなり悪いの意味である。数日後、彼は、特に美味しいパスタ料理について「quite good」と言ったのを聞き、彼がこの表現を私が解釈する意味とは違って使っていることに気づいた。

私たちは、自分の心の奥底にある思いを語る時、ある理念が基点になっている。私たちの場合*gaudium et spes*（注・「喜びと希望」を意味する「第二バチカン公会議」で採択された憲章の序文の冒頭にある表現）が基点になっている。すなわち、私たちの生き方と考え方に影響を与えてきた喜びと希望、悲しみと苦しみを踏まえて語る。私たち各人は、心の拠り所であるホームやある仕切られた場所（地図と標識のある）に住んでいる。このことが、私たちにアイデンティティを与える。しかし、それぞれのホームは、神へのアクセスを提供し、その窓は永遠のほうを向いている。

アイルランド人でノーベル文学賞（一九九五）の桂冠詩人シェイマス・ヒーニーは、子ども時代を北アイルランドで過ごした。その地形や土地、語彙が、彼を形づくった。その場所に立つと彼は無限の空が見える。彼は次のように書いている。

ローマ人たちは、ローマのカンピドリオの丘のジュピター神殿にあるタルミナスの神（境界の神）の像をもっていた。興味深いことには、像が座っていた場所の上のほうにある屋根は、天空に向けて開いていた。それは、あたかも境界と領土を守る神タルミナスが、天空そのものの無限の高さ・広さ・深さに接近することを求めていることを表明しているようである。さらには、それは、あたかもすべての境界は必要悪であり、真に望ましい状態は、制限されていないという感覚、無限のスペースを占有している感覚であることを表明しているようである。人間として我々には、二つの特性がある。身近にあって既知であることの安定性に心が引かれる特性と、同時に、我々から遥か遠くにあるものに挑戦し、それに夢中になる特性がある。詩を創作し、メッセージを発する源は、まさにこのような二つの特性にある。秀作の詩は、読者の足を地面につけたまま、同時に、頭（思い）を空中に馳せさせている。(9)

同じことが、よい霊的感覚についても言える。私たち各人の特異性が、神への巡礼の旅の基点になり、後に、無限なことと普遍的なことに向かう。

私たちは、自分と全く違う人に出合う時、最初、相手がどのように自分とは違うのかを見つけようとする。例えば、彼はアイルランド系で、イギリス系の自分とは違う。彼女は女性であり、男性の自分とは違う。彼は若く、怒りっぽく、保守的であり、自分は老齢で、陽気で、心が広く、リベラルである。しかし、実際に相手の言うことを聞くと、私は、違いがあることに喜びを感じ、それが彼を見直す新たな基点となる。そして、相手の立場に徐々に歩み寄り、自分が彼らのホームでくつろいでいることを想像し、ホームの上の屋根が開いていることを知り、そこから見える無限性を発見するだろう。ユダヤ人のイエスは、特定の時に、特定の場所に弟子たちを集められ、特定のテーブルに彼らと一緒に座り、自らの体と血とを分かち合い、神の国の無限のスペースへの道筋を開かれた。

グスタボ・グティエレスとハンス・フォン・バルタサルは、互いに全く違うタイプであった。一人は、ペルーのリマの出身で、先住民の解放の神学者であり、もう一人は、スイスの貴族であった。グティエレスは、人生後半にドミニコ会に入り、バルタサルは、イエズス会を離れた。二人は象徴的な人物で、一人は「神の国」派のカトリックであり、他は「共同体」派のカトリックであった。二人は、違った神学的立場にある（或いは、バルタサルの場合は、立場にあった）。しかし、各自は基本的には、神秘主義者であって、神を渇望している。私たちは、局外に立って、彼らのホームの限界を見るのではなく、彼らと共に上を向き、彼らが結ばれている超絶的存在（注・神）に心を馳せなければならない。彼らは、無限に至るように、特定の神学的立場にいる。

このように他者に心配りをすることは、彼または彼女が、私個人の信念と合わない真実を固く信じていることを、私が受け入れるべきことを意味している。彼らの信念が、私とは違うということである。そこで思い起こすことは、司教クリストファー・バットラーが、「第二バチカン公会議」で言った言葉である。「真実が真実を脅かすかもしれないことを恐れてはいけません」。もし私たちが、自分のものとは相容れないように思える信念を敢えて考慮する――少なくとも暫くの間――ことをしなければ、人とのどのような出合いも実りがないだろう。相手のことを考慮している時は、私たちは、しばしば確信のないままに、敢えて暫定的な考えをもちながら日々を送らなければならない。その後、しばしの間、失っていた思考の一貫性を回復することになる。まさに、ウィリアム・カーロス・ウィリアムズ（注・アメリカの詩人）が書いたように

不協和音は
（もし我々がその気になれば）
発見につながる。(10)

私は、相容れないように思える二つの真実を敢えて考慮する時、それらが和解できそうな、より大きい視点を探すことを余儀なくさせられる。例えば、私は、特定のマニフェストをもつ教派に対する忠誠心よりも、もっと根本的なこと――真実に対する忠誠心――に目を向けなければならない。なぜならば、私を解放してくれるのは、真実であるからである。「神の国」派のカトリックと「共同体」派のカトリックとの接点は、万事を解放する真実にある。

イエスは、「最後の晩餐」の席で弟子たちに「わたしの父の家には住む所がたくさんある」（ヨハネ一四2）と言われる。神のホームは広大である。とは言っても、神はとても寛大なので、真実

には頓着されない、だから何でも好きなように信じてもいい、ということではない。私は、神が次のようなことを言われることを想像できない。「なるほど、あなたはわたしの子イエスがマグダラのマリアと結婚したと思うのだね。そう思っても結構だよ。『ダ・ビンチ・コード』（注・推理小説。モナ・リザ、聖母マリア、イエス・キリストが、最後の晩餐といったダ・ビンチ作品の謎に始まり、多くの流説を結びつけた内容。例えば、実はマグダラのマリアと呼ばれる女性と結婚をしたという流説など）かそれとも『神学大全』のどちらがいいかとお尋ねですか。私にはどちらも同じものですね」。

良い羊飼いは、羊を、小さく窮屈な囲いから――私たちもそのような場所に自らを閉じ込めている――広い牧草地に導き出す。私たちを、自らの偏屈なイデオロギーと狭量な語彙から解放してくれる羊飼いの言葉を信頼しなければならない。私たちは、神のみ言葉の広大さを目指す話し方を見つけなければならない。ロバート・ジェンソンは、次のように書いている。「神は、（そう選ばれるなら）御自分の生活の中に他の人びとを受け入れられても、その生活には何の支障も起こらない。非常に拙い言い方をすれば、神は『度量が広い』[11]」。そして、それが意味することは、私たちも、度量が広い話し方を見つける必要があるということである。今よりももう少し度量を広くすることはつらいことである。エックハートによれば、このつらさは、神がくだされる判定ではない。彼は次のように言う。「神は我々に多大なことを要求されるが、それは、神の正義、または、厳しさの故ではなく、むしろ、それは、神の豊かな寛大さに起因している。なぜならば、神は、自らが授けようとされている贈り物を、私たちが保つことができるように、私たちの魂が「広げられる」ことを求められているからである。(中略)預言者は、次のように言う。『神は、正義ある人が広い空間に出ることができるように、彼らを狭い道から大路へ導かれる』[12]。

カナダ人の小説家キャロル・シールズは、『ラリーのパーティー』の中で、言葉が、どのように私たちに心の安らぎを提供するかを考察している。ラリーの最初の結婚生活は壊れた。その理由は、彼と若い妻は、お互いを理解し愛し合うに十分な語彙をもっていなかったからである。最後に、二人が和解する時には、彼らの語彙が広がっていて、彼らが初めて共にくつろげる状態になっている。ラリーは尋ねる。「それは、僕たちの問題だったのか。僕たちが十分な語彙をもっていなかったことが[13]」。シェークスピアは、自らを「新しい語彙を熱望している男」と表現した[14]。

教会が結束しているのは、永遠に豊穣な聖霊が安息の場の上に漂い、私たちが分かち合える新しい語を産み出しているからである。四世紀には、キリストを理解するのに二つの互いに相容れない方法があった。非常に簡素化して言うと、まず、アンティオキア派がいた。彼らは、非常に人間的なイエスを信じていた。イエスは、私たちと同じく、苦しみ、考え、誘惑にも巻き込まれた。もしキリストがそのような存在でなければ、私たちは、彼とどのように関わっていいのか分からない、と彼らは主張した。他方では、アレキサンドリア派がいた。彼らは、威厳があり神性のあるイエスを信じていた。もしキリストがそのような存在でなければ、私たちは救われることができようかと、彼らは主張した。この二つの神学説、世界を見る二つの方法、心と知性に関する二つの視点は、二つの非常に異なった文化に根差していた。アレキサンドリアは、ファラオの偉大な神権政治の世界を継いだ都市であり、一方、アンティオキアは、繁栄する民主的ギリシアの都市であった。この二つの神学説の出合いは、あらゆる種類の紛争と緊張関係を経験してきたが、究極的には、五世紀に「カルケドン公会議」（注・四五一年、東ローマ皇帝マルキアヌスが主催した公会議で、ローマ教会の「三位一体説」が、キリスト教の唯一の正統な教理として確定した）でのキリスト論になり実を結んだ。これは、神学的取引というものではなかった。それは、誰にも受け入れられる提案を折衝する以上の意味があった。「公会議」で決められたことは、さらに大きな神学的世界への突破口になった。すなわち、これまで対立していた二つの伝統が、お互いの信仰に対する直観を認め合い、心が休まる話し方を見出すようになった。

このような神学的創造性は、単に、イエスについて違った考えをもつようになるという問題だけではない。すでに八章で見たように、ものごとを新しい方法で理解することは、新しい生き方を開く。なぜならば、アクィナスの教えにあったように、理解することは、生き方、すなわち、存在のありかたのことである。それ故に、社会は、思索する人びと―歴史家、哲学者、科学者、詩人、人類学者、心理学者―を必要としている。それは、単に経済的理由からではない。思索家は、私たちの言葉を刷新し、私たちが、人間的になる新しくより深い方法を発見し、神の命にさらに十分に与かることに貢献する。神学者でさえも、時には、そのような貢献をする。

繁殖するには、違うものが必要である。ただし、全く不適合なものは繁殖につながらない。例えば、羊と山羊との間の交配はできない。もし馬とロバが交配すると、不妊のラバが生まれる。

正統派的信仰は、霊的交流が成功する幅広い分野である。もし私たちが、イエスが魔法のキノコを食する人、または、火星人であったと主張すれば、何も得るものがない。なぜならばいかなる意味においても交流が起こる共通の要素がないからである。出合いが実を結ぶためには、二人の信徒はどれほどまで違っていてもよいのだろうか。これは、複雑な問題であり、ここでは考察をしない。勿論、究極的には、私たちは、正統派的信仰を分かち合わなければならないが、それが、対話の範囲を狭くしてはいけない。正統派的信仰を分かち合うことは、秘跡という広い領域に入ることであり、その中で、私たちはイデオロギーの窮屈さから解放される。「正統」という語を、保守的とか硬直的という意味で使うことは、重大な誤用である。正統派的信仰は、決して一般に容認されてきた常套句を、考えもしないで繰り返すことに本質があるのではない。カール・ラーナー（注・ドイツ出身のカトリック教会の司祭）が指摘したように、そのような誤用は、一種の異端になる可能性がある。正統派的信仰は、秘跡へ向かう巡礼の旅を続けることができるように、自らの信仰を語ることである。その際、新たに信仰について信念を表明することが、果たして、私たちの信仰を表明する新しい方法であるのか、或いは、それを裏切ることになるのかが、直ぐには分かりにくい。それが分かるには時間がかかる。周恩来が、フランス革命（注・一七八九～九九）が成功であったかどうかを尋ねられた時、それを知るには時期尚早であると答えたという。

拙速に糾弾に走ることは、勇気なき行為である。ドミニコ会のマリー・ジョゼフ・ラグランジュ修道士が、一八九〇年に、エルサレムにフランス聖書考古学学院を創設し、旧約聖書の分析的、かつ、歴史的研究を開始した。彼は、旧約聖書は、いつも文字通りに読むべきではないことを示した。すると教皇庁の検邪聖省（注・信仰、道徳を扱う教皇庁の機関）の怒りが彼に下り、彼は糾弾された。数年後、彼の言ったことは全く正統であると受け入れられ、カトリック教会で一般に受け入れられるようになった。恐れることは、決して真理の追究に役立たない。正統派的信仰の守護者の任務は、三つある。一つ目は、恐怖心のために、反省することが抑えられないように見守ることであり、二つ目は、拙速な糾弾を阻止する勇気であり、三つ目は真理の追究には必要なだけ時間をかけるようにすることである。

たとえ誰かが、何か明らかに正統でないことを言ったとしても、私の最初の対処法は、即座に彼の間違いを糾弾するのではなく、どのような真実を彼は伝えようとしているのかを調べることである。ひょっとしたら、彼は必死になって何らかの真実を伝えようとしているかもしれない。たとえ、その表現の仕方が間違っていても。もし誰かがイエスは、クリシュナ（注・ヒンドゥー教におけるビシュヌ神の化身の一つ）のように神の化身の一つにすぎないと主張すれば、私は彼が間違いであると思う。それは、私たちの信仰とは相容れない。しかし、多分、彼は、言い方は間違っているが、私が注意を払うべき何らかの真実を伝えようとしているのかもしれない。ノエル・オドナヒュー（注・アイルランド人聖職者）は、かつて、異端を「閉じ込められた光」と称した。私たちは、そこにある光を外へ出す方法を見つけなければならないと言った。

このようなことは忍耐を要する。パンダを繁殖させた経験がある人ならば、多くの時間が必要であることを知っている。パンダは、数年の間は、お互いを無視し、相手がいないふりをし、森の中ですれ違っても一瞥すらも交わさない。やっと、お互いの存在を認知していること示す僅かな兆しや攻撃の姿勢をしたり、唸り声をあげたり、噛んだりすることがある。そのような行動が見られたあと―運がよければ―パンダの胎児が宿るかもしれない。それ故に、パンダの頭数が非常に少ない。キリスト教の神学者が輩出するにも、パンダと同様に、時間がかかる。ただし、幸運にも、その人数ははるかに多い。

今年、ワシントンで開催された第六回「カトリック共通基盤プロジェクト」での講演で、ジョン・アレンは、「カトリック信徒間の対話の霊性」について素晴らしい講演を行った。講演中、私が書いたことが引用され、私は光栄に思った。私自身はそれをいつどこで書いたのかを覚えていないので、以下では、彼が紹介した私からの引用を再引用する。

対話は、私たちがゆっくりと時間をかけてこそ可能になる。「カルケドン公会議」でキリスト論が登場するまでに四〇〇年を要した。もし誰かと意見が合わなければ、予定表に二〇分間の会議時間をとるだけでは、進展することはあり得ない。決定的に重要な問題は、以下のとおりである。時間という最も貴重なギフトを何に捧げるか。神は私たちに僅かな時間しかくださらない。それは、平均して二万七千時間である。それをどのように使うべきか。もし教会の結束が重要であるならば、私たちと対立する人びとに時間を与える必要がある。彼らを理解し、彼らから反論される時間をかける必要がある。今日のような行動主義の文化では、私たちが忙しすぎるというのではなく、多分、あまり重要でないことに忙しいのだろう。

この段階では、そのような提案は大変素晴らしいことであるが、果たして何かが起こるだろうか考えたくなる。教会の分裂を癒すためには、私たちには霊性以上のものが必要である。すなわち、私たちは行動することが必要である。私は、次の二つのことが必要であると提案したい。それらは、対話が起こる場所とリーダーシップである。

パンダは、繁殖するのに適切な環境を必要とする。パンダは、人から檻越しに見られたり、竹で突かれたりする動物園では繁殖しない。彼らが繁殖するには、そのようなものから自由になり邪魔されない場所が必要である。私たちも、ドイツ人の哲学者ユルゲン・ハーバーマスが言った言葉「曲解されないコミュニケーション」ができる場所が必要である。言い換えると、コミュニケーションが、相手を怯えさせたり威嚇するような人間関係によって阻まれない場所が必要である。さらには、全ての当事者の尊厳が認められている場所も必要である。また、私たちが、恐怖と偏見なく話せる場所が必要である。時にはお互いに怒りをぶちまけ、後に和解する時間が必要かもしれない。バーナデイン枢機卿がイニシアチブをとった「カトリック共通基盤プロジェクト」は、まさにそのような場所を作ることを目標にしていた。また、枢機卿が最も対話を望んでいた人びとの中の多くから拒絶されているにもかかわらず、それはまだ続いている。私たちは、そのような他の対話の場所を必要としている。ノートルダム大学でニューワインスキン会議が開かれている。そこには、あらゆる考えをもった若い倫理神学者たちが出席し、何も恐れることなく自由に道徳問題を話し合う。

最近、イギリスの首相夫人で、著名な人権擁護弁護士であるチェリー・ブレアが、政治生活におけるカトリックの役割について討論会を開催した。その契機となったのは、アメリカ大統領候補のジョン・ケリーがミサに参列するのを許されるべきか否かという議論があちこちで起こったからであった。彼は、中絶に賛成する法的措置を以前から支持していた。私たちも、討論会を企画し、教会のあらゆる分野の人びとを集めようとした。例えば、オプスデイ（注・ローマカトリック教会の組織のひとつ）に所属するプリンストンからの神学者や、リベラル派のカトリック信徒でスコットランドの弁護士、また、ロンドン大学のロンドン・スクール・オブ・エコノミクスの人権専門の教授など。討論会の目的は、新しい討論の方法を見つけること、いやむしろ、中世の古い討論方法を回復することであった。中世の討論法では参加者は、より明晰に考え、願わくば、結論に向けて収斂するようにお互いを強いた。私の役割は、討論の最後に総括をし、討論を相互の対立を超えたところまで推し進めることであった。公職にある多くのカトリック信徒が参加し、彼らは議論に精力的に参加した。開催前は、多くの人びとは、討論が険悪な雰囲気の中で破綻するだろうと思った。しかし、そうはならなかった。それは、非常に深く対立している人びとでさえも、お互いに話し合うことができるというしるしである。この企画は、信徒の女性のイニシアチブによるものであった。上級の聖職者がイニシアチブをとる必要はなかった。

さらには、私たちは、司教区レベルと教会区レベルでの小規模なイニシアチブを多く必要としている。しばしば、人びとは組織としての教会についての不満を表明する。これは、あたかも非力で孤独な個人が、広大で一枚岩のように強固な組織と対立しているように聞こえる。しかし、教会は、様々な制度から成り立つ複雑な網状の組織であり、単にヒエラルキー（注・聖職位階制度）だけではなく、修道会、大学、使徒団体、ギルド、新しい運動団体、定期刊行物などを包括している。そして、もっと多く必要としている組織は、私たちが、違う人びとと自由に話し合い、実りある成果を得られる時間と場所を提供してくれるようなところである。私たちは、組織としての創造性が必要である。

そのためには、一般に「リーダーシップ」と呼ばれるものが必要である。告白すると、実は、私はこの言葉が大嫌いである。教会には、ただ一人のリーダーであるキリストしかいない。キリストは、マルコによれば、私たちに先んじてガリラヤに行かれた。ヘブライ人への手紙によれば、私たちに先んじて神の前に行かれた。従って、私たちは全員追随者である。私がリーダーシップという語を使うのは、それが一般に広く使われているからである。私はその用法を曲げて、もう少しキリスト教的解釈をしたいと思う（これには、多分、私の自惚れがあるだろうが）。今日、頻繁に主張されていることは、世界中の多くの場所で、教会の「リーダーシップ」の危機があるということである。最近、ロサンゼルスで開催された宗教教育会議で、トレド大学の神学者リチャード・ゲイラーデッツは、アメリカにおける教会の査定を発表した。リーダーシップの構造と実践の実態について、Dと低い判定をした。全員が歓声をあげた。彼によれば、アメリカにおける教会の分裂の原因は、司教がある特定の党派を支持して分裂を促進しているからである。そのような司教は、信徒全体のことを配慮する、結束を重んじる人物になることができないと言われている。私としては、このような発言の真偽を判断できない。しかし、リーダーシップは、洗礼を受けたクリスチャン全員の課題である。厳密な意味では、司教がリーダーシップを発揮するという職務は、非常に現代的で珍しい概念であるかもしれない。実際、教会の偉大な改革者の多く―例えば、アッシジのフランシス、シエナのカタリナ、ドロシー・デイ―は、司教ではなかった。彼らは、叙任さえされていなかった。彼らは、信徒であって、多くは女性であった。ベネディクトは、ほぼ間違いなく、叙任されていなかった。

キリスト教的リーダーシップについて、福音と合致していると私が思う唯一の解釈は、私たちの各人が勇気をもって最初の一歩を踏み出す道義的責任があるということである。それは、前に踏み出し、傷つくリスクを冒す勇気のことである。ラビのユーゴ・グリンは、アミナダブの子ナフション（注・民数記）に関するタルムード（注・モーセが伝えたもう一つの律法とされる「口伝律法」を収めた文書群）の伝説を、次のように描写している。「ナフションは、家族と一緒に紅海の岸辺に立っていた。彼らの背後にはエジプト人たちが迫って来ていた。前方には、深い危険な海があった。モーセがイスラエル人たちに前進するように言った時、彼らは恐れ、躊躇した。しかし、ナフションは真っ先に飛び込んだ。その時に、水は分かれた」[15]。

アレキサンダー大王が、アジアの都市を急襲していた時、突然、自分が一人だけ取り残されていることに気づいた。彼は、町の城壁に立っていた時、自分の軍が後退し始めており、彼は、敵から包囲されていた。選択肢として、町から逃げ出し、後退に加わるべきか、それとも、一人で町に突進し、勝利のために闘うべきか。彼は、後者を選んだ。すると、彼の軍が周りに集結し、反撃をした。町は陥落した。とは言え、彼は負傷し、最後には死んだ。しかし、彼は何と偉大であったことか。あの時、もし彼が逃げ出していたら、今日、彼のことは誰にも知られていないだろう。

放蕩息子の逸話も、リーダーシップの本質を私たちに示している。息子は、帰郷するという第一歩を踏み出す勇気があった。その時には、父親から出迎えてもらえるということが未だ分からないままであった。父も、息子が赦しを乞う言葉を発するのを待たずに、息子に向かって第一歩を踏み出した。二人とも、リーダーシップを証明している。ヨハネ・パウロ二世も、東方正教会とイスラム教との対話のために努力した際に、しばしばリーダーシップを発揮した。彼は拒否されることが多かった。しかし、このようなことを行うのは、教皇と司教だけの役割ではない。歴史的に見ると、それは、通例、他の人びと―多くは信徒―の役割である。今日、教会の中で求められている大きな美徳は、一歩前に踏み出す勇気である。私たちは新しいイニシアチブを試し、赦しを乞い、私たちを糾弾する人びとにさえも耳を傾ける勇気が必要である。他人を責める、特に教会の階層組織を責めるほうが容易く、安全であるが。

聖アウグスチヌスは説教の中で、次のように述べた。「あなたたちは誰もが『悩みが多い時代』とか『厳しい時代』、『惨めな時代』などと愚痴をいいます。良い人生を送るようにしなさい。時代を変えるには、良い人生を送るしかありません。あなたたちが時代を変えるのです。そうすれば、愚痴をいうことはなくなります」[16]。恐らく、私たちは、何か愚痴ることが好きなのかもしれない。確かに、愚痴を言うことは、外へ一歩踏み出して、傷つくリスクを冒すよりも安全である。しかし、もし勇気をもって踏み出せば、聖霊が私たちを訪れ、何か新しい対策を講じるように促すであろう。例えば、私たち誰もが所属し、自分のルーツショックから立ち直るホームとなる教会を建てることができる。また、私たちの信仰を語る新しい方法を見つけ、古く忘れ去られている習慣を再発見する方策を講じることができる。その結果、お互いが実りのない対立関係に嵌《はま》りこんでいると思っている人びとが、共に連帯感をもつことができるホームがあることに気づくであろう。私たちは、トマスがもっていた創造力が少し必要である。彼は、オーガスチンとアリストテレスの一見して対立する伝統を縒《よ》り合せ、新しくもっと広大なストーリーを生み出した。そう言えば、私たちは、パンダよりも効率よく、交流することもできる。そうすれば、教会はキリストを通して、全ての人類が結束していることを示す、より良いしるしになるであろう。

引用文献

（1）*Op.cit.*, p.602.

（2）*Cosmopolis: The Hidden Agenda of Modernity*, Chicago 1990, p.19.

（3）From 'Catholic Common Ground' website.

（4）Enarratio in Psalmum XCV, *Augustini opera omnia*, Vol. IV, Migne, p.1234.

（5）13 November 2004, p.22.

（6）'A Spirituality of Dialogue Among Catholics', *Origins* 34, 15 July 2004.

（7）Christopher Ruddy, 'Tomorrow's Catholics', *op.cit.*

（8）*Philosophical Investigations Vol.1*, Oxford 1963, para 43, p.20.

（9）*Finders Keepers: Selected Prose 1971-2001*, London 2002, p.48.

（10）Paterson IV, quoted in Hugh Rayment-Pickard, *op.cit.*, p.1.

（11）*Systematic Theology*, Vol.1, New York 1997, p.236.

（12）Sermon 69: Walshe Vol. II, quoted in Paul Murray, 'Dominicans and Happiness', *Dominican Ashram*, September 2000, p.129.

（13）London 1998, p.336.

（14）Melvyn Bragg, *The Adventure of English: The Biography of a Language*, London 2003, p.144.

（15）*Chasing Shadows*, London 2001, p.111.

（16）*The Sermons of St Augustine: A Translation for the 21st Century*, ed. John E. Rotelle OSA, Sermons III, 9.74, New York 1991.

第一一章　主の日がなければ私たちは生きていけません

三〇四年、北アフリカで多くのクリスチャンが、日曜日にユーカリストを祝うために集まったために逮捕された。植民地総督が、家主エメリタスに、なぜ彼らを家に招いたのかと尋ねると、彼は、これらの人びとは自分の兄弟姉妹であると答えた。総督が、彼らを家に入れてはいけなかったと執拗に言うと、家主は、そんなことはできませんと答え、'Quoniam sine dominico non possumus.'と言った。当時の枢機卿ラッツィンガーは、この発言を「主の日がなければ私たちは生きていけません」と訳し（注・他の訳では「日曜日がなければ生きていけません」とか「ユーカリストを祝うために日曜日に集まらなければ生きていけません」がある）、次のようなコメントをした。「この教えの他の訳もあっただろうが、彼らにとっては、どちらでもよかった。肝心なことは、意義と首尾一貫性のある生き方を選ぶか、或いは、意味のない生き方を選ぶかであった[1]」。従って、主の日を守ることは、私たちの信仰が、クリスチャンとしての生き方にどのような違いをもたらすかを知る手掛かりとなるはずである。

著書『法、愛そして言葉』の中で、ハーバート・マッケイブは、安息日を守り、働いてはならないという戒めは、「仕事を偶像視（注・過剰崇拝）することに向けられている。すべての偶像は、

『人間の手による仕事』から生まれているので、このような仕事はいつ偶像視されるかもしれない。（中略）安息日があるのは、私たちが成功ストーリーに没頭することを止めさせ、生産性と利益追求の奴隷になることを妨げるためである」[2]。人びとが、自分たちの人生の意義を、働くことに見出している世界では、私たちが働いていない時にすることは、あまり重要視されない。そのような世界では、人は、後にリラックスするという目的のために働くのではない。再び働くという目的のために余暇をとる。月曜日の朝にリフレッシュして仕事に戻りさえすれば、自由な時間（安息日）にすることは重要ではない。再び、マッケイブを引用すると、

人間は、勤務時間中は、指示されることをしなければならない。しかし、余暇（仕事がない時）では、何をしようと、信じようと、崇拝しようと、読もうと、それは自由である。これらの活動は、仕事に影響を与える場合に限って、制約を受ける。（中略）この社会では、文化は、個人的な営みになる傾向がある。それは「自由」であり、実生活との関連からは自由であるので、制約する価値がない。従って、哲学者、科学者、小説家、神学者は、自分たちが何かを発言するに際して、地域社会に対して何らかの責任を感じる必要は全くない。誰も、彼らの言うことを真剣に受け止めないからである[3]。

ヨゼフ・ピーパーは、素晴らしい短編作『余暇、文化の礎』の中で、文明社会が優先して考える

べき価値を再発見しなければならないと言っている。ギリシア語の αοχολια「仕事」は、「余暇でない」から派生している。ラテン語においても、*negotuim*「ビジネス」、「職業」、「雇用」は、*negotium*「余暇でない」が語源である。(4) 従って、私たちは、残酷な労働倫理（注・労働を善とする倫理観）から解放されなければならない。それは、私たちの仕事—幸運にもそれがあれば—を人生の中心とし、余暇を、たまたま働いていない時間と見なす。安息日は、仕事崇拝を超え、自由の状態で真の神を崇拝するように私たちを促している。

ピーパーがこの本を書いたのは一九四八年で、ドイツは戦後の復興をしようとしていた。ハーバートの著書『法、愛そして言葉』の出版は一九六八年であった。彼らが書いていることは、今日でも啓発的である。ほとんどの人間にとって、仕事は、依然として重荷であり奴隷状態である。しかし、多分、この新世紀の初めごろには、仕事は、その意味を変え始めているかもしれない。私たちの先祖を支配してきた古い労働倫理は、その勢力を失いつつある。新しい労働観が表れ始めており、場所によっては、他よりも急速に進んでいる。このような変化は、今はまだ少数の人びとに影響を与えているにすぎない。しかし、そのような変化を見ることによって、私たちが安息日の休息に新たな意味を見つけるように促されている。

第八章で、私は、資本主義は新しい局面に入っているというバウマンの主張に言及した。その時、資本と労働の間に安定して永続的な関係があったフォード主義の世界から脱却しつつあることを紹介した。バウマンが「流動的現代性」と呼ぶ世界では、経済は、重量製品を製造するよりも、むしろアイデア、イメージ、情報、記号、ブランドのマーケティングになっている。労働者は、終身雇用を保障されない。雇用も短期契約である。もしトラブルが起これば、資本は他の所に移り、安い賃金で働く、より従順な労働者を雇用する。ブリティッシュエアウェイズの国際便に乗ると、機内娯楽は、いつもウェールズ政府開発庁の宣伝で始まる。アメリカ人と日本人のビジネスマンが、楽しそうに、ウェールズに工場を建設することがどんなに素晴らしいかを語っている。私は、最初の機内ドリンクが出される前に、この宣伝をもう数年も見ている。しかし、政府から多額の助成金を得たにもかかわらず閉鎖になり、メキシコやインドネシアのような場所に移転した外資系の工場のことは、全く言われていない。

このような新しい流動世界で勢力をもつ人びとは、非常に移動性があり、自分たちの資本を、最も利潤を生む場所へ移せる。バウマンは、彼らのことを遊牧民と呼んでいる。従来では、遊牧民と言えば、産業の中心地の周辺にキャンプ生活し、市街地に住もうとする人たちであった。今では、このような遊牧民が、支配者である。彼らが必要とするものは、ラップトップとモバイルだけである。軽装で旅行する。さらにナイキのような企業は、煩わしい工場を所有したり、労働者を雇用する必要さえもなくなっている。彼らは、自分たちに代わって、そのようなことを他の人たちにさせる。彼らが所有するのは、ブランドとアイデアである。私たちは、ダイアン・コイル（注・イギリスの経済学者）が「重量なき世界」(5)と呼ぶ世界に住んでいる。

従って、流動的現代性の世界では、仕事は新しい意味をもち始めている。バウマンは、次のように書いている。「仕事は、もはや、自分のアイデンティティ、価値観、人生計画などを決める安定した軸を提供することはできない。さらには、仕事は、社会の倫理的基盤とか、個人の人生の倫理的軸であるとも考えられなくなっている」(6)。従って仕事を控えることと安息日を祝うことも、また、新しい意味をもつかもしれない。これから、仕事について、このような新しい認識を二つの観点から点検してみることにする。まず最初に、資本と労働力の相互依存関係の崩壊が、どのように不安定と未来への信頼喪失を引き起こしているか、及び、それがどのように安息日の認識を変えるかを見ることにする。その後、仕事が一種の娯楽に変化していること、そして、それが「主のもとで心が安らぐ」ことにとって、どのような意味があるかを見ることにする。

「人はレモンジュースを得るためにレモンの木を植えない」

平均的アメリカ人は、生涯を通じて十一の仕事に就く。今日のヨーロッパでは、多くの人びとが、全く仕事に就くこともなく生涯を終える。再び、バウマンを引用する。

安定した企業での安定した仕事は、今では、祖父の時代の郷愁の話のように思える。過去とは違って、技能と経験にしても、いったん修得すれば仕事が手に入り、いったん仕事に就くと、それが永続的に続くことが保障されることは珍しい。誰も、次期の「人員削減」、「能率化」、「合理化」に対して身分が保障されず、また、一貫性のない市場の需要の変化、「競争力」、「生産性」、「効率性」という気紛れで抵抗しがたい圧力に対して身分が保障されていない。柔軟性が、今日のスローガンである。それは、仕事の安定性が組み込まれておらず、確かな約束もなく、将来の権利保障のない仕事の前兆を示している。そのような仕事は、期限付きの雇用契約や事前予告なしの解雇はあるが、賠償請求権はないことを意味する。(7)

フォード主義は、資本と労働力の相互依存に基づいていた。まず、人びとは生産者であった。効率よく生産するためには安定性が必要であった。一方、流動的現代性は、資本と消費者の相互依存関係に基づいている。消費者が必要なのは、金銭だけである。企業は従業員を失っても、新たに補充する余裕があるが、消費者を失うわけにはいかず、つなぎとめておかなければならない。ドン・ペパーズとマーサ・ロジャーズは、次のように書いている。「製品は、すべてつかの間で、はかない命だが、消費者だけが本物である(8)」。企業は、顧客生涯価値（注・企業と顧客が継続的に取引をすることによって、顧客が企業にもたらす価値（利益）を指す）を育てる。これは、死ぬまで続く消費者との関係である。壊れやすく、つかの間の人間関係の世界では、これが、せめて安定性にもっとも近い関係である。

雇用も非常に不安定なので、労働組合の古い連帯意識さえもなくなってしまっている。仕事は、保障がない。従って、重要なことは、雇用を確保し、トラブルを起こさないことである。家庭であろうと、職場であろうと、古い契約―死ぬまで、または少なくとも退職までの雇用―は、過去のものである。資本は、よりよい機会を他の場所に見つければ、そちらの方に移転する。日本においてさえも、愛社精神の伝統が消えつつある。まるで人は、取り換え可能であり、あたかも装備したり、取り外したりできる部品のようである。車や洗濯機の部品のように。従って、仕事の世界は、深刻なまでに不安定な場所になってきている。仕事は、もはや、自分のアイデンティティを決めたり、人生の方向付けをするのに、以前と同じ役割を果たしていない。

ニコラス・ボイルは、次のように書いている。

天職（注・vocation は、天職と言われることが多いが、広義の意味もある。神は、すべての人が誠実に自分の生涯を過ごすように招いている）の概念、すなわち、生涯を通じての仕事または任務の概念は、人間の人となりの大部分を決定づけるものであるが、その価値が失われ、激しく痛めつけられている。今日でも、我々は「彼女は印刷業者だ」とか「彼は教師だ」と言うことがあるかもしれないが、将来は、ますます「今のところは、彼女は印刷業をやっている」とか、「彼は三年契約で教師をしている」と言うようになるだろう。「彼」または「彼女」がどのような人格であるかという問題は起こらないし、ジェンダーは関係がない。市場にとって重要なことは、彼／彼女という生産単位が示す達成指標である。(9)

ある時、私は、アトランタである男性に会った。彼の話では、最初の仕事は庭師だったが、その後、葬儀屋になり、さらに広告業界に転職し、今は、「全国司祭連盟」でコンピューター技師をしていると言う。流動的現代性には、定まった人間関係は、ほとんど存在しない。vocation―司祭であれ、修道士であれ、結婚していようと、専門職についていようと―は、このような風潮に合わない。この概念は、自分の人生は全体として何らかの意義があることを願うしるしである。私は、ただ漫然と単にあれこれをするだけではない。自分は、個性のある人間になるように神から招かれている。従って、vocation は、自分がどのような人間であるかを表明する一部である。

このような流動的状況において、安息日を祝い、神のもとで安らぐことは、どのような意味があるのだろうか。エゼキエル書二〇章一九節には、安息日は、神が民に示す誠の心の契約と見られている。「わたしはお前たちの神、主である。お前たちは、わたしの掟に従って歩み、わたしの裁きを守り行い、わたしの安息日を聖別して、わたしとお前たちとの間のしるしとし、わたしがお前たちの神、主であることを知れ」とある。

ユダヤの人びとは、他のどの民よりも厳しい不安定さを経験してきた。その結果、彼らが、安息日の教理を、神と民との結婚のしるしとして発展させた。これは、驚くべきことではない。彼らが追放、ポグロム（大虐殺）を経験し、スペイン、イングランド、ロシア、ドイツから追い出される過程で、安息日は安定を表す支柱、すなわち、神との契約を祝うものとなった。安息日は、イスラエルの花嫁であり、神の永遠の誠の心を表すしるしである。詩人ハイム・ビアリク（注・ヘブライ語詩人でイスラエルの「国民詩人」とみなされている）は、次のように書いている。「聖なる方が創造の仕事を終えられた時、世に導入されたのが安息日であった。『その日の目的は、建てられたばかりの天蓋付のベッドに花嫁が不在のままにならないようにするためであった』。この安息日は、聖なる方がもっておられるすべての宝物の中でも、特に気に入られた素晴らしいものである。神は、それを祝うために、イスラエル以外のパートナーは誰も探しておられなかった。なぜならば、イスラエルは、神と完璧なカップルになるからである」[10]。安息日が、単に二四時間よりも多く続く理由は、ユダヤの人びとが、花嫁をとどめておきたいからである。彼らは、彼女の姿に寄りすがる。旧約聖書にある『雅歌』（注・恋愛と男女の賛美を歌い上げる詩、Song of Solomon とも言われる）は、安息日の内容を歌っている。

三四年前、マッケイブは、安息日を、仕事崇拝に反対する私たちの抗議であり、仕事に自らのアイデンティティを見出すことを拒絶する意思表示と考えていた。今日でも、多くの人びとは、そのように考えているかもしれないが、このような仕事崇拝は弱まってきている。なぜならば、社会の流動性の故に、私たちは、ますます、仕事の観点から自分たちを理解することができなくなっているからである。仕事は、むしろ不安定の源になってしまった。従って、仕事を控えることは、流動的で不安定な世界において、非常に永続性のあるもの、換言すれば、キリストを通して神と人類との結婚を、私たちが祝っていると言えるかもしれない。では、「主の日」を祝う時に、そのような誠の心をどのようにして具現化するべきか。今日、教会は一時的な共同体であることが多い。なぜならば、人びとが、仕事を求めて、または、（サッチャー政府が彼らに言ったように）バイクに飛び乗ってよい学校や手頃な値段の家を探すためにあちこちに移動するからである。私たちは、神の永遠の誠の心を表すしるしになるには、どうすればよいだろうか。

間違いなく、日曜日のミサの義務は、そのような誠の心のしるしである。ミサへの参加は、通常、私たちの自由を制約するとか、「当局」から課され、従わなければならない規則と捉えられている。日曜日のミサは、カトリック的形式主義、及び、支配文化の典型として見られている。人びとは、いつも何をしなければならないかを指示されていると見られている。しかし、見方を変えて、むしろ、今日のような流動的・移動的社会においてこそ、ミサを、私たちの確かな一体感のしるしとして見れないだろうか。私たちは、母の誕生日を祝うが、それを制約と考える人はほとんどいないだろう。それは、母との絆の表現である。母の誕生日を祝うことは、市街地では時速三〇キロ以上で車を走らせてはいけないという外から課される義務ではなく、私たちの人間性の表現の一つである。ところで、「義理」と「宗教」は、共に「縛られる」という語源から派生した語である。義理は、他の人びととの永続的な関係のあり方を表している。また、それは、私たちに力とアイデンティティを与える永続的な誠実さのしるしである。

旧約聖書の『申命記』中の「十戒」の内容は、安息日と束縛からの解放とを直接に結びつけている。「あなたはかつてエジプトの国で奴隷であったが、あなたの神、主が力ある御手と御腕を伸ばしてあなたを導き出されたことを思い起こさねばならない。そのために、あなたの神、主は安息日を守るよう命じられたのである」（申命記五15）。このように、イスラエルは、束縛から解放され、彼らの神と結ばれる。その結ばれ方は、決して、私たちを縛るのではなく、心の安らぎを与える。このように縛られた状態から結ばれる状態に移行していくことは、『ホセア書』の次の言葉の根底にある。

まだ幼かったイスラエルをわたしは愛した。エジプトから彼を呼び出し、わが子とした。わたしが彼らを呼び出したのに、彼らはわたしから去って行き、バアルに犠牲をささげ、偶像に香をたいた。エフライムの腕を支えて、歩くことを教えたのは、わたしだ。しかし、わたしが彼らをいやしたことを、彼らは知らなかった。わたしは人間の綱、愛のきずなで彼らを導き、彼らの顎から軛を取り去り、身をかがめて食べさせた（ホセア一一・1—4）。

イスラエルは、エジプトでの奴隷状態から解放されて、人間の綱と愛の絆の中で自らのホームを見つける。ところで、私には子供時代の思い出がある。休暇で両親と旅行した時、ホリデーホームに着くと真っ先にしなければならなかったことは、最寄りのカトリック教会とミサの時間を調べることであった。流動的な社会では、私たちは絶えず転住をしているので永続的に住む町をもたない。ミサに出るということは、私たちが少なくともどこかに所属していることの表明である。どこにいようとも、私たちは、現地の教会に行き、面識はなくとも私たちの同胞である人びとの会衆に加わる権利がある。神の国を目指している私たちにとって、どこでのユーカリストもホームのしるしである。私たちは、ユーカリストを祝う時はいつでも一体になる。私がドミニコ修道会総長であった時、一〇〇以上の国々にいる修道士と修道女仲間を、八か月かけて訪問した。どこを訪問していようとも、日々のユーカリストは、ホームカミングの時だった。

リチャード・セネット（注・アメリカ人の社会学者）によれば、永続性のない人間関係は、かえって長期的な関係よりも役立つという[11]。このような考えから、ヨーロッパで新しい宗教が登場した。グレース・デイビー（注・イギリス人社会学者）は、それを「所属することなき信仰[12]」と呼んでいる。ただし、スカンジナビアは、例外である。驚くべきことには、そこでは人びとは信仰をもたずにどこかに所属しているようである。私たちは、言ってみれば、消費者のような存在で、いろいろな教区の中から気に入ったものを選ぶ。実際、いわば巨大な宗教的スーパーマーケットで、気に入った宗教と教派を選ぶ。教会は、顧客生涯価値を得たければ、毎週、信徒の忠誠心を獲得しなければならない。このような状況では、日曜日のミサに行くことは、必ずしも形式主義とか自由に対する制約、つまり権威主義的圧力とは見なされないかもしれない。ミサに参加することは、民と結婚されている神の中に、私たちの確かな根付きを見つけるかもしれないというしるしである。神がキリストを通して人類と絆を結ばれたように、私たちも、心が解放され、神を通して人類との連帯意識をもつ。実際、セネットが言うように、永続性のない人間関係のほうが自分に役立つというのは事実かもしれない。しかし、宗教では、私たちは、自分に役立つことを考慮することを超えて、神が役立つと判断されるところに招かれている。私たちの生き方は、あらゆる種類の方向に向けられたり、様々な違った情熱と興味によって変えさせられるかもしれないが、日曜日のユーカリストは、いつも私たちが向かう一つの方向、すなわち、神に向けてのホームカミングの道を明らかにしてくれる。安息日は、私たちにクリスチャンであることの意義を思い起こさせる。

「遊んでいきなさい」

数十億の人びとにとっては、仕事は骨が折れ、単調であり、全ての喜びを壊してしまう。また、辛いものである。彼らにとっては、勿論、安息日は、仕事の道具をおろして休息する時である。神も創造を終えた後、七日目に休息された。イスラエルの隣人たちも、彼ら自身の創造のストーリーをもっていた。それは、人間は神々に仕えるために造られたという話であった。そのような神々は、安楽なソファーに座り、捧げものの香りを嗅いだり、ぶどう酒を楽しんでいた。その一方では、人びとは仕事に精を出し、神々のために飲み物を補給し続けていた。

『ギルガメシュ叙事詩』（注・古代メソポタミアの伝説的な王ギルガメシュをめぐる物語）は、ユダヤ人が、バビロン捕囚中に遭遇したかもしれない物語である。この叙事詩によれば、かつては、劣勢の神々が、偉大な神々に仕える似たような仕事をしていた。しかし、ある日、劣勢の神々はそれに辟易し、ストライキをした。彼らは、ひどい労働時間と生活環境について不満を述べた。そこで偉大な神々は、人間を創造した。その後、劣勢の神々は偉大な神々に加わって、くつろぐことができた。神であることは、休息することであり、人間であることは、奴隷であることであった。従って、神が休息を共にしようと私たちを招かれたという聖書の話は、あたかも、金持ちが、執事に食卓で仕えるのを止めて、食事とワインを相伴するように招いたことに例えられる。神が、人びとと一緒に命を分かち合うよう招かれたので、安息日は、人間が、究極的には、仕事、他人、神の奴隷ではないというしるしであった。また、安息日は、人間の尊厳を表すしるしであった。なぜならば、神が自らの命を一緒に分かち合おうと招かれているからである。その一方で、安息日のミサへの参加が減少していることは、社会が、まだそのような究極の尊厳を分かち合う意義に気づいていないしるしである。私たちは、間断なく生産と消費を続けている。ロシア語の格言に、「仕事は人間を金持ちにしない。それは人間の腰を曲げるだけである」というのがある。安息日は、私たちに休息をとり、再び腰を真っ直ぐにして立つように促している。それが、人間がホモエレクタス（「直立するヒト」）と呼ばれる所以である。

若い人たちの間には、仕事の意味が変化している傾向が見られる。彼らは、仕事を一種のレジャーと見るようになってきている。彼らの両親は仕事に行ったが、彼らはプレーをしに行く。実際、私たちは全て、でこぼこの競技場の「プレーヤー」である。ジェレミー・リフキンによれば、ビジネス界の若い世代―「変幻自在世代」と呼ばれる―は、「イデオロギーに基づく世界よりも、娯楽的な世界に属し、労働倫理よりも、プレー倫理に引きつけられている」[13]という。もしフォードが古い確固たる資本主義の典型的な企業であったとすれば、ハリウッドは新しい資本主義の典型的な例である。すべてのビジネスは、ショービジネスである。「経済は、巨大工場から大劇場に変貌しつつある」[14]。その理由は、部分的には、いわゆる「文化的制作」が、西洋においては最大の産業であるからである。アメリカでは、それは、大規模雇用産業として、防衛産業を凌駕している。しかし、ハリウッドが、あらゆる形式の制作のモデルとなるものを提供している。再び、リフキンによれば、「古い資本主義における制作は、製品の生産が特徴であったが、文化的制作では、パフォーマンス（注・演技や演奏）が特徴的である」。経営コンサルタントのトム・ピーターズは、「『誰も』が娯楽ビジネスに参入してきていると言っても過言ではない」と主張している。とは言え、このような分野で仕事を求める人びと――大部分は、若く、しばしば西洋人――の率は低いけれども、大部分の人間にとって、未来のしるしであるかもしれない。ゲーム理論が急速に広がり、さらに複雑なコンピューターゲームが作られ、数十億の若者――中国においても――の莫大な時間を占めている。ゲーム理論は、単に時間を自由に使える子どもだけを対象としているのではない。それは、哲学者、教育学者、経営コンサルタント、軍事戦略家の興味も引いている。誰もが参入してきている。

このような新しい世界では、買い物に行くことは、主として商品を買うことではなく、「小口売買ドラマ」に参加することである。新しい巨大なショッピングモールは、娯楽の場所として設計され、そこでは人びとが興味深い経験をし、空想の世界に浸り、疑似現実を楽しむ。アメリカでは、そのような施設は、「複合娯楽センター」[15]と呼ばれている。どのような客層が、このようなプレーの世界に入ることが許されるかを巡ってますます社会的緊張が広まっている。残念なことに、そのような場所は、警備された私的な場所になりつつあり、貧しい人がそこから排除されている。彼らは娯楽を台無しにするだけであると見なされている。

なぜこのような事態になっているかを考察するには、時間がかかりすぎるであろう。一つの要素は、間違いなく、人間の未来に対する信頼の欠如である。「今世代」は、もはや、地上の楽園を作ることを夢想していない。古い資本主義の勤労倫理は、じっくりと時間をかけて得られる満足感に基づいていた。再び、バウマンを引用すると、

「目先の欲求を辛抱する」という形で、かつては我慢すること—後日までひきのばすこと—が重要視されてきた。例えば、作物を収穫し摂取することよりも耕作し種を蒔くことを重要視する。また、収益を得ることよりも投資することを、消費するよりも働くことを重要視してきた。(中略)自己を甘やかすよりも禁欲することを、金を使うよりも貯金することを、自分が好きなことをする楽しみが、それに比例して大きくなるであろう。それだから是非とも貯金をしなさい。貯金すればするほど、それだけ多く使えるようになるだろう。是非とも働きなさい。働けば働くほど、それだけ多くを消費するだろう。(16)

しかし、未来に対する信頼の喪失は、働くことについての私たちの認識に変化を与えている。働くことは、もはや、人類の進歩に貢献することでもなく、それ故に、道義的義務でもない。働くことは、現在の生活を可能にするための手段にすぎない。これが「今世代」である。なぜ満足感を味わうことを後回しにする必要があるのか。今、食べて、飲んで、楽しくやろうではないか。なぜならば、明日、死ぬかもしれない、または、仕事がないかもしれないからだ。働くことは、もはや、自分の人生の基盤にならないし、自分のアイデンティティの指標にもならないし、未来も約束してくれない。今、出来る時に、プレーしよう。先のことは誰も分からない。

安息日を祝うことは、このような社会では、いったいどんな意味があるのだろうか。働くことがますます一種のプレーであると見られているときに、働くことを控えるとは、いったいどんな意味があるのだろうか。この章は、エメリタスと友人の話で始まった。彼らは、安息日を守っていたために、三〇四年に糾弾され殺された。この年よりも一〇一年前の二〇三年には、二人の若い女性パーペチュアとフェリシティと仲間たちが、キリスト教信徒であるために逮捕、糾弾され、死の宣告を受けた。彼らは、野獣の前に放り出されることになっていた。男性は、豹と凶暴な熊の餌食になることになった。パーペチュアとフェリシティは女性であったので、凶暴な若いメス牛と対峙することになった。当時、彼らは、ローマ帝国で最も人気があった娯楽の犠牲として使われることになっていた。これは、『ビッグブラザー』（注・テレビ番組。カメラとマイクが仕掛けられた家で、十数人の男女を三か月生活させ、視聴者はそれを見て楽しむ）を彷彿とさせる三世紀版の娯楽であった。

彼らが死ぬ少し前、仲間の一人が幻想を見た。彼らは、天国に昇った。そこは、木々と草花が植わったオックスフォードのカレッジの庭のような所である。天使は彼らを迎え、「着きましたよ。よくいらっしゃいました」と言った。年配の天使も「どうぞ遊んでいってください」と言った。パーペチュアは、「今、私は生前の人間であった時よりも幸せです」(17)と言った。この場面では、明らかに、これから下界の円形競技場で起ころうとしている場面―パーペチュアとフェリシティが犠牲になること―と、彼らが天国で戯れることとが対比されている。競技場の娯楽は、天国での真のプレーが歪められたものである。

多くのビジネスがショービジネスになりつつある社会では、このような娯楽の盛況は、キリスト教で約束されている「天国」に対する淡い郷愁であるのだろうか。実際、エレミヤは次のように言っている。「その魂は潤う園のようになり再び衰えることはない。その時、おとめは喜び祝って踊り若者も老人も共に踊る」(エレミヤ三一13)。天国の希望を失くした世代にとって、ディズニーワールドは、私たちの夢を彷彿とさせる最後の残響であるのか。私たちは、希望に代えてファンタジーを追い求めている。終末論(注・世界と人類の逢着する究極的な運命)の代わりに、私たちは仮想現実に関心がある。

多分、真の娯楽が、偽ものと違う点の一つは、相互性の有無にある。ローマの円形競技場では、観客は、パーペチュアとフェリシティが野獣の犠牲になるのを見て楽しんだ。彼らは見物者であり、娯楽を見た後は立ち去る。これとは対照的に天国には、私たちが見て、見られる相互性がある。パウロは次のように言う。「わたしは、今は一部しか知らなくとも、その時には、はっきり知られているようにはっきり知ることになる」（Ｉコリント一三12）。

著名な人と金持ちの人は例外として、人びとは、観客という立場で、娯楽を楽しむ。例えば、スクリーンを見る。テレビのスクリーン、映画館のスクリーン、コンピューターのスクリーン。私たちは見るけれども、見られることはない。コンピューターは、ますます、相互反応型になってきているが、それでも、私たちをどれほど相手に見せるかは、自分で選択する。何事も、スクリーンに映らなければ、本当とは言えない。何でもテレビに出ると本物となる。ジャン・ボードリヤール（注・フランスの哲学者、思想家）は、次のように書いている。「今日、我々はスクリーン、インターフェース、（中略）ネットワークというイメージの世界に住んでいる。我々の持つ機器はすべてスクリーンである。我々もスクリーンになる。（中略）我々は、どこにいようとも現実の「美的」幻覚の中に住んでいる」[18]。

観客は相手から見られず安心している。このような状態は、ローマ時代の円形競技場の娯楽のような残酷さを彷彿とさせる。観客は、安全に、パーペチュアとフェリシティや友人たちが野獣の犠牲になるのを見ている。また、このような光景は、誰からも見返される恐れもなく、ポルノを見ている観淫者の安全な状態を彷彿とさせる。スーザン・グリフィン（注・アメリカ人の作家、詩人、脚本家）は、次のように書いている。「とりわけ、観淫者は、ポルノ写真を見ているが、きっと何も感じていないだろう。彼は、人から見返されない安全な状態にいる。従って、人から見られて冷や汗をかくこともない。写真が汗で光ることもない。彼は、現実から遊離している。しかし、頭の中では、自分は現実を把握していると信じている。なぜならば、自分が頭で描くイメージをコントロールでき、それを自分の意志どおりに形づくれるからである」[19]。疑いもなく、これらの円形競技場の残酷性とポルノの事象は、アブグレイブ刑務所の囚人に対する性的虐待（注・イラクの首都バグダッドにある施設。イラク戦争で戦犯となり、この施設に収容されたイラク人兵士に対し、米軍の関係者が、人間性を無視した非人道的取り扱い、拷問をした）のおぞましいイメージと一致する。

安息日には、違った種類の目差《まなざ》しが交わされる。私たちは、神に目差しを向け、神からの目差しの中で安らぐであろう。シメオンは、神殿の境内に入って来る。そして、幼子イエスを見て、自分の安らぎを見つける。「主よ、今こそあなたは、お言葉どおり、この僕を安らかに去らせてくださいます。わたしはこの目であなたの救いを見たからです。これは万民のために整えてくださった救いで、異邦人を照らす啓示の光、あなたの民イスラエルの誉れです」（ルカ二29—32）。これは、至福のビジョンを予期するささやかなしるしである。

というわけで、私たちは見るのみならず、見られもする。見る側の人は、見られることに抵抗する。自分たちが見られる場合は、どのような顔を他人に見せるかを選ぶ。第三章で私が指摘したように、私たちクリスチャンが確信していることは、自分たちは神の目差しの中で安らぎを得るということである。ローワン・ウィリアムズの主張によれば、これこそが、私たちに解放をもたらす究極の目差しである。なぜなら、それはライバル意識をもつこともなく、競争することもない創造主の目差しであるからである。神は、「私たち自らが競争をすることがなく、駆け引きする必要もなく、それができない『他者』性のある存在である」[20]。ウィリアムズの指摘によると、東方正教会のイコン（肖像［画］）は、私たちが見るためにあるのではなく、私たちが見られるためにある。私たちは優しい目差しの中に包まれる。彼は、次のように書いている。

イコンを見ている人は、静止している現象を観察しているという主体者の態度を捨てるよう求められている。なぜならば、その描写法は、絵画独自の活動を主張しているからである。例えば、絵は、観察者に「迫ってくる」。それは、光を受けるのではなく、それを放ち、ある見えない収束点から奥へ引きさがるのではなく、むしろ、自らのエネルギーを集め前面に接近してくる。このような表現方法が完全な形で見られるのは、肖像画家が描くキリストや聖人の目である（聖人の横顔像は存在しない）。遠近画法の絵が観察者の目に迫ってくる時、イコンの目は動き、探り、観察者の目と合う。イコンを見るスキル、すなわち、それを「読み取る」スキルは、まさに、自分自身が見られ、読み取られるという不思議なスキルでもある[21]。

従って、私たちの願いは、お互いどうしの目差し―見て、見られる―の中で安らぐようになるこ

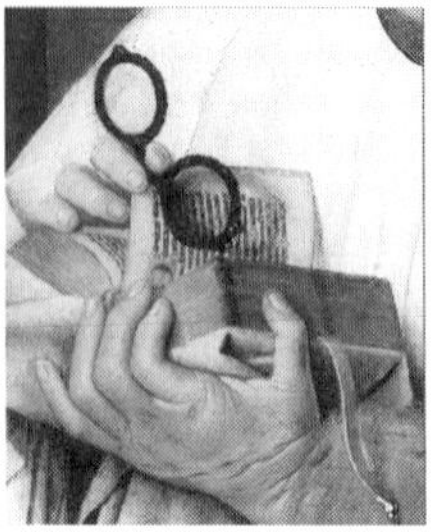

「ファン・デル・パーレの聖母子」（ベルギー、グルーニング美術館）

とである。私が知る限り、最も素晴らしい肖像画の一つは、ベルギーのブルージュにあるグルーニング美術館の「ファン・デル・パーレの聖母子」である。

司教座聖堂参事（注・カトリック教会において司教を補佐する司祭）が、肉眼で幼子イエスを見るために、朗読用のメガネを外している。これは、本を読む時にメガネを使うという典型的に現代的な注視から、別の種類の注視―肉眼で主を見ること―に転じたということである。イエスは、彼の方を向き、異常な集中力で彼を見返している。マドンナも参事のほうを見ていて、両者がまるで注視し合っている状態を維持しているかのようである。彼女は、幼子が参事を見れるような抱き方をし、自分も参事を見ている。右手には聖ジョージがいて、参事を正式に紹介している。聖ジョージは聖堂参事のほうを指さしているが、幼子を見ている。聖ドナシアンは傍らにいて場面全体を観察している。このように、全ての視線が幼子に集中し、相互の見つめ合いによって、絵画全体の統一がとれている。幼子イエスを通して、誰もが相互の目差しの中にあって、自由にくつろいでいる。

では、このことは、安息日を祝うことについて、何を示唆しているのだろうか。現代の共同社会は、同じものを見ることによって成り立っていることが多い。例えば、人びとは同じ演劇を見ることによって、暫しの間、共同体をつくる。また、同じイベントを見ることによっても、暫し、連帯感を味わう。人によっては、それはオペラかもしれないし、または、フットボールの試合かもしれない。ジグムント・バウマンは、これらを「クロークルーム（注・劇場などの携帯品預かり所）共同体」とか、「カーニバル共同体」と呼んでいる。イベントが終わると、私たちはクロークルームに戻り、イベント用に着ていた楽しい衣装―イブニングドレスやフットボールシャツ等―の上に通常の服を着る。私たちは、再び、群衆の一部に戻る。観客的精神は、共同体のより深い絆を壊す。このことは、本質的には、マルクスがキリスト教を批判した趣旨であった。ユーカリストも、そのように見えるのだろうか。例えば、短時間に繰り広げられる光景、聖歌を歌い、司祭のジョークに笑い、後にティーを飲み、その後、冷たい淋しい日に戻るというように見えるのだろうか。

確かに、私たちは、単に仕事を止めるだけでなく、お互い一緒に有意義な時間を過ごすことによって、神の中に私たちの安らぎを見つけることを期待している。しかし、私たちはお互いどうしの中にも安らぎを期待できるだろうか。私たちは、神の前で、また、愛する人びとの目の前で、心静かに胸襟を開くくつろいだ時間が必要である。自らの心のベールを剝がすこと、すなわち、複雑な部分と矛盾をかかえている自分を見せるには時間がかかる。そんなことは即座にできるものではない。私たちは、お互い、家族や友人たち、キリスト教共同体と共に安息日の時間を過ごすことによって、彼らから情けある敬意を受けることが確信できてこそ、徐々に自分を見せることに踏み出せる。私たちがドミニコ会修道士として宣言する時、神の慈悲と仲間の修道士の慈悲を乞う。慈悲ある目差し、赦しを与えてくれる目に信頼を寄せることによって、お互いが共に暮らしていく勇気が生まれる。要するに、自分がどのような人間であるかを知り、仲間がどのような人間であるかを学ぶには、時間がかかるということである。また、私が価値ある人間であり、私の生き方には一貫性があり、意味があるということを、相手の人の目の中に確認するには時間がかかる。愛されることは、ある特定の方法で見られていることを意味する。それは、ただ単に役立つ、愉快な、性的魅力があるなどという評価以上の方法で見られることを意味する。それは、受身的な姿勢の客体としてよりも、むしろ主体的存在として見られることでもある。つまり、客体として注視されるだけでなく、注視を返す主体性のある人間として見られることである。

安息日は、単に一週間の多忙な仕事から解放される休息だけではなく、日常生活のショービジネス的状況から、観客であることから、仮面をかぶることから、空虚なゲームをすることから、休息をとることでもある。安息日は、単に「他者」ではなく、もう一人の「私」（注・キリスト）の沈黙の中にあって心安らぐことである。シトー会修道会の聖イールレッドは、『霊的友情』の冒頭で、次のように書いている。「あなたと私がいる、そして、もう一人の人、キリストが私たちの真ん中にいれば嬉しい。私たち二人の邪魔をする人は誰もいない。私たち二人の親しい会話に割って入る人はいない。誰の駄弁も騒音も、この心地よい静寂に忍び込んでこないだろう。さあー、愛する人よ、心を開いて、あなたがやろうとしていることを何でも、私のこの耳に注いでください。この場所、時間、余暇という賜物をありがたく受け入れましょう[22]」。

神は、ご自身の休息を分かち合うように私たちを招かれた。オーガスチンによれば、この休息は、神ご自身の存在という意味である。彼は、『告白』（注・三九七AD）の中で、次のように書いている。「主よ、あなたは七日目に休まれた。あなたの創造の御業の後に。その御業は誠に素晴らしいものでした。そのようにされたのは、あなたの本の声（「聖書」）をとおして、前もって私たちに話されるためです。あなたは、私たちの作品を見て「たいへん良い」と言われました。それは、私たちに与えられたものであるからです。あなたが休まれたのは、私たちも休み、永遠の安息日にあなたの中で安らぐことができるようにするためです[23]」。しかし、オーガスチンの師、アンブローズによると、神も、また、私たちの中で休息される。聖土曜日（注・復活祭直前の土曜日）、すなわち、死と復活の間の安息日には、私たちは、次にあるように、アンブローズの素晴らしいことばを読む。

第六日目が終わり、世界創造の御業が全て完了しました。（中略）今は、私たちが沈黙の祈りを捧げる時です。なぜならば、今、神は、世界創造の御業を終え、休まれているからです。主は、人間性の深いところに、すなわち、人の智、意志、目的の中に安らぎを見つけられています。なぜならば、主は、理性のある人を造られ、人が、御自分に似るように、また、徳を求めて精進し、天の恵みを熱望するように造られたからです。今、主は心の安らぎを見つけておられます。イエスを見て、次のように言われます。「さて、私が安らぎを見つけるのは、謙虚で､温和であり､私の言葉に畏敬の念に満ち溢れている者は、彼のほかに誰がいようか」。私は、ご立派な御業をなさったことに感謝いたします。主は、安らぎを見つけられるように、立派な御業をなさいました。主は、天国を造られましたが、私は、そこで休まれたとは理解していません。主は、地を造られましたが、私は、そこで休まれたとは理解していません。太陽、月、星も作られましたが、私は、そこで安らぎを見つけられたとは理解していません。私は次のように理解しています。主が安らぎを見つけられたところは、御自分が造られた人間、罪を赦すことができると思われる人間の中です。(24)

引用文献

（1）'The Meaning of Sunday', *Communio*, Spring 1994, p.7.
（2）*Ibid*., p.119f.
（3）*Law, Love and Language*, London 1968, pp.156, 158.
（4）Trans. Gerald Malsbary, South Bend 1998. p.4.

(5) *The Weightless World: Strategies for Managing the Digital Economy*, Cambridge, Mass. 1997.

(6) *Op.cit.*, p.139.

(7) *Ibid.*, p.161.

(8) Quoted by Jeremy Rifkin, *The Age of Access: How the Shift from Ownership to Access is Transforming Modern Life*, London 2000, p.97.

(9) *Op, cit.*, p.79.

(10) Quoted by Michael Sales, 'The Fulfilment of the Sabbath: From the holiness of the seventh day to God's resting in God', *Communio,* Spring 1994, p.29.

(11) Quoted by Bauman, *op.cit.*, p.149.

(12) *Religion in Modern Europe: A Memory Mutates*, Oxford 2000, passim.

(13) *The Age of Access: How the Shift from Ownership to Access is Transforming Modern Life*, London 2000, p.12.

(14) *Ibid.*, p.164.

(15) *Ibid.*, p.158.

(16) *Op.cit.*, p.158.

(17) *The Acts of the Christian Martyrs*, trans. Herbert Musurillo, Oxford 1972, p.121.

(18) Quoted from Rifkin, *op.cit.*, p.197.

(19) *Pornography and Silence: Culture's Revenge Against Nature*. London 1981, p.122.

(20) *On Christian Theology*, p.186.

(21) *Lost Icons*, p.185.

(22) *Spiritual Friendship*, trans. Mary Eugenia Laker, Kalamazoo 1977, p.51.

(23) *Confessions* XIII, 36, 51.

(24) *Fathers of the Church*, Vol.42, New York 1961, p.282.

結論

クリスチャンであることの意義は何か。これに対して、私の当初の反応は少々尊大であった。キリスト教は真理であるという以外の意義はない。もし私たちの信仰が真実ならば、神は、全てのものに意義を与える存在であり、それが私たちが目指す運命と幸福のゴールである。

既に述べたように、私の心がドミニコ修道会に引かれた理由は、そのモットーがベリタス *Veritus*（注・真理）であるからである。このモットーの意味についての私の当初の理解は、少々未熟であった。私が出合った最初のドミニコ会修道士は、—ドアを私に開いてくれたペテロ修道士以外は—教会管区長であった。私は、教会の教義の真実性について執拗に質問したので、さぞかし管区長を少々苛々させただろう。彼はむしろフットボールの話をしたいようだった。ある日、私は、朝食前、ブラックフライアーズの階段で、あの偉大な神学者コーネリウス・アーンストに不躾に尋ねた。聖母被昇天の教義はどのような意味で真理であるのですかと尋ね、説明を乞うた。聖母はどこにおられたのですか。昇天されるのにどれぐらい時間がかかりましたか。若い頃の私は、時折、修道士仲間を怒らせたに違いない。

キリスト教は、その主張が真実であることに命運がかかっているが、それがどのように真実であるかを理解しようとしている時に、様々の複雑な問題が出てくる。それらについては、本書では考察してこなかった。キリスト教の主張は、ただ単に事実をはっきりと述べるだけにとどまらない。私たちの信仰は、そのような事実を超えたところにある神の秘跡に向けられている。但し、神の秘跡は、言葉では言い表せられない。即ち、私たちの言葉は、言葉を超えたところに向けられている。既に述べたように、私たちの言葉は、私たちが見えない先まで放たれた弓矢に例えられる。それを暗闇に向けて放つ。神について私たちが述べることを理解するには、神に向けられている命という視点で考えるべきである。自らを超えたところにある命という視点を外すと、神に関する私たちの発言は、ほとんど無意味になるだろう。言ってみれば、それらは弓から放たれることのない矢のようなものであり、それらは、誰をも納得させることはなく、また、権威のないものになるだろう。私たちは、愛、自由、希望について、どれだけ多く話しても、私たちの生き方の中にそれらのしるしがなければ、無駄口を言っているだけである。

従って、教会にとっての課題は、誰もが神について納得のいく話ができるような共同体になることである。言い換えると、教会は、慈悲があり、お互いの存在を慈しみ、喜びと自由のある場所になるべきである。もし、私たちがおどおどし、世間を恐れ、お互いを恐れていると他人から見られれば、誰も私たちの言うことを信じないであろう。私たちの生き様にある特有の奇異さが、人びとを当惑させ、刺激しなければならない。いくつかの点で、私たちは、「ディオゲネトスへの手紙」にあるように、際立って違っていなければならない。そうすることによって、世間の人びとは、私たちクリスチャンの生きがいは何であろうかと好奇心をもつであろう。勿論、私たちの生きがいは神である。とは言っても、決して、私たちクリスチャンが極めて善良であり、他の人びとより勝れている場合に限って、福音の証人になることができると示唆しているのではない。イエスは、決してそのような特別な共同体を望まれてはいなかった。何しろ、イエスは罪人たち、弱者たち、世間の底辺にいる人たちを集められたのだから。

従って、本書の終わりでは、私たちクリスチャンは、他の人たちと比べて、どのように違っているかについての理解が深まっているだろうか。私は、キリスト教の最も重要なユニークさ、例えて言えば、キリスト教という煮込み料理の秘密の素材を見つけようとはしてこなかった。しかし、私が驚いていることは、ある特定の焦点が浮かび上がってきたことである。それは、予想も意図もしなかったことである。私たちがこれまで見てきたことの多くは、心の安らぎという概念に焦点が置かれてきた。この概念は、私たちの体と神の国というように、一見してとてつもなく互いに離れた二つの文脈で使われている。教会は、その中間にあって、私たちがこれら二つのケースにおいて安らぐように支援するべきである。中間にあるということは、人びとがルーツを奪われた世界において、オアシスを提供するということである。

「言は肉となって、わたしたちの間に宿られた」。神は、私たちと同様に身体を備えられていた。イエスは、私たち以上に身体的存在になられたと言えるかもしれない――すなわち、ご自分のありのままの姿でくつろぎ、体と魂の中でもくつろぎ、マスクを外した顔を見せられた。「これは、あなたがたのために与えられるわたしの体である」と言って、イエスは私たちに自らを捧げられた。それは、イエスにしかできないことであった。なぜならば、初めから、彼は自らを神からの賜物であると認識されていたからである。

私たちも、同じように心安らかになるように誘《いざな》われている。私たちの社会は、多くの面で体を軽視している。例えば、セックスを卑小化したり、飽くことなき欲望をかき立てている。そのような誘いに応えるには、まず最初に、自分たちの身体的現状―細身、肥満、高齢、男性、女性、限られた寿命など―を受け入れることから始めればよい。小説『ギリアド』（注・第三章を参照）での司祭の言葉を思い出す。「君は、他の子どもたちと比べてさほど美しいわけではないが、優しい顔立ちをし、少しきゃしゃで、清潔で、行儀がよい。まことに結構なことだ。しかし、要は、君がいてくれていることが、父さんは嬉しいのだよ」と述懐している。この本の多くの部分では、幻想から解放され、現実的になり、全身全霊で心安らかになることを論じてきた。

私たちがこのような状態にある時に、神は、秘跡で私たちに会いに来てくださる。秘跡は、私たちのすべての人生ドラマ―誕生、死、飲食、セックス、癒し―に関わっている。それらは、神の国への巡礼の旅が始まるところである。この巡礼こそが、私たちの存在の真実を表すものである。キリスト教の教義を理解できるようになるためには、私たちの身体的存在の精髄―創造、受肉、秘跡、死からの復活―が、すべて私たちの生身の体に根差していることをはっきりと理解していなければならない。そして、願わくば、他の人びとが、ありのままの姿でくつろいでいる私たちを見て、彼ら自身も同じようにくつろいで欲しいと思う。また、私たちの表情の中に、彼らへの友情や親近感を読み取り、彼らのユニークさに敬意を表している目差しにも気づいて欲しいと思う。

これまで、私たちが、想像を超えたホーム――神の国――に行くために造られていることも見てきた。私たちが切に望むことは、それが、普遍的なホーム、すなわち、文字通りの意味でのカトリック（注・「普遍的」という意味がある）になり、誰もが排除されない教会になることである。そのようなホームを授かるためには、私たちの言葉を神のみ言葉によって広げ、それを浄化する――あらゆる軽蔑と支配を除去する――必要がある。神はイザヤに言われた。「あなたの天幕に場所を広く取り、あなたの住まいの幕を広げ、惜しまず綱を伸ばし、杭を堅く打て」（イザヤ書五四２）。もし幻想からの解放が、私たちを現実の世界に戻すならば、私たちの想像力は、神の国に向けて広がっていくだろう。

体の特殊性と神の国の普遍性は、ユーカリストで同時に見られる。例えば、非常に特異な賜物が捧げられるお陰で、神の国のとてつもない広大さにつながるスペースが開かれている。つまり、イエスは、そこに至る細い道順を示されている。それは、死と復活を超えて、「あなたたちと皆のために」与えられる神の国の広大で開かれた草原に通じる小道である。もし教会が、もっと説得力のある神の国の証しになることを望むならば、次の二つのことが必須である。先ず、過去の経歴がなんであれ、教会の義務は、誰もが、ありのままの人間として、くつろぐことができるホームになること、また、私たちに出合う人びとが、ホームカミングの歓迎を感じることができるホームになることである。

スティーブン・トゥールミン（注・イギリス生まれの哲学者）が指摘したように、三十年戦争（注・一六一八〜四八年、新教国と旧教国との宗教戦争）でのキリスト教世界の分裂は、それ以来今日までの教会を特徴づけている。(1) これは、現代のキリスト教とその現代性の展開において重要な時期であった（ただし、他にも重要な時期があったが）。彼の主張によれば、キリスト教世界の分裂により、キリスト教は、神経質で、疑り深く、体制順応的になり、答えにくい厳しい質問をすることや真剣な討論をすることを恐れる傾向になっている。過度の恐怖心がある。

もし教会が、神に向けられた命を支え、巡礼者が最後のホームに向かうのを助けることを望むならば、私たちはお互いに勇気を与え合わなければならない。もし聖霊降臨日に、聖霊が私たちに降り注がれたことを確信しているならば、間違いなく私たちはお互い同士が心安らぐことができる。過度に保守的と考えられる人びとの硬直的態度や、過度にリベラルと考えられる人びとの支離滅裂な野望が原因となって、教会が崩壊するのではないかと思い悩む必要はない。私たちは、自分たちと意見を異にする人びとを排斥しようとする衝動に抵抗することができる。ナポレオン（注・一七六九〜一八二一）の統治時代、ある男が、バチカン国務省長官であったコンサルビ枢機卿に次のように言った。「猊下《げいか》、事態は非常に深刻です。ナポレオンは教会を破壊しようとしています」。枢機卿は、次のように答えた。「そんなことはできるものですか。我々でさえも、成功できなかったのだよ」（注・ブラックジョーク。カトリックの聖職者たちは過去一八〇〇年間、対立により教会を破壊しようとしてきたが成功しなかった）。

私たちはお互いに勇気を与え合い、沈黙の力、あの墓場の力（注・恐怖心）を拒絶しなければならない。そうすれば、もし真実を語れば他の人にどう思われるだろうかという恐怖心をいつも抱くこと——いわば、自己検閲——を払拭することができる。「心を騒がせるな。神を信じなさい。そして、わたしをも信じなさい」（ヨハネ一四1）。私たちは、今も神ご自身の安らぎに与かることによって、安息日の時を共に楽しむことができる。

引用文献

（1） Cf. Chapter 10, note 1.

訳者あとがき

私たちは、兵庫県にある日本聖公会芦屋聖マルコ教会の翻訳グループ（八名）です。これまで二冊の翻訳書を出版しています。一つは、『教会の働きと宣教』（Paul Avis, *A Ministry Shaped By Mission*）で、他は『なぜ教会に行くの―パンとぶどう酒のドラマ』（Timothy Radcliffe, *Why Go to Church?: The Drama of the Eucharist*）です。ほかに、未刊行の翻訳原稿（Alison Webster, *You Are Mine: Reflection on Who We Are*）があります。現在、四作目『和解』（Brian Castle, *Reconciliation: The Journey of a Lifetime*）の翻訳を完了したところです。

原書の出版年を考えると、本書のほうが『なぜ教会に行くの』よりも早く出版されていますので、内容面から言うと入門編になります。『なぜ教会に行くの』のほうがキリスト教により深く踏み込んでいます。

本翻訳書の原典 *What is the Point of Being a Christian?* は、二〇〇七年にカンタベリー大主教マイケル・ラムゼー賞（神学部門）を受賞しています。また、*Why Go to Church?* は、二〇〇九年の大斎節中に、信徒の読むべき本（Lent Book）に指定されました。著者ティモシィ・ラドクリフによれば、本書の内容が終わったところから『なぜ教会に行くの』が始まります。重複している内容がありますどちらを先に読んでも構いません。

原書のタイトルは、何だか日常的な表現の印象を与えます。実は、これは、ある小学生が発した言葉です。著者の友人が、小学生の息子から、“Dad, what's the point of being a Christian? What do you get out of it?”（「お父さん、クリスチャンになって、何の意味があるの」）と尋ねられ困り、助言を求めたことが背景にあります。本書の冒頭も、著者が友人から“Why be a Christian?”と質問されることから始まります。その後、“But what's the point of being a Christian? What's the purpose of it?”という質問が続きます。このような疑問は、世俗化した世相を反映していると著者は言います。世俗化の風潮は、『なぜ教会に行くの』の冒頭のブラックジョークにも示唆されています。

ある日曜日の朝、母親が「教会に行く時間だよ」と言って息子を揺り動かして起こそうとした。効果なし。一〇分後、彼女は再びやってきた。「すぐ起きて教会に行きなさい」。「行きたくないんだよ、母さん。とても退屈なんだ。なんでわざわざ教会なんかに」。「理由は二つよ。日曜日には教会に行かなければならないのよ。それにあなたは教区の主教でしょう」。

この衝撃的なジョークで、著者は、最初から一気に読者の心を摑みます。この後、読み続けたくなるでしょう。著者は、宗教は勿論のこと、文学、芸術（音楽、映画、絵画）、社会学、政治、哲学など学際的視野から、刺激的な論理を展開していきます。「序文」の中で、著者は、「しばしば私は、詩、音楽、絵画、映画によって助けられている。人間の生き方という究極の疑問を理解しようとしている時には、単一の芸術形式だけでは十分ではない」と言っています。論理の裏付けとなる逸話が必ず織り込まれています。時折、ジョークやウイットに富んだエピソードもあります。キリスト教を、売り込もうとするアグレシブな態度はありません。神という言葉が出てきても、十戒を遵守することを要求する「天のＣＥＯ」ではありません。

著者は、ローマカトリック教会ドミニコ会の修道士です。一九九二年から二〇〇一年までドミニコ会（世界五三か国）の総長でした。俗な言い方ですが、超有名・大物で、今も講演、講義、説教のために東奔西走されています。神父から私のもとに届くメールは、いつも発信地が違います。日本へは二回来られました。一九九五年の最初の訪問では、押田成人神父を訪ね、八ヶ岳の山麓の高森にある修業地に宿泊されています。日本にも多くのファンがいると聞きました。

さて、本書の出版には、ある特殊な経緯がありました。当初から翻訳を計画していたものでありません。少し前置きが長くなります。実は、前作『なぜ教会に行くの』について、昨年二〇一五年六月に、ドミニコ会東京女子修道会からの講演依頼が、共同監修者の岩城聰司祭（日本聖公会大阪教区川口基督教会牧師）に来ました。講演は、関係修道会や学校の幹部研修会のためのものでした。岩城司祭は、神学的観点から翻訳グループを支援されていますので最適の講演者ですが、公務のためにご都合がつかず、翻訳グループの佐藤耕一さんと私に依頼が回ってきました。講演は、翻訳グループのこと、『なぜ教会に行くの』の翻訳作業の裏話・苦労話など、ざっくばらんな内容でもよいということでした。それに先立って、Father Timothy にメールをし、Dominican sisters 宛てのメッセージをお願いしました。

私は、当初から、*What is the Point of Being a Christian?* のことも少し紹介しようと考えました。二〇一三年に佐藤さんと一緒にオックスフォード大学の一角にある Black Friars 修道院を訪れラドクリフ神父にお会いする前に、私はこの本を読んで深く感銘したからです。それに、著者からサインをもらっていました。研修会での質疑応答の際に、本書のことを少し紹介したところ、是非、翻訳を出版して欲しいという要望がありました。著者は、出席者の皆さんの深い敬愛を受けている神父であることがよく分かりました。後日、Father Timothy に翻訳本の出版を考えていることを伝えました。翻訳には、著者の同意が必要ですから、意向を伺いました。早速、返信があり、「とても嬉しく、光栄に思う、協力するので、是非、出版して欲しい」と励ましを受けました。

出版するめどがつき、腰を据えて原稿を読み直してみると、読者の理解を助けるには注釈がかなり多く必要であると分かりました。『なぜ教会に行くの』と同じく、いろいろな分野からの引用が多いからです。例えば、シェークスピアの『リア王』、ウォルト・ホイットマンの『草の葉』、ジョン・バニヤンの『天路歴程』、C・S・ルイスの『悪魔の手紙』からの引用があります。前作もそうでしたが、日本語訳よりも、注釈にかける時間のほうが長くなることが多かった気がします。ベルリンの壁が崩壊し、フランシス・フクヤマは「歴史は終わった」と言って有名になったとあります。これも、注釈が要ります。また、一七～一八世紀のヨーロッパで起こった啓蒙思想とその影響の功罪についての詳細な考察もあります。著者の教養の深さは、全く驚異的です。また、ジョークにも注釈が必要です。「人間はドグマをもつが、木はドグマをもたない。かぶらは奇妙に心が広い」とか、ユダヤ人の ethnic joke「神を笑わせたければ、自分の計画を神に伝えよ」も、直訳は無意味です。最も厄介なのは、詩です。詩の英語そのものが論理的ではありません。日・英語の語感の違いもありますから、イメージの世界を置き換えるのは至難の業です。そんな時は、著者に助けを乞いました。「詩を翻訳することは、すべての中で最も難しいことでしょう」と同情されました。このような事情があるために、本書は注が多くて、各ページの美観が損なわれていますので、忸怩《じくじ》たる思いです。

本書の翻訳に非常に役立ったことは、著者の講演です。それは、二〇一二年、ロンドンの金融街にあるセント・ポール大聖堂での講演 The case for God: What is the point of being a Christian? です。二〇一三年、著者を表敬訪問する前に聞きました。ただし、YouTube の動画を通してです。冒頭は「もし人から自分の愛する子どものことを話すように求められたら、それを断る人はいるでしょうか。いったん話し始めたら延々と続けるでしょう。でも今日はほどほどにします」と言い、軽いジョークで雰囲気を和らげてから、なぜ、この本を書くに至ったかについて話されます。

聖ドミニコ女子修道会の方々からは激励を頂き感謝しています。日本聖公会川口基督教会の岩城聰司祭には、翻訳の語彙の校閲をしていただき、深く御礼申し上げます。また、出版に際しては翻訳グループの皆さんの助言と校正協力にも負うところが多くあります。しかし、何と言っても、本書は、教文館の渡部満社長のご理解がなくしては、日の目を見ることはできませんでした。厚く御礼を申し上げます。また、唐澤秩子さんにも校正のことでお世話になり有難うございました。

二〇一六年六月

伊達民和

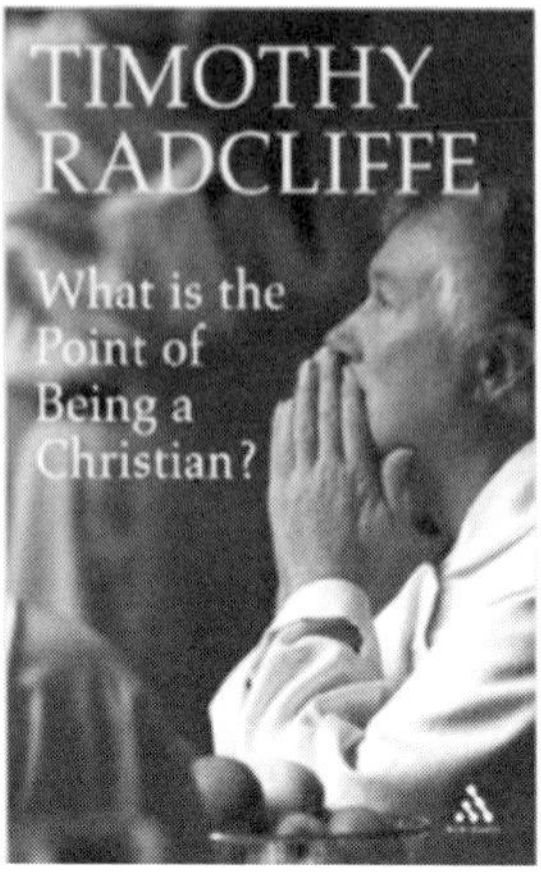

2013 年 6 月、Black Friars, Oxford にて

著　者　ティモシィ・ラドクリフ

1945年ロンドン生まれ。1965年ドミニコ会修道士。1971年司祭叙任。オックスフォード大学ブラックフライヤー校で聖書講義。1216年のドミニコ会発足以来初の英国人の英国管区役員、1988年英国管区長。1992年～2001年ドミニコ会（世界53か国）総長（マスター）。総長在任中にローマ聖アクィナス司教大学の名誉学長。総長退任後は再びオックスフォードのドミニコ会修道士。2007年マイケル・ラムゼイ賞（神学部門）受賞“What Is the Point of Being A Christian? ”世界各国から講演、講義、説教の依頼が多数来ている。

監修者　伊達　民和（だて・たみかず）

1941年生まれ。大阪市立大学文学部卒業（米文学専攻）。英語学修士。大阪府立高校英語科教諭（3校）。文部省及びオーストラリア政府外務省による共同事業によりキャンベラ大学に国費留学生として派遣され、英語教育と英語学を修める（1981～82年）。大阪府教育委員会事務局・高等学校指導課の指導主事。1989年に大学教員に転職。2011年プール学院大学国際文化部教授を退職。名誉教授。プール学院総合教育研究所所員。現在、日本英語音声学会近畿・中国支部長／副会長。著書として『英語のリズム・イントネーションのトレーニング法―理論から実践へ』（青山社、1998)、『映画・ドラマから学ぶ英語音法読本』（青山社、2001)。共著としてEnglish in Singapore : Phonetic Research on a Corpus.(McGraw-Hill, 2005)、『現代音声学・音韻論の視点』（金星堂、2012)、ティモシィ・ラドクリフ著『なぜ教会に行くの―パンとぶどう酒のドラマ』翻訳・監修（聖公会出版、2013）など。

翻訳者　日本聖公会 芦屋聖マルコ教会　翻訳の会

林　　謙三（はやし・けんぞう）〈代表〉
小池　宣郎（こいけ・のぶお）
佐藤　耕一（さとう・こういち）
ピーター・ストップス
伊達　民和（だて・たみかず）
辻　　潤（つじ・じゅん）
中江　　慎（なかえ・しん）
三宅　和男（みやけ・かずお）

なぜクリスチャンになるの―その意義は何か

2016年7月30日　初版発行

著　者　ティモシィ・ラドクリフ
監　修　伊達民和
訳　者　伊達民和＋芦屋聖マルコ教会翻訳の会
デザイン　田宮俊和
発行者　渡部　満
発行所　株式会社　教文館
〒104-0061 東京都中央区銀座4-5-1
電話 03(3561)5549　FAX 03(5250)5107
URL http://www.kyobunkwan.co.jp/publishing/
印刷所　株式会社　平河工業社

配給元　日キ販　〒162-0814　東京都新宿区新小川町9-1
電話 03(3260)5670　FAX 03(3260)5637

ISBN978-4-7642-9201-7　Printed in Japan